我国体育教师
专业标准构建研究

王　健　董国永／著

湖南师范大学出版社

·长沙·

图书在版编目（CIP）数据

我国体育教师专业标准构建研究 / 王健，董国永著. —长沙：湖南师范
大学出版社，2020.5
ISBN 978 - 7 - 5648 - 3831 - 7

Ⅰ.①我… Ⅱ.①王… ②董… Ⅲ.①体育教师—师资培养—研究 Ⅳ.
①G807

中国版本图书馆 CIP 数据核字（2020）第 086331 号

我国体育教师专业标准构建研究

Woguo Tiyu Jiaoshi Zhuanye Biaozhun Goujian Yanjiu

王 健 董国永 著

◇组稿编辑：李 阳
◇责任编辑：尹金石 廖小刚
◇责任校对：罗雨蕾
◇出版发行：湖南师范大学出版社
　　　　　地址/长沙市岳麓区 邮编/410081
　　　　　电话/0731 - 88873071 88873070 传真/0731 - 88872636
　　　　　网址/http：//press. hunnu. edu. cn
◇经销：新华书店
◇印刷：长沙印通印刷有限公司
◇开本：710 mm×1000 mm 1/16
◇印张：17. 75
◇字数：300 千字
◇版次：2020 年 12 月第 1 版
◇印次：2024 年 5 月第 2 次印刷
◇书号：ISBN 978 - 7 - 5648 - 3831 - 7
◇定价：68. 00 元

前　言

　　"体质不强，何谈栋梁"。如何促进青少年体质健康水平的改善是当前亟待解决的重要问题，而体育教师在解决这一问题中扮演着重要的角色，并承担着重要的责任。因此，高素质体育教师的培养和再教育是解决问题的关键。自1966年联合国教科文组织和国际劳工组织在《关于教师地位的建议》一文中强调教师的专业化以来，教师专业发展已成为各国教师教育改革的焦点之一，而决定教师专业发展有力保障的教师专业标准备受社会各界的关注。我国在借鉴国外教师专业标准的基础上，于2011年年底颁布了《幼儿园、中学、小学教师专业标准（试行）》，但针对某一具体学科的国家教师专业标准尚未出台。国家体育教师专业标准的缺失无疑制约着体育教师教育的发展，并将成为体育教师专业化发展的瓶颈。一方面，国家宏观的教师认证标准虽然对体育教师教育提供了基本指导，但难以体现体育教师的专业特点；另一方面，由于国家体育教师专业标准的缺失，致使体育教师的专业发展也缺乏可资参考的目标依据。这种"双重缺失"直接导致的是体育教师教育领域的"双重无序"——体育教师岗位聘任无序及体育教师专业发展无序。体育教师专业标准研究正是基于促进体育教师专业发展而对体育教师专业性的深度探索。它既是提高体育教育质量的需要，也是体育教师职业可持续发展的制度保证。在这样的现实背景下，构建我国体育教师专业标准已显得迫在眉睫。

　　本研究以教师专业发展论、全面质量管理理论和教师素能理论为指导，立足于新课程改革对体育教师的新要求，采用文献资料分析法、问卷调查法、专家访谈法、数理统计法等研究方法开展我国中小学体育教师专业标准的理论构建与实证筛选研究。本研究涵括了八部分内容，其主要内容如下：

　　第一部分，绪论。一是简要阐释了本研究的选题缘起和研究意义；二是介绍了国内外的相关理论研究与实践状况，并进行了简要述评；三是介绍了本文的研究对象与研究方法；四是阐明了本研究的研究目标、研究思路与框架结构；最后，对本文所涉及的基本概念作了必要的界定。

第二部分，构建我国体育教师专业标准的历史依据。该部分主要对我国体育教师职业的确定、职业成长及职业专业化发展的进程进行了梳理，可以使我们对于体育教师专业化现状有更为清晰的认识。"以史为鉴，可以知兴替"。回溯过去，是为了更好地展望未来，探寻我国体育教师专业化的未来发展方向与道路。

第三部分，构建我国体育教师专业标准的时代呼唤。该部分首先分析了我国基础教育改革的基本理念，即坚持"健康第一"的指导思想，促进学生健康成长；激发学生运动兴趣，培养学生终身体育意识；以学生发展为中心，重视学生的主体地位；关注学生个体的差异与不同的需求，确保每一个学生受益。在此基础上，本研究从教育观念、教师角色及教学行为等方面分析了基础教育课程改革对体育教师提出的新要求。该部分内容为构建特定时代背景下的体育教师专业标准提供了参考。

第四部分，构建我国体育教师专业标准的现实依据。该部分运用《体育教师专业发展现状量表》对全国范围内的中小学体育教师展开调查，真实反映了我国中小学体育教师专业发展现状的全貌，为构建我国体育教师专业标准奠定了现实依据。该部分内容主要从教师的专业理想、专业知识、专业技能、教学科研、专业发展影响因素及教师的自我评价等方面对我国中小学体育教师的专业现状进行了调研，并以此为依据总结了当前我国不同职称体育教师的专业发展特征，为制定不同发展阶段体育教师专业标准提供了现实依据。同时，该部分内容也剖析了我国基础教育阶段体育教师专业发展中存在的问题，如教师专业发展意识淡薄，自主性不强；部分体育教师专业理想缺失；新教师知识结构不合理，理论与实践相脱离；教学研究意识淡薄；体育教师专业发展缺乏保障机制；专业地位不高影响体育教师专业发展等。最后，提出了我国基础教育阶段体育教师专业发展的路径，以终身学习为教师专业发展的前提条件；以行动研究为教师专业发展的实践平台；以教学反思为教师专业发展的重要途径；以同事互助为教师专业发展的有效方法；以专业引领为教师专业发展的重要保障。

第五部分，构建我国体育教师专业标准的理论基础。该部分确立了构建我国体育教师专业标准的价值取向、主要依据、指导思想、基本原则和基本策略。本研究认为，构建我国体育教师专业标准的价值取向主要在于引领体育教师的专业发展，规范体育教师行为，指导体育教师教育教学，提升体育教师专业地位，为体育教师培养机构和培训组织提供参考。构建我国体育教师专业标准时，应以我国颁布的有关教师的法律法规为政策依据，以教师专业发展论、全面质量管理理论和教师素能理论等相关理论为理论依据，以我国基础教育阶段体育教师的发展现状为现实依据。构建我国体育教师专业标准的指导思想表现在应体现以生为本，反映时代发展需求，满足不同阶段体育教师的发展需求，注重标准内容的可操作性等。构建我国体育教师专业标准时，应遵循规准性、效用性、合法合理性、精确性等原则。

第六部分，构建我国体育教师专业标准的域外经验。该部分较系统地分析国外（美国、英国、日本、澳大利亚、新西兰等）教师专业标准的特征，针对我国体育教师专业发展的实际情况，对构建我国体育教师专业标准有相应启示。本研究认为，制定全国性的体育教师专业标准已势在必行，在制定全国性体育教师专业标准时，应突出专业标准的完整性、层次性；应注重不同级别体育教师专业标准的侧重点；应体现"以生为本"的宗旨；应以专业品质、专业知识、专业技能为主要内容。

第七部分，我国中小学体育教师专业标准指标体系的初步设计。该部分内容根据不同发展阶段体育教师的专业发展现状，结合国外体育教师专业标准的启示，并参考专家对指标的建议，提出了体育教师专业标准主体构架。

第八部分，研究结论与展望。首先，该部分内容总结了本研究的主要结论和本研究有可能创新的观点；其次，根据已完成的研究内容对后期的延续研究提出了自己的观点。

目　录

第一章
绪　论

　　民族振兴，教育为本；教育振兴，教师为本。教师教育是教师队伍建设的保障工程，也是教育事业的基础工程。教育质量的提高，关键在于教师质量提高。换而言之，建设高素质专业化的教师队伍是学生健康成长、教育质量不断提升的关键因素和重要保障。纵观国外教育发达的国家的发展现状，教师专业标准的研制与实施已成为提高教师质量的重要途径和发展趋势。早在 20 世纪 20 年代，国外已开始教师专业标准研究。

　　作为最早关于"教师专业标准"的主要作品，《1929 年联邦教师培训研究》研究了"优秀教师"在课堂上的行为表现，分析了教师候选者为了有效地完成教学任务而必须掌握和了解的知识与技能。1946 年，美国教育委员会教师教育委员会（American Council on Education, Commission on Teacher Education）出版的《改进教师教育报告》推荐了 11 个领域的教师专业标准，这些标准在其他标准得以发布之前一直有效地发挥着作用。随后，美国教育委员会在《国家处在危险之中》报告中指出，美国教育质量堪忧的根本原因在于教师素质下降，并分别在 1986 年、1990 年、1995 年发表的《明天的教师》《明天的学校：专业发展学校设计原则》《明天的教育学院》三部研究报告中，提出了各种提高教师素质的举措。英国众议院公布《提高师资质量》的白皮书，日本公布《关于提高教员素质能力的举措》的报告等，都将教师的质量、教师的素质放在重要的位置。因此，"教师是一种专门职业吗""什么样的教师才被允许进入教学工作""教师职业是否应该制定严格的专业标准"等问题，已成为教育学界讨论的热点。

　　从 1987 年起，美国全国专业教学标准委员会（National Board for Professional Teaching Standards, NBPTS）就组织研究和制定了用于不同目的的教师专业标准。英国和加拿大在 20 世纪 90 年代确立了教学专业实践标准，用于教师资格证书的颁发，着重强调专业标准中伦理、信念、价值与责任的内涵。澳大利亚自 20 世纪 70 年代开始设立教师注册委员会，强调教师的入职标准和资格证书的颁发条件。21 世纪初，主要由教师专业团体和全国教育学院院长联席委员会开展教师标准研究，2003 年 7 月，该委员会颁布了全国的专业标准框架，确立了职前、入职、职后三阶段的考核标准。经济合作组织在 20 世纪 90 年代末，开展了会员国教师质量的大规模调研，为教师专业标准制定提供了科学数据。亚洲部分国家如日本、菲律宾、泰国、越南等，近年来也着手制定不同形式的专业标准。① 可以说，教师专业标准的研究、制定与实施，已成为许多国家促进教师专业发展、提高教学质量的一种重要举措，这实际上也是国际教师教育改革的基本趋势。

从我国教师教育现实来看，伴随着整个国家的社会、经济等领域的转型，教师教育在高等教育的大众化和精英化两种力量的推动下也发生了急剧变革和转型，但这种变革和转型明显地暴露出无法满足基础教育改革的需要的窘境，甚至连教师质量、教学有效性都得不到保障。我国虽然也实行教师资格制度，但我国的教师资格只根据教师所从教的学校级别的不同加以区分，主要是停留在入职资格的认证上，其主要作用是解决教师职业的准入问题，没有依据教师专业发展的不同阶段来进行区分。对于已经取得教师资格的，只有职称的不同以及职务的区分（如普通教师与骨干教师或学科带头人的区分），没有相应的专业标准引领教师发展。例如，对于新任教师的发展，一般都是各个学校根据经验组织老教师带新教师，教育行政部门不插手管理。而那些已经具有高级职称的教师往往失去发展目标和努力的方向，专业发展往往停滞不前。我国尚未建立起真正意义上（可分层）的教师专业标准，对教师应具备何种专业知识与能力也没有详细规定。为了全面优化教师队伍，促进教师的终身发展，我国需要完善教师资格制度，为不同阶段教师制定相应的专业标准，帮助教师树立先进的专业发展理念，使教师的专业发展得到引领以及相应的制度保障。

---

① 周南照．教师教育改革与教师专业发展：国际视野与本土实践［M］．上海：华东师范大学出版社，2007：2.

第一节　研究缘起

体育教师专业标准不仅是国家对体育教师实行的一种特定职业许可制度，更是提升体育教师队伍素质，实现体育教师专业化发展的重要保障。近年来，我国体育教师教育从封闭走向开放，体育教师专业化进程加速发展，但是，教育部颁布实施的《中小学教师专业标准》和部分省（市、区）制定的体育教师资格标准存在一些问题，如教育部颁布实施的《中小学教师专业标准》难以涵盖体育教师的特殊性，部分省（市、区）制定的体育教师资格标准过于注重对教师资格的认定，忽略对教师的引导，等等。这些问题制约了体育教师专业化的发展水平。但国外体育教师专业标准的研究、制定与实施，已成为促进教师专业发展、提高教学质量的一项重要举措。因此，构建体育教师专业标准是顺应时代的发展需求，是与国际教育发展趋势接轨的需求，是推行和落实国家相关宏观政策的需求，是提升教师专业化发展的需求。

一、基于时代发展的需求

任何合理的、能够发挥其真正功效的教师专业标准均产生于某一特定的时间或空间背景之中。全面分析国外教师专业标准，可以发现，任何标准自颁布实施之后，随着社会的变革及教育的改革，都被多次修改。没有跨越时空的普适性专业标准，只有适应特定时代要求的具体专业标准。因此，在构建我国体育教师专业标准时，必须立足于对当代体育教师教育改革背景的透视和洞悉的基础上来冷静思考。如今，学生体质健康逐年下降、学生各方面知识量的迅速增长及获取信息的途径多样化、现代教育技术在教学中的运用等时代发展的产物均对体育教师提出了更高的要求。因此，在构建我国体育教师专业标准时，应根据时代的发展对构建体育教师专业标准的要求，澄清当代所言的"体育教师专业标准"的合理内涵。

二、基于国际的发展趋势

20 世纪 80 年代，各国开始从国家战略的高度构建教师质量保障体系，以促进教师教育改革，提升教师质量。随着国际教师教育标准本位主义思潮的发展，教育发达国家纷纷制定了一系列的专业标准以运用于教师的资格认定、职级晋升、表现评价等领域，引领教师的专业发展。国外实践证明，教师专业标准的实施确实在规范、引导教师的专业伦理、专业知识、专业表现、专业自律等方面发挥着重要作用。一系列教师专业标准的制订、实施和完善，经过 20 多年的发展，已成为促进教师发展的一种制度和推动力。而我国教师入职资格制度和学校绩效考核标准无法体现教师专业发展的全面内容和进阶发展特征。我国中小学教师专业标准尚处于起步阶段，体育教师专业标准的相关研究处于零星状态。因此，构建我国体育教师专业标准，既是我国体育教师教育向国际水准接近的前提，也是国际体育教师专业化发展的潮流和趋势。

三、基于国家的宏观需求

制定教师专业标准，是落实教育规划纲要的一项重要且紧迫的任务。《国家中长期教育改革和发展规划纲要（2010—2020 年）》提出："严格教师资质，提升教师素质，努力造就一支师德高尚、业务精湛、结构合理、充满活力的高素质专业化教师队伍。"① 《国务院关于当前发展学前教育的若干意见》提出："国家颁布幼儿园教师专业标准。"② 同时，教育部为落实教育规划纲要，促进教师专业发展，建设高素质教师队伍，教育部研究制定了《幼儿园教师专业标准（试行）》（征求意见稿）、《小学教师专业标准（试行）》（征求意见稿）和《中学教师专业标准（试行）》（征求意见稿），并在全国范围内公开征求意见。分析全国教师专业标准，其对教师专业素质的基本要求是针对所有学科教师的，由于体育教师的特殊性，其标准的实施很难全面引领其专业发展。一方面，体育教师不仅需要具备其他学科教师应具备的理论知识，还需具备过硬的运动技能；另一方面，体育课堂的开放性等因素要求体育教师具备的教学能力较其他学科有一定的差异。因此，制定我国体育教师专业标准，明确体育教师专业素质要求，是健全教师管理制度的一项重要内容，必将大力促进我国体育教师专业水平的提高。建立我国体育

---

① 国家中长期教育改革和发展规划纲要（2010—2020 年）[EB/OL]. http://www.moe.edu. cn/publicfiles/business/htmlfiles/moe/moe_ 177/201008/93785. html.

② 国务院关于当前发展学前教育的若干意见 [EB/OL]. http://www.gov.cn/zwgk/2010 - 11/ 24/content_ 1752377. htm.

教师专业标准体系，严格实施体育教师准入制度和体育教师等级制度，对于提高体育教师队伍整体素质，提高体育教师教育质量都将发挥重要作用。

四、基于基础教育课程改革的需求

我国高等教育目前正面临着经济、文化、科技、教育变革与体制转轨以及社会大转型的历史时期，面临着基础教育课程改革、经济与社会发展人才需求结构调整的关键时期。作为我国教育改革重要组成部分的体育教育改革，在中小学已全面启动，随着中小学体育与健康课程新课标的实施与推广，体育教师从以往的"教书匠"正向"塑造实现课程标准的决策者，学习过程的指导者、促进者，学习活动的设计者、组织者，课程资源的开发者，体育教育研究者"等多元化角色转变。在这一背景下，对体育教师提出了新的要求，要求体育教师进一步更新观念，改进教学方法、教学行为和教学手段，扩大知识面，完善知识结构，提高专业化水平。由此，建立体育教师专业标准能更好地引领体育教师的知识结构、能力结构等素质的发展，使体育教师能真正符合基础教育改革的需求。

在教师专业化发展的背景下，体育界学者逐渐意识到体育教师专业发展缺乏合理的评价体系及专业引领标准。因此，建议在全国范围内开展一系列的体育教师教学技能比赛，以期为体育教师的专业发展提供指导，为体育教师教学技能水平的检阅提供统一标准。但是，纵观历年全国以及各省（市、区）举办的体育教师教学技能大赛，参赛对象主要以各地区的精英教师为主，并不能真正反映所有体育教师教学技能水平的全貌，其评价标准也无法应用于所有的体育教师。因此，体育教师专业标准的构建，可为不同发展阶段的体育教师的教学技能提供指导，提高教学质量，提升青少年体质健康水平。

五、基于体育教师自身发展的需求

体育教师的专业发展缺乏可资参考的目标依据，导致体育教师的发展无序。因此，在教师专业化发展的背景下，体育教师对自身的专业发展提出了各种诉求。

首先，体育教师专业化发展的要求。国内外相关文献资料表明，合格的体育教师应具备全面的专业理论知识、扎实的专业技能和优良的专业品质。在知识经济时代，知识的飞速发展，技能的革新等要求教师的知识和技能要不断地调整，与时俱进。因此，体育教师在专业化发展的道路上，需不断更新自己的专业理论知识、专业技能，并不断地进行科学研究，将理论知识不断地转化于教学实践当中，深刻分析学习者的各种行为表现，并对实践进行分析和反思，进而不断促进自身专业素质的提高。而理想的教师专业标准对不同发展阶段的体育教师应具备的专业知识、专业技能和专业品质均有较为全面的阐述。因此，构建体育教师专业标准正是为促进体育教师专业知识与技能的发展，提高体育教师的专业素养服务的。

其次，体育教师实现终身学习目标的诉求。终身教育的理论与实践在20世纪末形成了一个完整的教育体系，教师教育也随之逐步向终身教育发展。在知识经济时代，在信息传播途径多样化的背景下，体育教师必须立足于新知识、新信息和新科学技术的前沿，并将这些新的信息知识和科技传播应用到实践当中，不断取得创新和发展。实施体育教师教育一体化，是体育教师教育改革发展的必然趋势。只有这样，体育教师在今后的教育实践中才能保持与时俱进，始终站立于教育、教学、教研的前沿阵地，始终立足于教育改革发展的潮头。因此，构建体育教师专业标准可为体育教师的终身学习指明方向。

六、评价体育教师教学质量的必要依据

体育教师专业标准是以提高教师教育质量、培养基础教育需要的高质量的体育教师为主旨的体育教师教育改革的新举措。通过构建体育教师专业标准，可以保证高质量的基础教育体育师资，进一步深化基础教育体育课程改革，切实提高基础教育的体育教学质量。因此，体育教师专业标准的构建，不仅是实现体育教师教育创新的战略选择，也是体育教学质量提升的有效方法。在标准的构建中，体育教师的教学能力作为核心要素被纳入整个标准体系当中，为体育教师的课堂教学提供了可行的指导，其中包括教学计划与准备、教学方法与策略、教学评估与评价等。通过调研发现，我国大部分省（市、区）的中小学体育课堂教学均未有详细的评价标准，大部分体育教学的评价以《体育与健康课程标准》为主要参考标准。而体育教师专业标准中的"教学能力"详细地对体育教师教学的各个环节进行了描述，为评价体育教师的教学质量提供了可操作性的参考依据。因此，体育教师专业标准的构建不仅为体育教师的教学提供了指导，同时也为考核体育教师的教学提

供了合理的参考依据。

七、为体育教师的遴选和评鉴提供参考依据

《教师法》明确规定："教师考核结果是受聘任教、晋升工资、实施奖惩的依据。"因此，对体育教师进行考核是实施教师聘任制的基础和前提。学校应对体育教师的政治思想、师德、履行岗位职责情况等进行定期考核。考核必须坚持客观公正的原则，应符合实施素质教育的要求和教师工作的特点。当前，我国各地在教师的选拔中，大部分已实行了"逢进必考"的政策，体育教师作为教师队伍的一部分，也不例外。其考试内容主要由各地教育部门命题，分为理论考试和实践考试，考试内容基本以《体育与健康课程标准》为参考。体育教师专业标准的构建，为各地选拔理想的体育教师提供合理的依据。在教师的晋级中，分为二级、一级、高级教师，但尚未针对体育学科制定适合体育教师晋级的一系列标准。在标准的构建中，包含了不同发展阶段体育教师应具备的知识、技能、品质等具体内容，可为体育教师晋级提供合理的依据。因此，通过构建体育教师专业标准，可以更加客观公正地为体育教师的遴选和评鉴提供参考依据。

八、基于体育教师公共形象和地位提升的需求

"任何一项职业，越具有很强的不可替代的职业性，它的社会地位才越高。"目前，由于体育教师的入职门槛较低，没有特定的入职标准，导致一些未经过系统体育教育专业训练的人员进入了体育教师队伍当中，给人以"任何人都可以担任体育教师一职"的直观印象，进而导致了体育教师"社会地位不高""学科地位不高""待遇不好"等现象，同时也影响了体育教师的职业发展。因此，构建体育教师专业标准，正是解决这一问题的良药。《体育教师专业标准》的颁布与实施可为体育教师的遴选与评价提供参考，严格把好入口关，选拔符合要求的人员进入体育教师队伍，把一些不合格人员踢出体育教师队伍，这对于提高体育教师社会地位、加强体育教师队伍建设、保障体育教育事业的可持续发展均具有重要意义。

第二节　研究意义

一、理论意义

本研究对我国不同发展阶段体育教师专业特征进行了系统分析，概括了我国体育教师的专业发展现状，进而为我国体育教师教育提供参考；而对有关国外体育教师专业标准的系统分析，将为我国的体育教师教育改革与发展提供新的理论参考框架。

二、现实价值

体育教师专业标准研究的意义和价值体现在体育教师专业标准的构建是提高我国体育教师教育质量的根本保障。适用于全国的体育教师专业标准体系的提出与构建，可为我国的体育教师专业化发展提供参考依据，而跨越体育教师的整个职业生涯（职前、入职、职后一体化）提出的针对不同职业发展阶段的体育教师教育目标参照体系及相应的培养策略，可为我国体育教师教育实践提供直接参考。具体表现为：

第一，针对初任教师制定的初任体育教师专业标准体系，可为教师教育机构的人才培养提供明确的目标参照，并可为体育教师资格认定等工作提供参考依据，同时也为各级各类学校聘任体育教师提供科学的聘任条件和标准。

第二，针对胜任教师、专家教师等不同专业发展阶段体育教师的专业进阶标准，可为各级各类学校对体育教师实行绩效管理与进行职称评定提供事实参考，也可指导各级各类体育教师继续教育机构确定继续教育的实施方案。

第三，贯穿体育教师职业生涯的系列专业标准体系，是贯彻实施《教师资格条例》的重要途径，可以为各级各类学校的体育教师的专业发展提供明确的目标导向，可为体育教师进行职业生涯规划、在职继续教育与培训及专业成长与完善提供参照标准。

第四，立足于科学规范之上，对体育教师资格水平进行全面、深入而有效的标准规范，能够将较为合理的体育教学理论与实践范式带到体育教师专业实践中，对成功的体育教学具有一定的指导与规范作用，使教师主体真正受益。

第五，在教师专业化发展背景下，构建体育教师专业标准，促进体育教师专业化发展，既是推进中小学教师专业标准在全国、全学科有效实施的举措，也是与国际教师教育改革发展趋势的接轨。

第三节　国内外研究现状

提升教师专业素质，是构建教师专业标准的目的之一。因此，在收集与体育教师专业标准相关的文献时，了解不同时期体育教师应具备的专业素质可为构建体育教师专业标准的指标体系提供参考。

一、国外研究现状

（一）有关体育教师专业标准的研究

在教师专业化发展的国际背景下，教师的专业发展已经成为大众的焦点。如果要真正实现体育教师专业发展，就必须要以体育教师专业标准作为基本保障。上世纪80年代以来，美、英、日等教育发达国家开始研制教师专业标准，后经过不断修订、完善，已形成包括职前培养标准、入职培训标准和在职标准在内的一体化的教师专业标准体系。通过大量的文献资料检索，结果表明，国外教师专业标准的研究已达到成熟阶段，并形成了丰富的研究成果，由于体育教师专业标准仅在美国和日本存在，其他国家均以体育教师应具备的专业素质对体育教师的知识、能力、品质等方面进行了规范。因此，国外体育教师专业标准的研究领域也主要集中在标准的研究和教师专业素质的研究两方面。

1. 有关体育教师专业标准的内容及特征的研究

通过查阅大量国内外文献资料，结果表明，关于国外体育教师专业标准的研究大致可以概括为叙述模式、特征分析模式、解释性分析模式的研究。

（1）关于叙述模式的研究

叙述模式主要针对认可标准进行扼要介绍。其中代表性的研究有 Butler，Joy① 在描述美国体育教师专业标准的历史变迁的基础上，专门对美国初始体育教师专业标准进行了叙述，并对其前景进行了展望。耿培新、梁国立②的《美国学校体育国家标准研究》一书和尹志华③的文章中，均对美国 NCATE 在 2001 年制定的初始体育教师教育标准和高级体育教师教育标准进行了介绍。张妙玲④对美国基础教育体育教师资格认证标准进行了描述，研究成果主要是将美国 NCATE 认可标准中的初始体育教师专业标准的 13 项认可标准进行了一般性的叙述，并没有深入的分析和解释。刘锋⑤、宋雪琳⑥对美、英、澳、日等教育发达国家的（体育）教师专业标准进行了简介，并提出了构建我国体育教师专业标准的相关建议。

对叙述模式的研究以国内学者的研究居多，主要是对认可标准的基本内容进行展示，是一种简单的"叙述"，而没有进行解释、分析和学术判断。

（2）关于特征分析模式的研究

特征分析模式重点在于介绍认可标准的特征。主要研究成果有 Senne，T. A. Housner, L⑦ 对美国 NASPE 和其他专业协会针对 K-12 的学生和教师教育制定的标准进行了阐述，并对美国 NASPE （1998 年颁布）的认可标准进行了解释。Chen，W. Susko，J.⑧ 认为，美国 NASPE 是准入教师运用自我评价，促进自我专业发展的一种工具。尹志华⑨系统阐述了美国 NCATE 颁布的高级体育教师专业标准和初级体育教师专业标准的具体内容，并深刻

---

① Butler, Joy. An Introduction to NCATE and NASPE/NCATE Beginning Teacher Standards [J]. The Journal of Physical Education, 2006: 15 – 19, 31 – 32.

② 耿培新，梁国立. 美国学校体育国家标准研究 [M]. 北京：人民教育出版社，2007：147 – 200.

③ 尹志华. 美国 NCATE 不同级别新体育教师专业标准的比较研究 [J]. 北京体育大学学报，2010 (7)：95 – 98.

④ 张妙玲. 美国基础教育体育教师资格认证标准及其启示 [J]. 体育学刊，2007 (1)：105 – 107.

⑤ 刘锋. 国外教师专业标准及其对制订我国体育教师专业标准的启示 [D]. 长沙：湖南师范大学，2011.

⑥ 宋雪琳. 国外体育教师专业标准研究 [D]. 武汉：华中师范大学，2011.

⑦ Senne, T. A. Housner, L. NASPE Standards in Action: Introduction [J]. JOPERD: The Journal of Physical Education, Recreation & Dance Mar, 2002 (73)：19 – 20.

⑧ Chen, W. Susko, J. Preservice Teachers' Self-evaluation of Achieving the NASPE Standards: Development and Validation of an Instrument [J]. Research Quarterly for Exercise & Sport Mar 2003, 74.

⑨ 尹志华，邓三英，汪晓赞等. 美国 NCATE 不同级别新体育教师专业标准的比较研究 [J]. 北京体育大学学报，2010 (7)：95 – 98.

剖析了两个标准之间的相同点与不同点。王健①从人文主义的视角分析了美国体育教师专业标准的特征，结果表明，在美国体育教师专业标准的具体实践过程中暴露出诸多违背人文主义思想的现象，譬如，体育教师"小我"意识的丧失、体育教师专业培养的窄化、女性体育教师的职业发展障碍和体育教师专业地位的"边缘化"。在此基础上，结合我国体育教师职业现状，提出在人文主义视角中构建我国体育教师专业标准的策略。林陶②对日本体育教师专业标准的双重保障体制和"双专业"课程标准进行了深刻剖析，揭示现行标准有外部环境制度的强力支持、凸显教师职业的专业性质、重实际能力培养、可操作性强的动态发展特征。

（3）关于解释性分析模式的研究

Wei-yun Chen③在对国家体育教师专业标准中对体育教师知识水平的要求进行了阐述。他的研究结论是：体育教师个人的专业精神是其专业发展的关键；体育教师积极参与专业发展活动有助于其专业发展；对标准的理解很大程度上受体育教师对标准态度的影响。Banville，Doninique④对美国NASPE（1998年）的标准进行了介绍，分析准入教师之间在实习期间的交流与合作，应按照美国NASPE标准为指导，多数交流主要集中在规划和指导、管理和动机、成长和发展、交流等方面。

总之，以上这些研究成果仅仅对体育教师专业标准进行了扼要的分析，缺乏对认可标准的理论基础等方面的深入分析，但为构建我国体育教师教育标准体系提供了坚实的知识基础。

2. 有关体育教师专业标准功能及作用的研究

通过查阅文献，结果表明，针对体育教师专业标准的功能和作用的相关研究，学者们从教学专业化、质量控制等视角进行了探讨。

---

① 王健，董国永，王涛等. 人文主义视野中的美国体育教师专业标准研究［J］. 北京体育大学学报，2013（7）：93 – 98.

② 林陶. 日本体育教师专业标准诠释［J］. 体育学刊，2009（3）：63 – 67.

③ Weiyun Chen. Teachers' Knowledge About and Views of the National Standards for Physical Education［J］. Journal of Teaching in Physical Education. 2006（25）：120 – 142.

④ Banville，Doninique. Analysis of Exchanges Between Novice and Cooperating Teachers During Internships Using the NCATE/NASPE Standards for Teacher Preparation in Physical Education as Guidelines［J］. Research Quarterly for Exercise & Sport. 2006（2）：208 – 221.

（1）教学专业化理论视角

Roth，R. A.[1] 认为，美国 NCATE 通过以下方式来促进教学和教师教育的专业化：①保证教师的专业资格；②向公众保证一种专业化的培训；③同行专业人士进行评价。Darling-Hammond，L[2] 在文中指出，教师专业认可标准是推动教师专业发展和进步的主要力量之一，认可标准也能引起真正的变革。Jones，D. W.[3] 认为，体育教师专业标准及其认证机构廓清了教师教育改革的方向；改善了教师教育的形象；强化了教师教育机构的治理与管理。此外，部分美国学者认为，由 NASPE 颁布的体育教师专业标准可为未来体育教师的培养、新手教师的专业发展提供指导。[4][5]

（2）管理学的质量控制理论视角

针对美国的 NASPE，Zieff，Susan[6] 分析了美国 NASPE 的历史、发展和成就，强调了美国 NASPE 35 年来的贡献。文中指出，为了保证体育教学质量，从而由美国 NASPE 制定了体育教师专业标准，由此形成了一个全新的体育教师培养和体育教师专业发展的理论。

澳大利亚 Ingvarson，L. 认为，体育教师专业标准能为体育教师职业发展提供方向，具有里程碑意义，是体育教师教育的根基，具有激励、鉴定识别及专业认证功能。体育教师专业标准被喻为足球场上的"goalposts（球门柱）"，是体育教师职业发展的目标（Purdon，2003）。针对教师专业标准对于教学活动是制约还是促进作用的质疑，澳大利亚悉尼大学 Judyth Sachs 研究认为，推行教师资格能提高教学质量，改进教师教学，有益于教师进行专

---

① Roth, R. A. Standards for Certification, Licensure, and Accreditation. In: Sikula, J. Handbook of Research on Teacher Education [M]. New York: Simon&Schuster Macmillan. 1996, 242 – 278.

② Darling-Hammond, L. Teaching for America's Future: National Commissions and Vested Interests in an Almost Profession [Z]. Education Policy. Jan/Mar 2000: 174 – 177.

③ Jones, D. W. Final Report: A Longitudinal Study of the Impact of NCATE Accreditation. Muncie, IN: Ball State University. 2003.

④ Butler, Joy. An Introduction to NCATE and NASPE/NCATE Beginning Teacher Standards [J]. The Journal of Physical Education, Recreation & Dance. 2006 (2): 15 – 32.

⑤ Banville, Doninique. Analysis of Exchanges Between Novice and Cooperating Teachers During Internships Using the NCATE/NASPE Standards for Teacher Preparation in Physical Education as Guidelines [J]. Research Quarterly for Exercise & Sport June 2006 (2): 208 – 221.

⑥ Zieff, Susan. NASPE Sets the Standard: 35 Years of National Leadership in Sport and Physical Education [J]. The Journal of Physical Education, Recreation & Dance. 2009 (80): 46.

业学习；他提出教师专业标准不能也不应当是凝固不变的，标准必须是灵活的，随着教学和学习的内部和外部环境的变化而变化的。澳大利亚著名学者 Doune MacDonald 是研究体育教师标准的权威专家，她指出，从福柯的权力理论观来看，体育教师标准可以看作是体育教师专业发展的"权力之眼"，前提是该标准为体育教师所认可。她不但肯定了体育教师专业标准的意义与价值，还建议对体育教师专业标准进行修订及完善，把体育教师专业标准的重点由教师个人职责（隐性标准）向具有个人职业发展里程碑意义的公众可见的显性标准转移。①

综合大多数学者的观点，体育教师专业标准为培养体育教师和体育教师的专业发展提供了新的理念，也为体育教师的质量提供了可靠的保证。

3. 有关对体育教师专业标准批判和质疑的研究

通过查阅文献，结果表明，针对体育教师专业标准的质疑和批评的相关研究，可以归纳为权力结构理论视角、教师教育解制视角等方面。

（1）政治学的权力结构理论的视角

James D Koerner② 在 20 世纪中期曾指出，教师教育的权威是用于制定政策、确定目标、指导教师教育计划、推行标准等，这些权威分散在教师教育的权力结构中，包括各州教育局、认可委员会、专业协会以及教师教育机构。随着教师专业标准认证委员会权力的逐渐增大，将会出现强制性的认可而不是自愿认可的局面。科南特③针对美国体育教师专业标准，认为各州逐渐在给予美国 NCATE 一种"准法定"的地位，使得美国 NCATE 成为一个准法定的机构，并拥有巨大的全国性权力。

总之，从政治学的权力结构理论来看，首先，体育教师专业标准认可的自愿性逐渐被淡化，更显强制性特征；其次，体育教师专业标准的认证机构逐渐超出了它所履行的职责范围，获得一种"准法定"权力。

① Doune Macdonald . Professional Standards for Physical Education Teachers' Professional Development：Technologies for Performance？［J］Physical Education and Sport Pedagogy Vol. 11, No. 3, November 2006, pp. 231 – 246.

② Koerner , J. D. The Miseducation of American Teachers. ［M］Boston：Houghton Mifflin Company. 1963：229 – 233.

③ Conant, J. B. The Education of American Teachers. ［M］New York：Mcgraw_ Hill Book Company. 1963：70.

（2）教师教育解制理论的视角

教师教育解制（Deregulation Agenda of Teacher Education，DATE）的观点与教师教育专业化观点相对。解制主义者认为，教育是大多数有智慧的个体都能胜任的工作，所以教师认证是不必要的和浪费钱的，因为教育所需要的技能可以在工作实践中获得，因而教师教育并非必须通过教育学院认可。相关学者认为，由于教师专业标准认证机构坚决抵制未经过正规教师培养的人员进入教师队伍，这样使得教师教育缺乏灵活性和开放性，影响了替代性教师培养计划的发展。①

（3）从教师教育机构对认可的视角来评价

Andrew，M. D.② 认为，教师专业认可标准干涉了教师教育机构自己决策教师教育计划的权力。Gardner，W. E.③ 认为，教师专业认可标准在实施过程中往往只注意到教师教育机构"有"或"无"认可标准所规定的要求，而不是对教师教育质量进行深入的理解和判断，是一种"有或无"的评鉴方式。Kraff，N. P.④ 认为，由于教师专业标准的制定，而忽略了教师教育的多样性，过于盲目地寻求结果的确定性和一致性。

此外，美国当代常识取向派教育思想代表人物康斯特鲁博士于 1999 年在国会的教育听证会上发表了《提高教师质量：一种常识的建议宣言》，对标准本位的教师教育提出批评，认为繁琐的教师资格证书和冗长的教师培养制度阻碍了大量饱学之士通往教师行业的渠道（Marci Kanstoroom，1999）；而标准本位派认为，否认教师的专门培养和认证只能降低教学质量，削弱教学水准，最终造成对学生的真正危害（Bracey G. 2003，Kohn A. 2004）。

总之，了解国外体育教师专业标准发展中出现的一些弊端，有利于我们全面了解国外体育教师专业标准实施的真实全貌，为构建我国体育教师专业标准提供可资借鉴的依据。

---

① The Abell Foundation. Teacher Certification Reconsidered：Stumbling for Quality. ［EB/OL］The Author. available at：www. abell. org.

② Andrew，M. D. Outcome-Centered Accreditation：Is Teacher Education Ready？ ［J］Journal of Teacher Education，1993（44）：176 – 182.

③ Gardner，W. E. The Curious Case of NACTE Redesign. ［J］Phi Delta Kappan，1996（77）：625.

④ Kraff，N. P. Standards in Teacher Education：A Critical Analysis of NCATE，INTASC，and NB-PTS. ［J］American Education Research Association Annual Meeting. Seattle，WA. 2001.

（二）有关体育教师专业素质的研究

1. 关于体育教师知识的研究

国外学者在对教师专业知识的研究中，最早对教师知识进行系统探讨的是埃尔贝兹（Eelbaz）。他认为，教师需要拥有广博的知识，主要包括五类：①学科知识；②课程知识；③教学知识；④教学环境的知识；⑤自身的知识。其中，课程知识是关于学习经验和课程内容的建构的知识；教学知识是关于课程、教学常规、学生的需要、能力及兴趣等的知识；教学环境的知识是关于学校及其周围社区的社会结构的知识；自身知识是关于教师自身的优势及弱点的知识。①

最具影响力的当推美国教育家舒尔曼所建构的教师专业知识结构的分析框架，他把教师的知识基础分为以下七类：①学科知识（content knowledge），是指教师上课的学科课程的知识，包括具体的概念、规则和原理及其相互之间的关系的知识；②一般教育学知识（general pedagogical knowledge），是指每个学科都用得上的课堂教学管理与组织的一般原则与策略；③课程知识（curriculum knowledge），是指对课程、教材概念的演变、发展及应用的通盘了解；④学科教育学知识（pedagogical content knowledge），是指理解各学科所需要的专门教学方法与策略；⑤学生及其学习特点的知识（knowledge of learners），是指有关学生学习过程中身心状况的各种知识；⑥教育情景知识（knowledge of educational context），是指对学生的家庭、学校以及社会等环境对教学影响的知识；⑦教育目的与价值的知识（knowledge of educational ends, purpose and values），如对学生的学习目的是以提升个人品格还是以升学为取向的认识，等等。

受舒尔曼的影响，美国学者格罗斯曼对教师应掌握的知识提出了自己的观点：①学科内容知识（knowledge of content）；②学习者与学习的知识（knowledge of learners and learning）；③一般教学法知识（knowledge of general pedagogy）；④课程知识（knowledge of curriculum）；⑤情景知识（knowledge of context）；⑥自我的知识（knowledge of self）。

通过归纳各个学者的观点，对不同学者所提出的关于教师知识结构的观点进行了整合，结论如下：

---

① 范良火. 教师教学知识发展研究［M］. 上海：华东师范大学出版社，2003：14 – 15.

表 1 - 1 教师知识结构分类

学　者	学者观点
舒尔曼	学科知识（content knowledge）、一般教学知识（general peda-gogical knowledge）、课程知识（curriculum knowledge）、学科教学知识（pedagogical content knowledge）、学生及其学习特点的知识（knowledge of learners）、教育情景的知识（knowledge of educational context）、教育目的及其价值的知识（knowledge of educational ends, etc.）
泰　默	课程的知识（curriculum knowledge）、学生的知识（knowledge of learners）、教学的知识（pedagogical content knowledge）、评价的知识
马科斯	学科教学目的知识、学生理解学科的知识、学科教学媒体的知识、学科教学过程的知识
格罗斯曼	学科知识（knowledge of content）、学习者和学习的知识（knowledge of learners and learning）、一般教学法知识（knowledge of general pedagogy）、课程知识（knowledge of curriculum）、情景知识（knowledge of context）、自我知识（knowledge of self）
博科、帕克南、伯利纳	学科内容知识、学科教学法知识、一般教学法知识
考尔德黑德	学科知识、机智性知识、个人实践知识、个案知识、理论性知识、隐喻和映像
斯腾伯格	内容知识、教学法知识、实践知识

2. 关于体育教师专业品质的研究

教师专业品质是继"教师教育"和"教师专业化"之后的又一个全新概念。教师专业品质是教师专业化发展的原动力，是教师综合素质的集中表现，是教师作为一个特殊的专门职业所具备的不可替代的品质，主要包括从事教育事业的崇高理想与信念、系统的教育专业理论知识、教育教学的能力、尊重学生和热爱学生的高尚品德。

由于教师专业品质是一个全新的概念，因此，有关的研究也相对较少。查阅国外文献资料，教师专业品质在各国的教师专业标准中出现较为频繁，而在相关的论文、著作中较为少见。西方教育研究者从 20 世纪 90 年代开始关注中小学教师研究，而与之相关的概念，如教师态度（teacher's attitudes）、教师观念（teacher's conceptions）则早在 20 世纪 50 年代到 70 年代就被西方教师教育界广泛探讨。① 教师的专业品质是一个相当复杂的概念，很多研究者把教师专业品质与很多其他概念互换使用，例如，态度（Attitudes）、观念（Perceptions）、意识形态（Ideologies）、倾向（Orientation）、视角（Perspective）、刻板印象（Stereotypes）、思考（Thinking）。

3. 关于体育教师能力的研究

教师专业能力的重要性决定了它的研究价值。国外对教师所应具备的能力的研究从 20 世纪 70 年代开始逐渐增多，并逐步成为一些国家政府的政策性要求。

美国佛罗里达州早在 20 世纪 70 年代就进行了一项教师专业能力的研究，该研究提出了教师的 1 276 项能力表现。包括：①量度及评价学生行为的能力；②进行教学设计的能力；③教学演示的能力；④负担行政职责的能力；⑤沟通的能力；⑥个人发展技巧；⑦使学生自我发展的能力。

美国全美教学专业标准委员会（NBPTS）研究制定了美国中小学教师教学能力标准，包括：①教师全身心致力于学生及其学习的能力；②熟练地将学科知识传授给学生的能力；③管理和监测学生学习的能力。随着教育技术的发展及其在教育教学中的应用，对教师教育能力的要求也逐渐增加了教师使用现代教育技术的能力要求。在这样的背景下，美国地区教育委员会（SREB）的 12 个成员提出了中小学教师教育技术能力的标准，包括：①掌握基本的计算机操作技能，能理解技术概念和术语；②能用技术从事个人的研究和交流；③能够以多种多样的方式，用计算机把技术整合到课堂中来支持学生的学习。

日本学者西昭夫通过研究，在 1981 年曾提出了教师应具备 8 种基本能力：①客观地把握学生个性，并能对其进行个别指导的能力；②深入探讨所教科目和教材，研究、充实教学指导的能力；③熟悉教育方法、技术和学习内容，应付各种教学情况的能力；④教育评价的能力；⑤具备学校管理、班级管理的能力；⑥建立良好的人际关系的能力；⑦帮助和督促学生自主解决生活问题的能力；⑧协助和指导学生升学就业的能力。

4. 关于体育教师专业素质的研究

在教师专业化的背景下，教师专业素质的相关研究成为了教育学界的焦点。美国著名学者瑞安斯以因素分析和相关分析等研究方法，聚焦课堂教

---

① Minor, L. C., Onwuegbuzie, A. J.. Preservice Teachers' Educational Beliefs and Their Preceptions of Characteristics of Effective Teachers. Journal of Educational Research, 2002 (2): 116 – 127.

学，提出了教师专业素质的基本特征。英国教育学家霍勒在《教师角色》一书中，提出了教师素养的六个基本要求。苏霍姆林斯基在其学术著作中，论述了一个好的教师应该具有先进的教育思想，高尚的道德品质，渊博的教育知识和一定的教育教学技能等基本素养。

此外，日本一些教育学界的研究者对教师专业素质的构成，通过问卷调查的实证研究方式提出了优秀教师应具备的 19 种心理特征。俄罗斯则要求新时期的教师应是教学能力和科研能力兼具，并达到全面发展的"全能型"教师。

对于一个高素质体育教师应该具备哪些专业品质，美国教育界于 19 世纪 90 年代就开始对体育教师应具备的专业素质进行了实证研究，提出了优秀体育教师应该具备的专业知识、专业技能和专业品质，这一研究与国内关于体育教师专业素质的研究在理论上具有一定的切合点。[1]

美国 NASPE 发表的 "What Constitutes a Highly Qualified Physical Education Teacher" 中明确规定，一个高素质的体育教师应具备以下几个条件：一是掌握 NASPE 颁布的体育教师专业标准中列举的体育教师应具备的专业知识、专业技能及专业品质；二是体育教师在教学过程中应按照国家教学标准进行；三是体育教师在学生的学习过程中，需创造一个有利于学习的环境来支持学生的学习，以促进其在精神、认知、情感领域能达到较高的水准；四是体育教师在体育教学过程中应把观察评估作为教学过程中的一个重要环节，定期地、不间断地、总结性地评估，为学生提供其关于学习的反馈；五是体育教师在教学过程中应该时刻反思自己的教学实践活动。[2]

二、国内研究现状

(一) 有关体育教师专业标准的研究

2011 年底，国家分别颁布了《中、小学、幼儿园教师专业标准（试行）》，标志着我国教师专业标准的研制工作的开端。查阅相关的文献资料，发现有关我国体育教师专业标准的研究主要集中在体育教师的专业能力分析方面，代表性成果有《我国中小学体育教师专业能力标准的制定》（杨烨、

① 赵中建. 全球教育发展的历史轨迹：联合国教科文组织国际教育大会建议书专集 [M]. 北京：教育科学出版社，2005.

② National Association for Sport and Physical Education, An Association of the American Alliance for Health, Physical Education, Recreation and Dance. [EB/OL] www. aahperd. org/naspe.

张晓玲，2009），该研究认为："教师专业能力是指教师在教育教学活动中表现出来的、对教育教学活动的完成质量具有一定影响的实践性行为表现。"包涵以下几个方面：体育教师职业意识、体育技术教学能力、教学资源开发与利用能力、教学对象分析能力、绩效评价能力、组织体育活动能力、体育教师专业发展能力，并对这些指标附了二级及三级指标。① 《对中、小学体育教师专业标准制订基本问题认识的实证研究》（尹志华，2011）通过对中、小学体育教师和体育教研员、高校体育教育专业任课教师、体育教育专业在读学生等与中、小学体育教师专业发展密切相关的人群进行调查，从实证的角度了解他们对体育教师专业标准制订问题的基本认识，为今后中、小学体育教师专业标准的制订奠定基础。② 《基于教师专业标准的体育教师专业标准构建研究》（赵进，2013）在全面了解国内外体育教师专业化发展的背景、现状及专业标准的内涵等基础上，对构建我国中小学体育教师专业标准的必要性和可行性进行了相关分析。③

目前，国内的相关研究动态主要表现在以下两个方面：一是教师专业化理论框架的分析，到一般专业化理论的分析借用，再到一些实质问题的剖析，如师范专业的规范、教师资格标准的研究；二是将我国教师队伍的现状与教师专业化理论进行对比，以寻求教师发展之路，如《教师专业化的误区批判》（钟启泉，2006）。有关体育教师专业化发展的研究近年来也开始引起关注，代表性的成果主要有《中国体育教师教育改革的理论与实践》（黄汉升，2004）、《中小学体育教师专业引领与提升》（陈雁飞，2011）等，并开始关注国外体育教师专业化发展动态，如《美国基础教育体育教师资格认证标准及启示》（张妙玲，2007）。在体育教师专业标准方面，除少许对国外体育教师专业标准的译介外，如《日本体育教师专业标准诠释》（林陶，2009）、《美国 NCATE 不同级别体育教师专业标准的比较研究》（尹志华等，2010），已有研究主要集中在体育教师的专业能力分析上，代表性成果有《我国中小学体育教师专业能力标准的制定》（杨桦，2009）等。

---

① 杨烨、张晓玲. 我国中小学体育教师专业能力标准的制定 ［J］. 上海体育学院学报，2009（5）：87 - 90.

② 尹志华. 对中、小学体育教师专业标准制订基本问题认识的实证研究 ［J］. 中国体育科技，2011（6）：121 - 126.

③ 赵进. 基于教师专业标准的体育教师专业标准构建研究 ［J］. 山东体育学院学报，2013（2）：100 - 104.

（二）有关体育教师专业素质的研究

20 世纪 80 年代初，我国尚未颁布正式的教师资格条例或法规。随着高等教育大众化的发展，教师质量引起了学术界的关注。此时，学者对体育教师专业标准的探讨仅限于"体育教师应具备什么样的素质"这一领域，主要对体育教师应具备的知识结构、能力结构等进行研究。

1. 关于体育教师素质的研究

朱富明①从实施素质教育等方面入手，分析了高校体育教师应具备的基本素质，即较高的思想品德修养和人格，拥有广博的知识储备，拥有多方面的工作能力，拥有充沛的精力和健壮的体魄。

楼丽琴②在分析了当前体育教师存在的素质缺陷的基础上，对体育教师素质进行了重构，认为体育教师应具备：以提高全体学生素质为目的的教育理念；以科学、人文的基础知识及工具性学科的基础知识、体育学科专门性知识和技能、教育学知识为多层的复合知识结构；以终身学习能力、合作能力、教育管理能力、教育科研与创造能力为组合的多能结构。

尹建业③认为，现代高校体育教师应具备的素质主要包括：高尚的师德行为、先进的教育观念、良好的身心素质、合理的知识结构、健全的能力结构。其中，合理的知识结构包括精深的专业知识和广博的多学科知识；健全的能力结构包括教学能力、课外体育活动的组织管理能力、运动保健和监督能力、自修能力、教学监控能力等。

王则兴④认为，作为一名合格的普通高校体育教师应该注重自身道德素质、心理素质、专业素质、创新素质及信息素质的提高。

张涛⑤提出体育教师应具备高尚的师德、全新的教育观念、多元的知识结构、综合的教育能力和健康的人格等基本素质。

周登嵩⑥分别从"德""才""能""名"各自所包含的主要指标内涵进行描述和阐释，初步构建了中小学体育名师的标准框架。通过分析，认为体

---

① 朱富明. 对提高高校体育教师素质的有关问题探讨［J］. 上海体育学院学报，2001（1）：87－89.

② 楼丽琴. 对体育教师素质的思考［J］. 武汉体育学院学报，2000（2）：50－51.

③ 尹建业. 高校体育教师应具备的素质［J］. 中国成人教育，2003（6）：89.

④ 王则兴. 论高校体育教学对教师素质的要求［J］. 中国成人教育，2007（6）：73－74.

⑤ 张涛. 论素质教育对体育教师素质的高要求［J］. 西南民族学院学报（哲学社会科学版），2001（22）：58－60.

⑥ 周登嵩. 论体育名师的标准［J］. 广州体育学院学报，2007（2）：9－16.

育名师"德"的标准主要由具有人格魅力、责任感与使命感、深厚的师爱及奉献精神、团队合作精神等四部分构成。体育名师"才"的标准，主要指名师应具有的教育理念、体育技能和相关知识，包括与时俱进、先进的学校体育理念；一专多能的运动技能；扎实、系统的本学科知识；丰富的教育科学知识及其他相关知识。体育名师"能"的标准主要包括突出的教育教学能力、较强的科研能力、较强的课余训练能力、创编加工教材能力、终身学习和自我发展能力、参与社会性体育活动能力等。体育名师"名"的标准主要表现在以下四个方面：为学生喜欢、崇敬；为同仁所熟知、赞许；为学校所认可；为社会、专家所认同。

杨明[1]认为，作为一个合格的高校体育教师必须具备以下几方面的素质结构：①具有时代特征的高尚师德；②雄厚的文化素养，包括广泛深厚的文化科学知识、扎实系统的专业学科知识、全面准确的教育科学知识和心理科学知识；③突出的能力结构，包括学习的能力、教育的能力和开拓创新的能力；④健全完善的身心素质。

孙慧[2]认为，当代体育教师应具备的基本素质结构包括：①良好的品德素质和职业道德；②较高的知识水平和合理的知识；③较强的业务能力和学术水平，包括教学组织能力、运动训练和组织竞赛能力、科学研究能力、创造思维能力、外语应用能力。

陈作松[3]通过分析，认为新一轮体育课改对体育教师的知识和能力提出了新的要求，主要表现在课程资源开发能力、体育教学组织和监控能力、体育教育研究能力等方面。

汤利军[4]通过分析，认为在学校体育现代化背景下，体育教师应该具备以下六种素质，即愿景规划能力、团队领导能力、良好沟通能力、创建信任的课堂组织文化能力、培养学生终生锻炼能力、自身养成终身学习能力。

方程[5]根据深化体育课程改革的需要以及实施高校新体育课程的要求提出，高校体育教师拓展专业素质应包括新的教育思想和观念、课程决策能力、课程资源开发能力、教学设计能力、教学监控能力、人际交往能力、培

① 杨明. 论小康社会高校体育教师素质的构建 [J]. 体育文化导刊, 2004 (6): 51 – 53.
② 孙慧. 浅议高校体育教师的综合素质 [J]. 中国成人教育, 2005 (7): 113 – 114.
③ 陈作松. 新体育课程与教师素质的提升 [J]. 体育学刊, 2004 (1): 138 – 141.
④ 汤利军. 学校体育现代化与体育教师素质分析 [J]. 体育文化导刊, 2010 (6): 81 – 82.
⑤ 方程. 应对体育课程改革拓展高校体育教师专业素质的研究 [J]. 西安体育学院学报, 2007 (3): 120 – 123.

养学生心理健康能力、培养学生社会适应能力。

展更豪①指出，未来中学体育教师应具备的基本能力依次为要有良好的专业知识和专业技术、要有较强的敬业精神、要有较强的教学科研能力、要有较强的创新能力、要有不断学习和加强自身修养的能力，还要有其他相关学科的知识；而未来中学体育课教学的理念应当是"体育教学不但只进行身体锻炼，更要进行健身、健康意识教育"或"应以学生的兴趣为出发点，结合全面的素质教育进行体育教学"。

刘建华②将创新型体育教师素质的具体表现归纳为如下几个方面：①具有强烈的事业心和责任感；②具有良好创新意识和优良的心理品质；③具有较好的基础理论知识和扎实的专业技术与技能；④非常注重对体育教育信息的收集、整理，并具有分析和利用信息能力。

通过整理体育教师专业素质的有关研究，分析体育教师应具备的素质，可为构建我国体育教师专业标准的指标体系提供有力的论据。综上所述，合格的体育教师应具备以下几个方面的专业素质：第一，良好的专业品质，包括良好的品德素质与职业道德，以及先进的教育理念；第二，较高的知识水平和合理的知识，包括普通基础知识（人文和科学学科的知识、工具性学科知识）、体育学科专业知识、教育科学知识等；第三，较强的业务能力，包括教学组织能力、运动训练和组织竞赛能力、科学研究能力、创造思维能力、自我专业发展能力。

2. 关于体育教师知识的研究

教师知识，即教师知道什么以及教师如何在教学中表达其所知。教师知识对教师的教学过程至关重要，对教师教育及教师专业发展起着举足轻重的作用。教师的本质——传道授业解惑，也需要教师具有丰富的知识储备。教师的知识是教师研究中开始最早的一个研究领域。国内有关体育教师知识的研究最早可追溯至20世纪80年代。

肖焕禹③通过文献资料及调研分析得出，合格体育教师的知识结构应由普通基础知识、体育学科专业知识和教育专业知识三个层次、七方面构成。在此基础上，总结归纳了这三层次知识的关系，普通基础知识是结构的基

---

① 展更豪. 北京市中学体育教师的现状调查及其对首都体育学院学生素质培养的影响 [J]. 北京体育大学学报，2003（1）：72－76.

② 刘建华. 高校创新型体育教师的知识、能力结构及培养途径 [J]. 武汉体育学院学报，2005（7）：110－112.

③ 肖焕禹. 高校体育教师的知识结构与能力结构 [J]. 体育科学，1992（2）：13－16.

础，它既是教师形成教学、训练、科研、保健能力的基础，也是对学生进行思想品德教育的基础；体育学科专业知识是结构的重心，它制约着教学、训练和科研、保健能力的高低；教育专业知识是知识结构的重点，不仅对教师能力起指导作用，也是衡量教师教学能力高低的标志之一。

柳永清[①]分析了未来体育教师即体育系学生的知识结构，应包括：①必要的社会科学知识；②基本的教育科学知识；③较丰富的人体科学知识；④扎实的体育科学及专业基础知识；⑤初步的科研工作和自学知识；⑥基础的文学、美术、音乐、数理、医学等相关知识。

刘建华[②]认为，体育教师应该具备扎实的基础知识。对于教师来说，首先，这种基础知识是多元的，既包括教育学科知识，又包括人体科学知识。在教育学科知识方面，包括教育学、心理学、管理学等学科知识；在人体科学知识方面，包括运动解剖学、运动生理学、运动生物力学、运动生物化学、运动医学等。基础知识既是指导体育教学工作的基础，也是解决在教学过程中遇到困难以及新问题的工具。其次，要有扎实的体育专业知识。这一点对于教师来说，不仅是构成知识结构的核心，同时也是从事体育教学所必备的知识元素。因为扎实的专业知识可以熟练地把握体育技术的发展规律和教学特点，并能够迅速获取与体育教学有关的各种信息，掌握现代体育教学的发展趋势和方向，为不断更新教学理论和方法提供保障。除此之外，高校体育教师还应具备自然学科、社会学科以及管理学科知识。这些学科知识是现代高校体育教学的需要。

3. 关于体育教师专业品质的研究

教师专业品质作为一个"外延"名词，在我国教育学的研究领域刚刚有所涉及，但有关研究相对较少。2011 年，我国颁布的《中小学教师专业标准（试行）》中也是用与之相关的"专业理念与师德"代替。其相关研究主要围绕教师专业道德、教师观念、教师专业情操等进行。其主要代表性研究有《浅析新时期师德建设及其基本保证》（石宏，1998）、《体育教师的德与能》（徐金尧，1998）、《师德教育是培养合格体育教师的关键》（刘群，2007）、《为何而教：体育教师专业道德建设的基础》（张少伟，2012）。

---

① 柳永清. 体育系学生知识与能力结构及其培养途径浅探 [J]. 武汉体育学院学报，1993（3）：240 - 242.

② 刘建华. 高校创新型体育教师的知识、能力结构及培养途径 [J]. 武汉体育学院学报，2005（7）：110 - 112.

总之，这一系列研究成果为构建我国体育教师专业标准中体育教师专业品质这一维度提供了可资借鉴的依据。

4. 关于体育教师能力的研究

20 世纪 50—60 年代，在国外教育领域，形成了"能力本位师范教育"。首先，通过教育评价的开展，研究和区分好教师和一般教师在能力上的差别及具体维度；其次，把教师的课堂教学能力作为影响学生学习成绩的一个因素，从而筛选出与学生成绩存在高度相关的那些能力因子。我国对于教师能力的研究起源于 20 世纪 80 年代。

肖焕禹[①]在其研究中认为，体育教师应具备教学能力、身体锻炼能力、训练能力、教育能力、科研能力、保健能力，这六种能力是一个不可分割的整体。其中教学能力是核心；身体锻炼能力是重点；训练能力是提高学校运动水平的重要手段；教育能力是培养合格人才的必备条件；科研能力是探求体育本质及规律的重要环节；保健能力是指导学生科学锻炼身体，提高健康水平的保障。

谭沃杰[②]的研究认为，教学能力是核心；身体锻炼能力是重点；训练能力是提高高校运动水平的重要手段；思想教育能力是培养合格人才的必备条件；科研能力是探求体育本质及规律的重要环节；保健能力和学生心理保健能力是指导学生科学锻炼身体，促进学生身心健康的保障。

刘建华[③]在总结前人研究的基础上，归纳出了创新型体育教师除了具备创新能力、教学能力和组织能力外，其能力构成还包括其他五种因素：①观察能力，包括灵敏感觉能力和对技术战术敏锐的洞察力；②获得信息和分析利用信息能力；③创造思维能力，包括想象力、多向思维能力、联想思维能力、捕捉敏感能力；④创新预测能力；⑤创新设计能力。

肖宁[④]认为，体育教师的能力主要由创新能力、教学能力和组织能力构成。

5. 关于体育教师教育及体育教师专业化发展的研究

近年来，有关体育教师教育及体育教师专业化发展的研究引起了国内科

---

① 肖焕禹. 高校体育教师的知识结构与能力结构 [J]. 体育科学，1992（2）：13－16.

② 谭沃杰. 高校体育教师能力发展的要求及培养 [J]. 体育与科学，1999（1）：55－58.

③ 刘建华. 高校创新型体育教师的知识、能力结构及培养途径 [J]. 武汉体育学院学报，2005（7）：110－112.

④ 肖宁. 高校体育教师知识结构、能力水平与综合素质的培养 [J]. 武汉体育学院学报，2008（8）：97－100.

研工作者的广泛关注，并成为了学界研究的热点问题，有了一系列的高质量研究成果。代表性的成果主要有《中国体育教师教育改革的理论与实践》（黄汉升等，2004）、《体育专业课程的发展及改革》（王健，2003）、《21世纪体育教育人才培养的研究》（王家宏等，2007）、《面向21世纪体育师资培养和体育教育专业改革与发展研究》（邓宗琦，2000）、《体育教师教育论》（唐炎等，2006）等。研究视角还涉及特殊体育教师的专业化，如《我国特殊体育教师专业化内涵探析》（吴雪萍等，2005），并对国外体育教师专业化发展动态进行了关注，如《域外学校体育传真》（顾渊彦，1999）等。而学界对于体育教师专业素质的研究也基本集中在体育教师专业素质构成要素等方面，即体育教师专业知识、体育教师专业品质、体育教师专业能力等。

三、研究特点及述评

综上所述，现有研究主要局限于体育教师一般专业能力的分析，对于国外体育教师专业标准的推介，多止于对我国体育教师要实现专业化发展方面的启示与借鉴，鲜有对我国体育教师专业标准的研究尝试。将职前与职后教育一体化的研究以及将体育教师专业的历史发展与现实改革及未来发展走向统一起来的系统研究，尚相对鲜见。而有关体育教师专业化发展的国际比较研究，由于对所比较国家体育专业设置及其变革的动因、背景了解不够，导致对研究的可比性把握不准，其研究结果的借鉴价值也十分有限。将某一或某些国家某一时期的专业内部结构状况作为衡量我国体育教育专业内在结构是否合理的标准以及调整改革的依据，是此类研究的一个倾向。此外，这些研究还有一定的历史局限性。从教师未来发展来讲，这些研究也缺乏对体育教师未来专业化发展所需素质的前瞻。总体来看，前人的研究主要体现了以下几个特征：

（一）研究方法以定性研究为主

综合大多数学者的研究，发现其研究主要以定性研究为主。在研究教师专业标准时，大多数研究以某一标准为研究对象，对标准内容进行分析和解释，这些研究有助于我们进一步了解体育教师专业标准，但很多研究成果过多停留在理论阐述方面。部分学者对体育教师专业标准的内容提出了质疑，如评价内容不合理等，但在研究过程中，缺乏对其结论的实证检验。因此，为了使体育教师专业标准能更好地引领教师专业发展，保证教师质量，相关研究需要采用实证的研究方法，调查包括教师在内的社会各界对教师专业标准的评价及建议等，使其达到更好的效果。

（二）比较型研究缺乏

在以往的研究中，大多数学者对体育教师素质和体育教师专业标准相关研究主要针对单一的标准进行研究，或对体育教师应该具备的素质进行研究，对不同发展阶段教师特征的比较研究少见，对不同标准的比较研究也不多，如 NASPE 于 2001 年颁布实施了体育教师专业标准，分为初始和高级两个标准，2008 年，对初始和高级标准都进行了调整，并于 2010 年开始实施。但是，在现有的研究成果中，大多数学者只是对某一标准进行了相关研究，而缺乏对所有标准的比较研究。此外，体育学科较其他学科的发展相对缓慢，结合体育学科的特殊性，并借鉴其他学科的教师专业标准，势必会得到更好的效果。但并未发现学者对体育教师专业标准和其他学科的教师专业标准进行比较研究。

（三）研究内容未针对体育教师的特性展开

一方面，体育教师除了需要具备一般教师所具有的素质和能力外，还应具备扎实的专业技术、技能，并且要求体育教师在专业技术方面要做到"一专多能"或"多专多能"，即在全面、正确地掌握各种运动（如田径、体操、球类、武术、游泳等）基本技术的基础上有所专长；另一方面，由于体育课堂教学大部分时间在室外进行，在教学过程中，需要教师具有较强的组织能力，克服各种干扰因素，还需注意学生的安全。因此，在体育教师专业标准中，对体育教师的要求与其他学科教师标准的要求要有所差异，而大部分学者并未对体育教师所需具备的特殊的知识能力结构进行相关研究。

第四节　研究对象与研究方法

一、研究对象

本研究选取的研究对象为我国基础教育阶段的体育教师专业标准。

二、研究方法

（一）文献资料分析法

本研究以体育教师专业标准、体育教师专业素质、体育教师知识、体育教师能力、体育教师品质、体育教师专业化、体育教师专业发展及成长等为主题，首先通过国家图书馆、校图书馆、资料室、中国期刊网、万方数据库等途径查阅大量国内相关文献，在了解国内相关背景、国外有关体育教师专业标准的相关简介的基础上，查阅国外相关网站（如美国 NACTE 官方网站、美国 NBPTS 官方网站、美国 NASPE 官方网站等）及相关的外文数据库和书籍，全面了解美、英、日、澳、新（新西兰）等国家的体育教师专业标准的特征及实施现状，收集相关资料，为本研究的开展奠定坚实的理论基础。

（二）专家访谈法

走访国内知名的体育学专家，就"体育教师专业标准的指标体系"的相关内容咨询专家意见；同时，就研究的框架体系和基本观点征求专家意见，并广泛吸纳专家关于构建我国体育教师专业标准的思路，以提高研究的可信性和有效性。此外，在研究初步完成后，将初稿送给国内相关学科的知名专家审阅，听取专家意见，修改初稿，以确保研究结论和主要观点的可信度与科学性，进而提高本研究的质量。

（三）问卷调查法

本研究在专家访谈的基础上，自行设计了《我国体育教师专业发展现状调查问卷》，对北京、上海、天津、河北、河南、浙江、江苏、安徽、江西、山东、辽宁、黑龙江、湖北、湖南、广东、广西、福建、海南、四川、陕西、新疆的部分中小学体育教师、学校体育工作研究者等进行了调研，其调研结果为本研究的撰写提供了充实的论据。总共发放问卷 2 500 份，收回问卷 2 348 份，收回率为 93.92%；在收回的问卷中，有效问卷 2 244 份，问卷有效率为 95.57%。

（四）比较分析法

一是对国外体育教师专业标准已取得显著成效的 5 个发达国家（美国、英国、澳大利亚、日本、新西兰）体育教师专业标准的内容及特征进行比较分析，为构建我国体育教师专业标准提供可资参考的有力证据；二是对国外体育教师专业标准体系中不同级别教师的要求进行比较，找出不同级别教师专业标准的侧重点及差异，为构建我国多级别的标准体系提供参考。

（五）数理统计法

本研究主要采用 SPSS 统计软件、AHP 层次分析法软件对《我国体育教师专业标准构建指标体系调查问卷》及《我国体育教师专业发展现状调查问卷》的结果进行统计分析，以便检验我国体育教师专业标准指标内容的合理性，为构建标准提供参考。

第五节　相关概念的界定

一、专业

在《辞源》中，专业是指专门从事某种事业和学业。因此，关于专业通常有两种理解：从教育学范畴来说，专业是高校为培养专门人才设置的专业，是培养专门性人才的基本单位，由特定的培养目标和课程体系组成；从社会学范畴来说，专业是指专门性的职业，指必须经过专门化的高等教育后方能从事的复杂职业。

在《现代汉语词典》中，对专业的解释是：①高等学校的一个系里或中等专业学校里，根据科学分工或生产部门的分工把学业分成的门类；②产业部门中根据产品生产的不同过程而分成的各业务部门；③专门从事某种工作或职业。

系统研究"专业"的社会学家卡尔·桑德斯（A. M. Carr-Saunders），在《专业》一书中指出，所谓专业，是指一群人在从事一种需要专门技术的职业，这种职业是一种需要特殊智力来培养和完成的，其目的在于提供专门性的社会服务。①

本文所论述的专业就是将教师作为一种专门性的职业来理解的。

联合国教科文组织和国际劳工组织在1966年发表的《关于教师地位的倡议》中明确提出："教育工作应被视为一种专业。"此后，"教师专业化"由20世纪60年代的社会倡议演变成20世纪80年代后的国家运动。1986年，美国卡内基基金会教育与经济论坛的"教学作为一门专业之工作小组"公布的《准备就绪的国家：21世纪的教师》和霍姆斯小组公布的《明日之教师》都指出，公共教育质量只有当学校教学发展成为一门成熟的专业时才能得以改善。在教育研究领域，对于教师职业是否是一种"专业"还有一定距离，有社会学者设计了专业主义量表（the scale of professionalism）的方法来研究一个职业的专业化程度，即把各专业特质量化为多个量度指标，然后综合为一个度量各职业专业化程度的量表。

---

① 教育部师范教育司. 教师专业化的理论与实践［M］. 北京：人民教育出版社，2003：32.

二、体育教师专业化

专业化（Professionalization）实际上是一个社会学概念。教育社会学家霍银尔（Hoyle. E）认为，职业专业化（Occupational Professionalization）是指"一个职业（群体）经过一段时间后成功地满足某一专业性职业标准的过程"；"它涉及两个（一般是同时进行并可独立变化的）过程，就是作为地位改善的专业化和作为专业发展、专业知识提高及专业实践中技术改进的专业化"①（邓金，1989）。由此可见，可以将体育教师专业化理解为体育教师这一职业群体通过专门的教育和培训从而收获教学工作所需的特殊知识、技能与理解力，进而逐渐使得教学行为成为一种专门性的职业并获得社会舆论的认可，取得应有的社会地位的一个过程。

三、体育教师专业标准

标准是指衡量事物的依据或准则。《教师专业标准》是国家对合格教师的基本专业要求，是教师开展教育教学活动的基本规范，是引领教师专业发展的基本准则，是教师培养、准入、培训、考核等工作的重要依据。②③ 因此，本文将体育教师专业标准定义为："体育教师专业发展生涯中不同阶段应达到的要求，或引领不同体育教师专业发展的行为准则。"

---

① 邓金. 教育与科普研究所. 塔格曼国际教师百科全书 [Z]. 北京：学苑出版社，1989：542.

② 小学教师专业标准（试行）[EB/OL]. http://www.moe.gov.cn/publicfiles/business/html-files/moe/s6127/201112/127836.html.

③ 中学教师专业标准（试行）[EB/OL]. http://www.moe.edu.cn/publicfiles/business/html-files/moe/s6127/201112/127830.html.

第二章
构建我国体育教师专业标准的历史依据

　　体育教师专业化发展是一个从体育职业到专业的转变过程，我国体育教师从职业的确立到专业化进程的迈进，经历了很长的时间。通过对我国体育教师职业的确定、职业成长及职业专业化发展进程进行梳理，我们可以对我国体育教师专业化现状有更加清晰的认识。"以史为鉴，可以知兴替"。回溯过去，是为了更好地展望未来，更好地探寻我国体育教师专业化的未来发展方向与道路。

第一节　我国体育教师职业的产生与发展

　　"世界上的学校是产生于古代东方各国，这是公认的历史事实。我国是世界文明发展最早的国家之一，有将近四千年有文字可考的历史，所以我国也是世界上学校产生最早的国家之一，我国学校也有将近四千年的历史，这是我国教育史上光荣的一页。"[①] 教育伴随着人类的产生而产生，学校教育是教育的一种重要的方式与途径，在人类的发展中发挥着重要的意义，学校教育有着家庭教育和社会教育不可替代的作用，学校教育将伴随人类的发展而发展。教师是与学校共始终的一个职业，教师职业将会随着社会的发展而发展。因此，对教师的研究也就不能止步，体育教师概莫能外。

---

　　① 毛礼锐. 我国学校是怎样产生的？[A]. 瞿葆奎主编. 教育学文集（第1卷），教育与教育学 [C]. 北京：人民教育出版社，1993：263.

一、体育教师职业的依托——学校体育的产生与发展综略

体育教师是伴随着学校体育的出现而出现的，根据我国教育史学界和体育史学界的研究，夏朝的学校有序、校、学等多种形式，而"序者，射也"，由此可见，"序"是学射的专门学校。①。西周学校的射、御，皆是我国早期的学校体育，年满 15 岁的少年都要学习此二艺，以培养国民的军事技能，进行身体的训练，学堂多以兵弁充任体育教师。虽然当时并没有"学校体育"及"体育教师"之称谓，但是不论在形式上还是在实质内容上都具有学校体育的性质及体育教师的职责履行，并按照当时贵族、奴隶主阶级的思想意识进行施教，严重阻碍了学校体育的发展。春秋时期的体育师资情况，不能不提孔子。孔子创立私人学堂，传授礼、乐、射、御、书、数六艺，其中"射、御"皆属于体育范畴（也有人认为"乐、射、御"三艺皆属于体育范畴），② 孔子本人也是地道的"体育教师"，他爱好体育活动，向学生传授射、御之技术，他身体强健，"劲拓国门之关""足蹑郊兔""登东山而小鲁，登泰山而小天下"，说明他力气大，跑得快，爱好登山，对于养生之道也有自己独到的见解。但是礼、仁始终是儒家思想的第一信奉，就连"射"，也要合乎礼，并且不允许"不忠""不孝"的人看他射箭，因为这样的人"没资格"。③ 综观春秋战国史，孔子及诸子百家都在一定意义上从事了体育教学活动。到了汉代，汉武帝独尊儒术，文武分途，学校教育以诗、书、礼、乐、易、春秋为基本内容，体育教育被学校教育摒弃在外，充当体育教师职责的兵弁也随之离开学校。宋清两代进一步主张静坐学习与思考，更加助长了文弱之风。我国封建社会教育的主要特征是重视以儒家学说为指导核心的礼治、德治与人治，轻视体育，除了六艺中的射、御之外，一些锻炼身体的方法、游戏及习武风尚流入了民间，学校已几乎不存在体育教师。④

古代学校体育在汉朝是个转折点，汉代"罢黜百家，独尊儒术""文武分治"，学校体育地位逐渐下降。到了魏晋南北朝时期，"玄学""清谈"盛

---

① 龚飞，梁柱平. 中国体育史简编［M］. 成都：西南交通大学出版社，2010：14.
② 龚飞，梁柱平. 中国体育史简编［M］. 成都：西南交通大学出版社，2010：27.
③ 龚飞，梁柱平. 中国体育史简编［M］. 成都：西南交通大学出版社，2010：27 – 28.
④ 蔡宝忠，康长青. 体育教师研究［M］. 辽宁：辽宁少年儿童出版社，1993：2.

行，崇尚柔美文静之风，使得学校体育的发展跌落到最低点。① 到了唐宋，经历了南北朝多年多民族纷争的洗礼，意识到了军事武艺的重要后，武则天长安二年设"武举制"，宋神宗创"武学"，体育及学校体育的地位有所恢复。明主朱元璋提出恢复"六艺"教学，清代民间武术盛行，我国古代学校体育起起落落，对于体育师资要求的记录较少，从史学文献中捕捉到的信息应是"能者为师"，但很注重品德的典范作用。"中国古代的学校体育中，虽然有传授射箭、剑术等体育技能的教育，有军事体育、传统武艺的传授者，但都不是专职的体育教师，可以肯定的是，人类早期体育与教育的出现，奠定了体育教师这一职业产生的基础。"②

二、学校体育的演变及体育教师职业的确立

（一）清末体育教师教育——以日本为师

19世纪末20世纪初，形成了学界所谓的"日本人教习"或"日本教习"时代。这一时期之所以出现大批日本教习，既与当时中国"以日为师"的大背景有关，也与日本政府向中国输出日本模式的教育、实施"大陆推进"的国策有关。从中国方面看，甲午之战后，日本的胜利，展示了中日两国在近代化发展上的巨大反差，给中国人以强烈的刺激，促使"先进的中国人"研究日本自强的原因，进而"以日本为师"成了朝野的共识。新一代知识分子开始由器物层面的模仿转向制度层面的学习，不仅在政治上主张学习日本的君主立宪制，在文化教育上也推行"以日为师"的政策。因此，建立中国自己的师范教育体制，培养新型的适合时代发展的教师成为亟待解决的问题。

1896年，梁启超发表《论师范》，开创了我国师范教育思想之先声，也是中国师范教育模仿外国发展模式的开端。中国师范教育的开端可以追溯到盛宣怀创立的南洋公学（现为交通大学），标志着日本师范教育模式在中国教育体制内正式确立。

由于清王朝最高统治者认为中国和日本不仅同文，而且自古以来两国的政治就大体相同，尤其是日本的教育所规定的培养封建臣民的目标和体现于其中的封建大一统的精神，最适宜于中国，且日本的这种教育制度自明治维

① 旷文楠. 中国古代学校体育的若干特色 [J]. 四川体育科学，1983 (3)：1-7.
② 曲宗湖. 体育教师的素质与基本功 [M]. 北京：人民体育出版社，2002：2.

新以来，已经过不断的试验、修改，取得了很大的成功，因此，在"新政"启动之际，派人前往日本对其现行教育制度进行考察，要以日本近代学制为样板制定中国的学制。在这样的背景下，我国近代第一个系统完备的法定学制《钦定学堂章程》（又称"壬寅学制"）颁布，对中国近代师范教育制度作了初步规定。详细规定了各级各类学堂的目标、性质、年限、入学条件、课程设置及相互衔接关系。1904 年，《癸卯学制》颁布。《癸卯学制》是中国近代教育史上第一个比较完整的，并经法令正式公布在全国实行的学制，也完全是仿照日本学制制定的。它的颁布以及随后所实行的一系列措施产生的影响是十分深远的，奠定了中国现代教育的基础，打破了儒家经典一统天下的局面，建立了统一的教育行政体系，并为结束科举制创造了条件等。1904 年，《奏定学堂章程》颁布以后，"体操科"作为当时新式学堂的体育课程形态进入了学校日常教学工作中，使得体育师资捉襟见肘。清末民初体育师资的奇缺，出现了以大量中下级军官和士兵充任学校"体操"教员的现象。这些军人转型的体育教师大多没有受过系统的体育学训练，只有一点普通的军事知识，也没有受过良好的文化教养，言语粗鄙，作风恶劣。这些粗俗的体育教师不仅对近代体育教育和学生无益，而且还造成了恶劣的社会影响。到 1904 年《癸卯学制》颁布，我国陆续创办了一些师范学堂。此时，我国开始专门培养体育教师，主要途径有以下三种：

一是开办体操专修科或体育学堂。聘请外国教习担任教师，但这些教员中有为数不少的滥竽充数者，这种主要依靠聘请外教办学的做法，是本国范围内无合适师资的情况下的必然之举，是后起的近代化国家在一定时期内从外域得到先进技术的常用之法。1905—1908 年，开办专门培养体育师资的学校有：松江府娄县劝学会附设体操传习所、大通师范学堂体育专修科、江苏两级师范体操专修科、重庆体育学堂、云南体操专修科、成都高等师范学堂体操专修科、四川体育专门学堂、四川王氏树人学堂体操科、河南体操专科学堂、耀梓体育学堂、浙江两级师范学堂体操科、奉天师范学堂体操专修科、中国体操学校、中国女子体操学校（为了培养女性体育师资和体育人才）等。[1][2] 这些学校是我国最早的一批体育院校，但其办学质量水平相当低。

二是清政府派留学生出国短期深造。清政府从 1896 年起开始向日本派

---

[1]　蔡宝忠，康长青. 体育教师研究［M］. 沈阳：辽宁少年儿童出版社，1993：2.

[2]　陈景磐. 中国近代教育史［M］. 北京：人民教育出版社，1985：36.

遣留学生，主要是培养外交、军事、先进制造技术等人才。最早选修体育专业的留学生出现在日本，对西方近代体育的引进和中国体育教育现代化作出了重要贡献。1904 年，中国留学生在日本体育学校就读的达 12 人，分别来自浙江、四川、湖北、江苏和湖南。① 在 1906 年 6 月 19 日至 1906 年 9 月 17 日，中国送入日本大森体育会的学生达到 104 人。② 体育留学生学成归国后，仿照日本体育教育模式，初步建立了中国近代体育教育制度。随着中国近代体育教育制度的建立，以早期体育师资的培养制度和体育组织与运动竞赛在各级各类学校中的建立、开展为标志的近代学校体育开始得以实施。中国体操学校是旅日体育留学生徐一冰、徐傅霖和王季鲁于 1908 年在上海创办，是中国近代开办时间较久、影响较大的体育师资培养机构。《中国体操学校章程》要求报考者"品性纯良、身体健全、国文精通，年在十六岁以上二十四以下"，规定所授科目分为"学科"和"术科"，兼顾了体育师资的理论素养和实践技能。"本科所授学科为伦理学、教育学、体育学、兵学、国文、生理、救济法和音乐；本科所授术科为兵式教练、器械教练、瑞士式各个普通连续徒手、哑铃、球竿、棍棒、木环、豆半、应用操、游技、教授法、射击术、拳术和武器"。③ 在体育留学生的努力下，清末民初的体育师资结构得到了较大的优化，出现了徐一冰、唐豪等一批著名的体育教育家和体育理论家，极大地推动了中国近代体育教育制度的建立与发展。

三是教会学校培养体育干事。

以上三种培养途径的共同特点是周期短，少则 5 个月，多则一年就学成毕业。这样的培养方式周期短、出师数量多，对当时体操教习奇缺的状况无疑是雪中送炭。但由于短周期、学习内容有限而使得当时培养的体育师资的学科理论知识水平低，术科知识单一。

在此阶段，亦可明显地看出，我国的教师教育在建立的过程中没有多少"内生"的举措，更多的是一种盲目追求"外化"的心态。从梁启超的《论师范》到南洋公学的建立，仿佛一开始就注定了我国师范教育的"仿日色彩"。而《癸卯学制》更使中国教育盲目"外化"的倾向达到了极致，整个教育体制的建立都沿承了日本教育体制的特点，中国的师范教育几乎成了翻

---

① 李喜所. 中国近代社会与文化研究 [M]. 北京：人民出版社，2003：652.

② 肖冲. 清末留日学生对欧化的日本体育传入中国所起的作用 [J]. 体育文史，1987（3）：26.

③ 储剑虹. 中国体操学校章程 [C]. 中国体育文史资料编审委员会. 体育史料 [M]. 北京：人民体育出版社，1984：74－75.

版的"日本货"。尽管我国的师范教育体系是在盲目学习日本的背景下建立的，呈现出明显的"外化"特点，但它毕竟实现了历史性转轨，建立了现代意义上的教师培养模式。我国的体育教师教育作为师范教育的一部分，更是盲目地照搬国外的教育体制，带有浓重的国外色彩。

（二）民国初期的师范教育

1912 年，中华民国教育部成立，标志着我国进入了一个崭新的历史纪元，我国的师范教育随着政治的变革也进入了一个新的历史发展阶段。为了尽快改革旧式教育制度，革新教育内容，促使各级学校走向正规化，政府制定并颁布了一系列的教育政策，其中直接与师范教育有关的法令规程有《师范教育令》《师范学校规程》《高级师范学校规程》《师范学校课程标准》《高等师范学校课程标准》等。这些文件的颁布将民国的师范教育制度进一步加以具体化。1913 年，全国划分了 6 个高等师范区，即直隶区、东三省区、湖北区、四川区、广东区、江苏区，并分别在这 6 大师范区设立北京高等师范学校、成都高等师范学校、武昌高等师范学校、沈阳高等师范学校、广东高等师范学校、南京高等师范学校。① 1915 年，高等师范学校已有 10 所，学生 1 917 人。从 1912 年到 1922 年，中等师范学校也有了较大的发展，学校数由 253 所发展到 385 所，学生数从 28 605 人增加到 43 846 人。②

1912 年，中华民国成立后，国民政府颁布了新学制（壬子学制），将"学堂"改为"学校"，学制有所缩短，但学制的基本模式仍是模仿日本。随着教育事业的发展，体育教师相应需要增加。1919 年，"全国教育联合会"通过《改革教育方案》，学校实行"双轨制"体育；1922 年，该机构公布《学校系统改革令》和次年公布《新学制课程纲要》，废除兵操改以体操、田径和游戏为体育教学的主要内容。这样，急需大量的体育师资，而清末兴办的一些培养体育师资的学校，因多种原因大多数已停办，体育师资十分短缺，因而培养师资的学校有了较大发展。民国时期，国民政府先后创办了不少体育专业学校和体育科系。其中，影响较大的要算"南京高等师范学校"体育专修科和"北京高等师范学校"体育专修科。南京高等师范前身是清末的两江师范学堂，1915 年，改称南京高等师范；1923 年，更名为国

---

① 杨之岭，林冰，苏渭昌 . 中国师范教育 ［M］. 北京：北京师范大学出版社，1989：182 - 183.

② 教育部 . 第一次中国教育年鉴 . 内编第一学校教育概况 ［M］. 上海：开明书店，1934：311.

立东南大学；1927 年，蒋介石上台后，又改称国立中央大学；新中国成立后，改名为南京大学。1952 年，全国高等院校调整，南京大学体育系、金陵女子大学体育系、上海体专三院合并，在上海成立华东体育学院，后来改名为上海体育学院。南京高等师范 1916 年开始设体育科，修业两年；1918 年，改为三年；1923 年，改为体育系，修业四年。该专业基本上是按照美国体育专业模式创办的，课程分普通基础课程、教育课程、专业课程和选修课程四类。课程繁琐重复，仅专业课程就有体育原理、体育概论、体育行政、体育测验、体育教学法、体育建筑与设备、体育史、生理学、解剖学、运动生理学、人体测量学、个人卫生学、运动裁判法、按摩术、改正操、急救术、童子军、体育实习以及各术科。

北京高等师范前身是优级师范学堂。1912 年，改名为北京高等师范学校；1930 年，改名为北平师范大学；1931 年，改名为北京师范大学。1917 年 5 月，设二年制体育专修科；1919 年，改为三年；1922 年，改为四年制；1930 年，改称体育系。办学方式及课程，与南京高等师范专修科基本相同。

以上两校的体育专业，是我国南北方培养体育专业人才的"最高学府"，当时，我国各地的体育工作者多毕业于这两所学校。除上述两校外，较有影响的还有上海私立东亚体育专科学校、国立重庆大学体育系、北平市立体育专科学校和国立国术专科学校等。总的看来，民国时期，体育专门学校和体育科系不少，但由于帝国主义的侵略，社会动荡不安以及政府的反动统治，许多体育专业的毕业生，找不到工作，陷入"毕业即失业"的悲惨境地。

此时的师范教育希望走出单一外化（即日本化）的困境，积极探寻多元化的发展道路，因此，师范教育的发展在外化过程中开始关注自身的本土化发展。但是，在实践层面，由于受教育决策者的影响和当时的历史环境制约，并没有摆脱外化的倾向，仍以取法、吸收日本教育为基本特征。

（三）"五四"运动后的美式师范教育

"五四"运动之后，我国的师范教育最终摆脱了日本模式的影响，开始走向学习美国的道路。美国对中国教育的影响首先表现在《壬戌学制》的制定上，其中师范教育也体现出美国教育的痕迹。受美国师范教育发展的影响，否定了教师职业的专业性。否定教师需要专门培训和师范教育独立存在的思潮泛起，导致独立的师范教育体系受到了破坏，师范教育开始萎缩。《壬戌学制》模糊了师范教育与普通教育的界限，忽视了师范教育的特色，对 20 世纪 30 年代左右中国师范教育的衰落负有不可推卸的责任。之后，更有人提出废止师范教育，这都给中国师范教育的发展增添了阻力性的因素。1923 年，教育部拟的《改革我国教育之倾向及其办法》中提出："大学以农工医为主，并将现行师范教育一律取消。"至此，我国师范教育发展处于低谷。废除独立的师范教育体制的做法降低了基础教育师资的质量，减少了基础教育的师资来源，严重影响了刚刚起步的教育事业的发展。这引起了热心于师范教育事业的各界人士对废止独立师范教育的强烈批评。体育教育事业作为师范教育的一部分也受到了严重破坏，使得处于萌芽状态的体育师资的培养工作走向了历史的低谷。在各种舆论的压力下，国民政府于 1929 年 4 月 26 日公布了《中华民国教育宗旨及其实施方针》。各省根据这一宗旨和方针迅速重建师范学校，独立的师范教育体系开始恢复。

1923 年，我国正式把体操课改称为体育课，废除了兵式体操。体育教师的培养有了较大的改动，从培养"快餐式"体操教员转变为"注重学生生理、心理发展"的教育者。体育课的内容以球类、田径、游戏、普通体操为主，翻译并采用美国学校体育教材。修业年限也变为四年制，增加了修业时间，注重实习，使得体育师资的培养更加系统化。此时，我国的体育教师培养朝向美国、英国近代学校体育的方向发展。

国民政府时期，原有培养体育教师的体育师范学校、系（科）每年毕业的学生人数很少，远远不能满足当时学校体育教学的需求。据 1928—1947 年的不完全统计，以培养体育师资为教学目标的体育系科除原有的南京高等师范体育专修科（后为中央大学体育系）、北京师范大学体育专修科（后为北京师范大学体育系）、金陵女子文理学院体育系、东亚体育专科学校、中山体育专科学校、两江女子体育师范学校等外，增加了 37 个体育系科。随着体育院校数量的增加，体育教师培养的数量和质量也有了较大的发展。

纵观这一时期，中国的师范教育在内化的道路上又前进了一步。五四运动之后，我国的师范教育似乎仍然没有跳出学习外国的窠臼。从某种意义上说，我国此阶段的教育明显表现出学习美国的倾向。这主要是因为美国在 1908 年推行"庚款兴学"的政策引导，杜威、克伯屈等教育家的纷纷来华以及美国进步主义教育运动在全世界的广泛影响，推动了中国教育界将学习对象指向美国。在这种效仿美国的历史氛围下，《壬戌学制》的制定似乎成了一种历史必然，我国内在的教育体制也从此留下了美国教育体制的痕迹。

《壬戌学制》对中国师范教育的影响也是极其深刻的，这种影响更多的是作为一种阻力因素存在的，致使此后师范教育面临着若有若无的尴尬局面。

（四）新中国的苏式师范教育

新中国成立后，我国进入一个新的历史时期。由于政治体制的原因，我国的教育系统开始彻底摆脱美国的资本主义教育模式，转而开始向社会主义"老大哥"苏联学习。自此，我国的体育教师教育也在苏联的影响下进入了一个新的发展阶段。

新中国成立初期，国家采取了一些重大举措，解决各级学校体育师资的数量和质量问题，如体育教师的思想转变工作；创办体育学院、高等师范学校的体育系（科）和中等师范学校的体育班；选择有一定体育基础并爱好体育的青年教师，经培训后改任专职体育教师；建立体育教师培训制度等。

1. 创办体育学院、高等师范学校

1952年下半年，为满足新中国对体育专门人才之急需，并受前苏联高校专业设置体制影响，新中国第一所体育学院成立，并设置体育专业，以培养体育师资为专业培养目标。1952—1954年，上海体育学院等6所体育院校成立，并通过大力改善办学条件，增加招生人数，提高教学质量，从而达到培养更多合格体育师资的目的。① 据教育部、国家体育总局的统计结果显示，到1956年，体育系（科）在校学生从1950年的几十人增加到2 000多人，每年为各级学校输送体育师资达1 000多人，取得了明显的成绩。

随着我国教育事业的迅速发展，学校体育亟需大量的体育教师。在这样的背景下，1959年8月，教育部、国家体委联合下发了《关于培养中等学校体育师资工作的意见》（以下简称《意见》），体育学院、体育专业学校和高师体育系、科培养中等学校体育师资的教学计划应该一致；研究制定出今后一定时期内高等学校和中等学校体育师资培养规划。② 根据《意见》的要求，高等体育院校由1959年的6所增加到18所，1960年已达到29所。由于当时按专项设系，强调技术，轻视基础理论学习和教学能力培养的思想，造成了学生专业面过窄，偏离了体育师资培养目标。其造成的后果是，体操专业学生只练习体操，许多学生田径百米跑测验成绩不及格；足球专业的守门员只练守门，不会教足球，不会其他运动项目。针对这一现象，1960年2

---

① 陶累飚，李晋裕. 学校体育大辞典［M］. 武汉：武汉工业大学出版社，1994：677 – 687，790 – 791.

② 北京体育学院志. 5 – 6，176 – 177.

月，国家教委下发了《关于全国体育学院、体育专科学校和高等师范学校体育系、科会议的报告》，其主要目的是对各院校的培养目标重新定位，即体育学院和体育系主要为高中、中等专业学校培养体育师资，体育专科学校和体育科主要为初中培养体育师资。这样飞速的发展已脱离了经济基础和学校师资的实际。因此，1961年，在原有的基础上调整为20所，根据"八字方针"和《高等学校暂行工作条例》精神，各体育院校和系、科在认真总结前一段工作的基础上，进一步明确以培养体育师资为主，加强了对学生"多能"方面的要求，并提出要严格录取、严格要求、严格管理、严把毕业关。1963年，已调整到10所。1963年5月，国家体委召开了10所体育学院工作会议，根据时代的发展需要，确定了体育学院的任务是："培养中等学校体育教师是10所体育学院共同的、主要的任务。"① 同年8月，教育部颁发了《体育专业教学计划（草案）》（以下简称《计划》），规定体育专业的基本任务是培养中等学校体育教师。《计划》规定了科目课程，其中必修课程有：马克思列宁主义概论、中共党史、思想政治教育报告、外国语、心理学、教育学、人体解剖学、人体生理学、体育理论、运动保健、田径、体操、球类、技术专修（田径、体操、球类选一门）、武术、举重（男）、艺术体操（女）、舞蹈、生物力学、体育史、学校卫生、体育统计与测验、运动心理学等。② 专业技术课约占54%，选修课约占4%，这个教学计划对稳定教学秩序，提高教学质量，培养体育师资有着重要作用和影响。

这一时期，我国为培养体育师资创建了专门的体育院校，培养了新中国的首批体育教师，在一定程度上推动了我国体育教师教育的发展。此时，我国的体育教师教育通过积极探索，在外化过程中开始关注自身的本土化发展，走出单一外化的阴影，但是仍然没有摆脱苏联模式的影响，其培养体育师资的高等体育院校的专业设置基本上照搬苏联模式。

2. 建立体育教师培训制度

为了解决学校体育师资短缺和质量问题，除依靠体育系科培养毕业生外，我国还建立了体育教师培训制度。组织体育教师在不脱离工作岗位的前提下短期集中学习和经常性业务学习。全国各地均建立了体育教师经常性业

---

①　国家教委体育卫生司.学校体育卫生工作文件选编［M］.沈阳：辽宁大学出版社，1988：41.

②　国家体委政策研究室.体育运动文件选编（1949—1981）［M］.北京：人民体育出版社，1982：653.

务学习的制度。具体做法主要包括：①建立经常性业务学习制度，学习的主要内容和方式是集体备课、技术理论学习、示范教学与观摩教学、工作总结等；②举办暑期中小学体育教师培训班。

1954 年，中央体育学院聘请了苏联体育教育理论专家依·格·凯里舍夫到该院教授体育教育理论，培养了 29 名体育教育理论研究生。之后，全国各地的体育学院聘请了苏联体育教育理论、运动生理学、人体解剖学、田径、体操、球类、游泳等专业的专家讲学，先后培养了 200 多名研究生，对我国体育系科的建设和体育师资的发展产生了重大影响。①

1952 年以来，体育院、校（系、科）在办学方向、培养目标、教学计划等方面经历了几次大的变动，缺乏相对稳定性，对体育师资的培养是不利的。1963 年以后，由于明确了培养目标，统一了教学标准，体育师资培养工作开始走上比较稳定的发展道路，取得了很大的成绩，但体育师资的状况仍与教育事业的发展很不适应，特别是中小学体育师资力量较为薄弱。为加强中小学体育教师队伍的力量，除保证体育师范院校毕业生分配到中小学任教外，各地还从实际出发，采取切实可行的措施，解决体育师资严重不足的状况。如广东、北京等地，从在职教师中，挑选年轻、思想好、责任心强、有一定体育专业知识的教师担任专职体育教师；挑选有一定文化和体育专长、有一定组织能力的退伍军人和社会青年，通过短期培训，担任体育教师。

这一时期，各地教育部门根据《学校暂行工作条例》的相关要求，采取积极措施，努力提高在职体育教师的政治和业务水平，如在教育学院开办短期体育训练班；利用暑假或寒假组织体育教师培训学习 5~10 天，从教师实际出发，理论联系实际，学以致用。通过培训学习，绝大部分体育教师掌握了大纲规定的教材内容和要求；并成立校际教研组、中心站，开展体育教研活动，每周利用半天的时间，研究教材教法和体育基础理论，交流教学经验，组织专题讲座。通过多种形式，组织体育教师进修和培训，有效提高了在职教师的教学水平。

总之，此阶段，教育学理论的苏联化直接影响了中国教育学体制和系统的发展，对中国师范教育实践沿着苏联道路前进起到了指导作用。同时，片面的苏化，导致中国师范教育理论和实践的苏联色彩过于浓重，在某种程度

---

① 何沁. 中华人民共和国史 [M]. 北京：高等教育出版社，1997：306.

上阻碍了中国师范教育向更广、更宽的范围发展。1956 年，中苏关系破裂，中国在政治、经济、文化等各个领域开始探索自己的发展模式，中国的师范教育也开始摆脱以外化为主、内生为辅的发展道路。随着经济上要求"赶英超美"，教育上也开始了"大跃进"运动，使得师范教育形式和数量突飞猛进，然而实质上我国师范教育的发展水平还处于低级阶段。1961 年，国家针对这种现象，采取"调整、巩固、充实、提高"的政策，在一定程度上对师范教育的健康稳定发展起到了作用。但是，随之而来的"文化大革命"再次将师范教育推向了灾难的边缘。

"文革"开始后，体育教师队伍遭受到了严重的摧残。培养体育师资的院校停止招生，师资培训工作被迫中断。高校停止招生 4 年，中专停止招生 5 年，使体育师资队伍无正常补充来源，青黄不接，后继乏人。[①] 在无政府的影响下，中小学盲目发展，学生成倍增长，师资紧缺现象十分严重。很多地方为了解决这一矛盾，抽调上山下乡青年经短期培训后担任体育教师，或层层拔高使用，以解决体育师资缺乏问题。在这样的背景下，大量不合格的人员进入了体育教师队伍，给以后的体育教师发展带来了一定的影响。"文革"中，体育教师进修、培训机构瘫痪或撤销，体育教师的进修、培训工作也被迫停止。

1971 年以后，在周恩来、邓小平等领导的关心下，大专院校和中等专业学校陆续恢复招生。1971 年，部分中等师范学校招收体育班；1972 年，部分体育院校、高等师范院校的体育系（科）也陆续开始招收学员。至此，停止了 6 年之久的培养中等学校体育教师的高等院校开始招收新生工作。限于当时的实际情况和历史背景，学生的文化课基础和体育专业教育均受到了影响，教学质量难以达到要求，使培养的师资队伍后来又重返学校补课。同年，各地还开展了培训在职体育教师的工作，取得了一定的成效。由于历史原因，1974 年进行的"批林批孔"运动，再次干扰了刚刚恢复的学校体育工作。1975 年，又掀起了"批邓、反击右倾翻案风"运动，体育教师的培养再次受到了严重冲击。一切似乎正趋向新的内生之路，但在这种在极"左"路线影响下的所谓内生道路给我国体育教师教育带来了巨大的灾难和教训。

1999 年，我国出版的第一部对职业进行科学分类的权威性文件《中华

---

① 颜天民，熊焰，余万予. 体育概论，体育史，奥林匹克运动，体育法规 ［M］. 桂林：广西师范大学出版社，2000：170.

人民共和国职业分类大典》，将我国职业归并为八大类，第一大类：国家机关、党群组织、企业、事业单位负责人；第二大类：专业技术人员；第三大类：办事人员和有关人员；第四大类：商业、服务业人员；第五大类：农、林、牧、渔、水利业生产人员；第七大类：军人；第八大类：不便分类的其他专业人员。其中体育教师属于第二大类"专业技术人员"〔2（GBM1/2）〕，分类号为：2-11（GBM 2-6）。① 随着社会的发展，社会分工越来越细，社会职业越来越繁多，该大典分别在 2005—2007 年分别出版了增补本。《中华人民共和国分类大典》（2007 年增补本）在第二大类 2（GBM1/2）专业技术人员、中类 2-01（GBM 1-1/1-2）科学研究人员中，体育研究人员列入其中（2-01-99-01）。② 《中华人民共和国职业分类大典》的出版，标志了体育教师职业身份及在社会诸多职业中的位置的确立。

第二节　我国体育教师资格标准的历史演进

顾明远教授指出："社会职业有一条铁的规律，即只有专业化才有社会地位，才能受到社会的尊重。如果一种职业是人人可以担任的，则在社会上是没有地位的。教师如果没有社会地位，教师的职业不被社会尊重，那么这个社会的教育大厦就会倒塌，这个社会也不会进步。"③ 教师专业化是教师未来发展的出路，如前文所述，实现教师专业化必须满足"专业的生成标准"，即从专业的角度来考察教师职业必备的条件。我国教师资格证书制度开启了教师专业化道路上划时代的一步，但随着教师专业化进程的加快，教师资格制度也越来越凸显了它的历史局限性，需要新的教师专业标准来促进教师的专业化进程。

一、清末的师夷之说

中国近代教育的产生是以洋务运动兴办新式教育为起点和标志的。19世纪 40 年代，两次鸦片战争分化了清朝最高统治集团，产生了因循守旧的

---

① 国家职业分类大典和职业资格工作委员会编. 中华人民共和国职业分类大典 [M]. 北京：中国劳动出版社，1999：13.

② 中国劳动社会保障出版社编. 中华人民共和国职业分类大典（2007 增补本）[M]. 北京：中国劳动社会保障出版社，2008：11.

③ 刘微. 教师专业化：世界教师教育发展的潮流 [N]. 中国教育报，2002-01-01.

顽固派和向往西方的洋务派。面对千年来未有之变局，洋务派力图改变闭关自守的政策，学习西方先进的坚船利炮，开始了自强、求富为目的的洋务运动。随着洋务运动的展开，设学堂办教育，派遣留学生，构成了与中国传统教育不同的以专门技术教育为主的洋务教育。① 由此开始了近代教育的探索。

洋务教育初始时期建立了各式新式学堂，但是基本都是由外国教员执教，师资问题难以解决。于是，建立自己的师范教育体制，培养新型的适合现实发展需要的教师成为亟待解决的问题。② 1897 年的上海南洋公学师范院在上海正式开学上课，标志着中国师范教育的开端。但是，洋务派军队和学校中的体育只是纯粹为了增强军事力量，在这种"中学为体，西学为用"的教育宗旨之下，教师的工作并未涉及教育的本质，其职责只是操兵练操、锻炼身体、振作精神等，试图以"夷之长技"强体强军从而达到"制夷"的目的。其中，教员大多是军官或者洋教员，传授西方体育在内的练兵方法及兵式体操和普通体操，教员的素质是参差不齐的，但总体而言，需要掌握器具操、兵式体操以及"教体操之次序方法"。

19 世纪 60—90 年代，洋务派的军队和学校中的体育，是中国较早出现的近代体育，其目的是维护封建专制统治，开展体育是为了增强军事力量，但在体育中缺少了相应的教育思想和体育思想，也没有人去思考体育的真正价值。洋务教育"总以启发知识，保存礼教"，以"中学为体，西学为用"的宗旨指导教育方向，希望"两不相妨为宗旨，以期仰副圣朝端本正俗之至意"。③ 此期间的教育旨在维护封建王朝的统治地位，无奈进行的教育探索，缺乏西方教育的精神实质。因此，这一时期的教师也是力求保持"礼教"，维护正统。至于实际教育的实施过程是针对专门技术的，因此体操教员需要掌握体操中的普通体操、器具操、兵式体操以及体操教授的教学法之类，能使军力提升继而师夷、制夷。

二、清末的维新之举

中国真正的近代体育思想的开始传播是在中国第一次思想解放运动——

---

① 崔运武. 中国师范教育史［M］. 太原：山西教育出版社，2006.7：11.
② 金忠明. 教师教育的历史、理论与实践［J］. 上海：上海教育出版社，2008.11：53.
③ 琚鑫圭，童富勇，张守智. 中国近代教育史资料汇编——实业教育、师范教育［J］. 上海：上海教育出版社，1994（11）：574.

1898 年的戊戌变法中，通过改良派人士进行的。改良派所提倡的新学从近代教育的角度提出了明确的体育思想和主张，也逐步明确了对体育教员的要求和规定。

由于各级学堂的不断建立，且学校发展迅速，师资需求增加，对体育师资而言，军官的体育知识缺乏和兵痞习气以及洋教员的"精神上之陶冶"的不如"吾国人"之能。1903 年，《奏定学堂章程》颁布之后，带有明显日式倾向的师范教育制度开始确立。这一日本型的体制的确立和兴起对各级学校教师资格的要求，为后来的体育师资培养机构的建立提供了制度基础，也提出了对体育师资的一些共性的要求。① 1907 年，《时报》发表一篇关于师范的"教育感言"，"……教员之缺乏，而借材异国之事乃起。然培成师范生，不在物质上之用功，而在精神上之陶冶，聘外国人担任科目则有余，而观察行检、训练品行，唯吾国人不能也"。② 由此思考中开始了近代中国师范教育的进程，也逐渐确立了对教师素质的思考："师范乎，其真具有为人师之模范乎？"③ 虽然经过洋务教育以及数十年的努力，但依然是借师资于异地他国。当时，梁启超就强烈反对从他国引聘师资，他帮同起草的壬寅学制，便强调："办理优级师范，要以他日师范和中等师资不须借资外国为有成效。"因此，也开始了更为广泛的师范教育，培养师资，"使从得军国民之资格"。清学部还规定师范生一旦成为正式教员，"应尽心教育，不得营谋教育以外之事业，不得规避教育职事……"④ 并对相关行为作了明令检查。

1903 年，清朝政府迫于形势，实行"癸卯学制"，仿照日本建立教育新制度，此时的学校体育除了体操作为基本课程内容以外，学科内容也随之而来。1906 年，清政府学部通令各省，于省城师范学堂"……并须设五个月卒业之体操专修科，授以体操、游戏、教育、生理、教法等，以养成小学体操教习"。⑤ 维新派意识到"师范之设，意在改良教育，本部不徒重师范毕

① 王健，邓宗琦. 中国近代体育教师教育课程模式的发展 [J]. 华中师范大学学报（人文社会科学版），2000（3）：29 – 33.

② 琚鑫圭，童富勇，张守智. 中国近代教育史资料汇编——实业教育、师范教育 [J]. 上海：上海教育出版社，1994（11）：610 – 611.

③ 琚鑫圭，童富勇，张守智. 中国近代教育史资料汇编——实业教育、师范教育 [J]. 上海：上海教育出版社，1994（11）：610.

④ 崔运武. 中国师范教育史 [M]. 太原：山西教育出版社，2006.7：38.

⑤ 琚鑫圭，童富勇，张守智. 中国近代教育史资料汇编——实业教育、师范教育 [J]. 上海：上海教育出版社，1994（11）：572 – 573.

业人数之多，重在师范毕业后与小学堂教育之日有进益"，并且"非有合格之师资，断难收预期之成效"。因此，在招收师范生之时规定[①]"品行端正，学问略知门径，文笔调畅者"，"年纪约在四十以内二十以外"者以补充师资缺乏所需，对教员的检定制定了"学堂教员缮具清单"。首先，"各学堂满三年以上，经学部或各省提学使认为合格者"，针对专修科的体操科之类的学科则要求"举贡生员能通专门科学兼明教育原理及教授法者"，并且"无论所试何项科目，应增该科教授法及国文一题。其国文以文理畅达为及格"。体操需要掌握的科目有：游戏、徒手、器械以及兵式，同时补充生理学和卫生学。最后，还需"按照学科，分别用论说条对或实地演习，并加以语言问答，以验讲学之优劣"，经"检定及格获得文凭者"才能最终充为教员。但是，由于体育教师的极度缺乏，依旧规定"曾任陆军军官等职，娴于体操教练者"，对体育教育的素质要求有所降低。[②] 按照当时"各省教育总会联合会议决案"规定，教员在就读师范期间应注重实地练习，"实习教授管理训练等法"，取得职员和教员身份后还需要注重训练及研究教育。[③]对于这一时期的体操教员，在职前的体操专修期间所修科目分为学科和术科，在同一的师范规制之下还需要有"师表气质""身体健全""汉文精通""淬励智德，强健身体""守廉耻，专心志，平血气""不染嗜好"等。梁启超还认为"开民智"之教师素质要求的准绳，并指出教师的知识结构和素质的重要意义："夫师也者，学子之根核也。师道不立，而欲学术之能善……未有能获者也。"他仿照日本师范规制规定了师范教育应开设的课程，"一须通习六经大义，二须讲求历朝掌故，三须通达文字源流，四须周知列国情状，五须分学格致专门，六须仿习诸国言语"，[④] 加以解释就是礼教、历史、国文、学科专业知识以及他国文化语言等。其实清学部对师范生的培养也是值得注意的，比较注重教师的全面素质，但依旧是"中体西用"为指导，将中国传统旧学与西方近代自然科学、社会科学和教育学结合，把外文、辩学、数学、中文、教育理论如教育学、心理学等列为教师的必备知

①　崔运武. 中国师范教育史［M］. 太原：山西教育出版社，2006：26.
②　琚鑫圭，童富勇，张守智. 中国近代教育史资料汇编——实业教育、师范教育［J］. 上海：上海教育出版社，1994（11）：589－594.
③　琚鑫圭，童富勇，张守智. 中国近代教育史资料汇编——实业教育、师范教育［J］. 上海：上海教育出版社，1994（11）：612.
④　崔运武. 中国师范教育史［M］. 太原：山西教育出版社，2006：15－16.

识。①

虽说改良派教育比洋务教育有更为深入的探索，其"日式"的体操依旧影响深远，强调"实用体操"，规定"体操先教以准备法，矫正法……再进则更教以中队教练、枪剑术、野外演习及兵学大意"，② 军国民思想甚重，要求教员等职员"服从公理之事，礼法之事……能服从，然后能团结"。另一方面，虽然比洋务教育更为放眼世界，但是依旧没有摆脱"礼教"的封建传统思想的制约。对教员的要求有了更为全面的规定，但是思想上还是没有摆脱封建"愚忠"（见表 3 - 1）。

表 3 - 1　清末体育教师（专业）素质要求

教育类别	学科要求	术科要求	综合素质要求
洋务教育		体操（器具）、兵式体操	礼教
维新教育	生理学、心理学、卫生学、教育、教授法、管理训练等法、军事知识等	普通体操（器具）、兵式体操、游戏	礼教、师道、"身体健全"、"汉文精通"、"淬励智德，强健身体"、"守廉耻，专心志，平血气"、"不染嗜好"、实践经历经验、研究能力、国文、历史、外文、辩学、数学等

三、民初的师范变革

1911 年的辛亥革命，废除了封建君主专制制度，传播了民主思想。1915 年以后的新文化运动和"五四"运动掀起了近代中国的第二次思想解放潮流，这一巨大思想文化领域的变革推动了近代中国体育运动的重大演变，得以用近代科学的观点研究和倡导体育，废除兵式体操等。

在新的历史条件下，需要新的教育，更需要培养出新的国家所需的教育人才，因此，国家对旧教育进行了本质上的变革。1912 年 9 月，教育部公布的《师范教育令》以及随后公布的《师范学校规程》对培养的师范生作出了具体的规定，"陶冶情性，锻炼意志，为充任教员者之要务""爱国家，尊宪法，为充任教员之要务"，还要求师范生有独立博爱的精神和良好的德行等。随着"五四"思潮的推动，师范教育界开始注意培养学生的个性和

① 崔运武. 中国师范教育史［M］. 太原：山西教育出版社，2006.7：37.

② 全国体育学院教材委员会. 体育史［M］. 北京：人民体育出版社，1989：131.

民主能力，还要求"养成生徒之自治能力为归"。在其他方面，继续沿袭清末师范，教授理法、教育学、心理学、教材教法、还有反映军国民的思想，等等。但是，民国初年除了对清末教育的一一沿承，也有进步的方面，1915年4月，"全国教育联合会"第一次会议上北京教育会提出《拟请提倡中国旧有武术列为学校必修课》的议案，提出"拟请于学校体操科内兼授中国旧有武术，列为必修科以振起尚武精神"。同年，教育部采纳了上述建议，明令"各学校应添授中国旧有武技，此项教员于各师范学校养成之"。至此，武术以合法的形式被列入体育课程。① 教育部对师范生的专业必修科目进行更为详细的划分（见表3-2），更加注重对专门知识的掌握。

表3-2　1923年壬戌学制部分阶段师范学校课程设置和要求

科目	内容	学分
公共必修科目	外国语、人生哲学、社会问题、文化史、科学概论、体育、音乐	68
专业必修科目	心理学入门、教育心理、普通教学法、各科教学法、小学各科教材研究、教育测量与统计、小学校行政、教育原理、教育实习	48
选修科目	文科：国语、外国语、本国史等 理科：算术、代数等	39（至少修20学分） 55（至少修20学分）
	艺术科：注重艺术、体育，有国画、手工、音乐、家事等	38（至少修20学分）

四、国民政府的西方体育

随着西方实用主义教育思想、自然体育思想的传入以及1922年新学制的颁布，"体操科"更名为"体育课"，更加强调"提倡民主与科学、尊重学生个性、强调儿童本位"的教育理念。体育课程内容的设置也由主要以仿日为主的旧式体操逐渐转变为更加丰富多彩的体育课，来自英美等西方国家的球类、田径、游戏等近代体育运动项目开始进入学校。学校体育课程内容由"仿日"向"仿美"转变，导致体育教师的培养模式也发生了转变。

---

① 王华倬. 论我国近代壬子癸丑学制时期体育课程的特点及其历史价值［J］. 西安体育学院学报，2005（3）：108-110.

由此，开始了近代教育历史上较为科学的学制系统和比较符合儿童以及青少年身心特点的课程教材体系，这些基本上都延续到了 1949 年中华人民共和国成立。

南京国民政府成立后，实行"党化教育"，后改为"三民主义教育"，将教育完全置于国民政府的"一党专政"之下。1929 年 4 月，国民政府公布《中华民国教育宗旨及其实施方针》，提出："为实现三民主义的国民教育之本源，必须以最适宜之科学教育及最严格之身心训练，养成一般国民道德、学术上最健全之师资为主要之任务。"因此，在师范生课程内容中加上修养类课程，包括（公民）党义等，旨在培养"国民道德"和顺从专政的教师。另外，除在前期对专门知识的注重以外，更在普通文化科目和教育科目的课程量上加强师范生的师范专业训练，尤其对新教师而言，教育学科的学习是必不可少的，因此对教师的知识基础和口头表达能力、实际教学能力和教学组织能力有了进一步的重视，并视为教师资格检定的基本精神之一。①

抗战全面爆发后，国民政府坚持"战时须作平时看"的主张，着力改造民族，复兴国家，依然将教育视作民族生存的基础，并依照战时的实际情况要求"各级学校之训练应力求切合国防需要"，开展军事教育，提高国民献身殉国精神，增进国防能力。其余课程仍须遵照部定范围。同时，对师范教育的实施要求更为明确，"对师资之训练，应特别重视"，针对战前中等学校师资的薄弱，要求"养成中等学校德、智、体三育所需之师资"，并对教师资格的审查也更为严格。根据三民主义精神规定了"忠、孝、仁、爱、信、义、和、平诸德及各种专科学识教授方法"以及德、智、体三育并举的师资力量。

但是，在国民党统治时期，自然主义体育思想广泛的传播，对学校当时的体育教育产生了重大影响。"九一八"事变后，民族主义体育思想在体育救国的呼声中兴起，并与自然主义体育思想共同影响着这一时期学校体育的发展。同时，国民党政府为加强对学校体育的管理，采取了一些行政措施，使学校体育开始有系统和有规则地发展。但是，由于"选手制"体育和锦标主义思想在学校中盛行，体育在学校教育中不被重视，学校体育没有得到很好的开展。

按照当时国立重庆师范学校普通师范科的修业要求，可以将国民政府时

---

① 崔运武. 中国师范教育史［M］. 太原：山西教育出版社，2006：105 – 122.

期的教师素质要求归纳为：

（1）教育专业的基本能力；

（2）处理国民学校课程的技术；

（3）编制学级的能力；

（4）应用各种基本学科的知识；

（5）熟悉各种教学方法及应用；

（6）环境设计和管理教师的能力；

（7）改变儿童行为的方法和能力；

（8）锻炼体格的习惯和指导儿童体育的能力；

（9）掌握各种行政的才识；

（10）掌握一般行政的才识；

（11）广泛的社会科学修养；

（12）基本的自然科学修养；

（13）美术、音乐的能力；

（14）研究教育、改进教育的进修志趣，以加强自身修养；

（15）普通的医药知识、良好的卫生习惯；

（16）耐劳的精神，良好的态度，并热心实行计划；

（17）前进的意志，并了解世界的趋势及现代教育的方向；

（18）热心公益，为团体谋幸福的服务精神，能牺牲、创造，力求为国家民族的基础改善。

五、新中国成立初期的苏联模式（1949—1966）

　　1949年10月1日，新中国成立，中国的教育系统彻底摆脱美国资本主义模式，转而向社会主义老大哥苏联学习，师范教育也受苏联教育的权威影响。新中国成立时，中国高等教育也进入一个新的时期，由于此时的特殊国内外环境，高等教育依然是学习和借鉴单一而集中的目标，即以苏联为榜样。① 1954年，国家体委制定并正式颁布《劳卫制》暂行条例和项目标准，作为新中国体育制度的基础，② 强调运动技能的传授为主要手段，体育教育

---

① 田正平，张彬. 模式转换与传统的调试——关于中国高等教育现代化的两点思考［J］. 高等教育研究，2001（1）：96.

② 人民体育出版社编辑部. 中华人民共和国体育运动文件汇编（第一辑）［M］. 北京：人民体育出版社，1955.

专业以"运动技能"取向为主导意识。体育被赋予了"工具"性，其根本目的在于打好为人民、为国家建设而战斗和服务的体力基础。① 在苏联"三基"体育思想的影响下，我国体育教育形成了以传授知识、动作技能、技术为体育教学目标的教学体系，追求技术的完整和完美，强调技术细节。教材内容以田径、体操、技巧等竞技运动项目为体系，教学方法全部采用前苏联的讲解与示范法、分解与完整法以及纠正错误动作法等，② 并且形成了"教师为中心、教材为中心、课堂为中心、学习技术为主线"的教学模式。

1955 年 11 月，教育部发出《关于加强中等学校在职教师业余进修的指示》的文件，文件强调要逐步提高高教和中等教育在职教师的政治水平和专业知识。③

1966 年，"文化大革命"开始，以"阶级斗争为纲"取代了一切，教育部停止招生的通知下达，全国师范学校停止招生，师范教育事业遭受严重挫折。师范教育遭到全盘否定，教师被称为"臭老九"，在这种"斗、批、改"教师的形势下，学校体育成为一盘散沙，体育教师也失去了应有的尊严。当时"打倒一切，全面内战"的混乱局面使教育事业停滞，体育教育也未能幸免。受"左"的思想路线影响，体育教育被认为是阶级斗争的工具，到处是"政治冲击体育""劳动代替体育""军事代替体育"的情况。而军事体育教育占主导地位，一方面，将体育教育的政治功能极端扩大，再三强调在体育教育中进行思想政治路线教育；另一方面，军事化的训练代替体育教学，齐步走、投弹、刺杀等军训内容作为体育教学课程，整个体育界和广大体育工作者被政治运动冲击得无所适从。

六、改革开放后师范教育向教师教育的转变

改革开放 40 年来，我国师范教育不断开放体系，提升层次，革新制度，在曲折中不断寻求新的发展，取得斐然成绩，迈出了新中国师范教育史上的一大步。改革开放后的师范教育可以大致分为师范教育的不断完善和探索革新阶段以及师范教育向教师教育的转变阶段。前一阶段主要是我国开始恢复高考后，各师范院校的体育院系和其他体育院校陆续招收体育教育专业学

---

① 程文广. 论我国体育教育的百年嬗变与重构 [J]. 中国体育科技，2007，43（5）：18 -
23.

② 程文广. 论我国体育教育的百年嬗变与重构 [J]. 中国体育科技，2007，43（5）：18 -
23.

③ 金忠明. 教师教育的历史、理论与实践 [M]. 上海：上海教育出版社，2008（11）：68.

生，我国体育师资培养逐步进入正轨；后者主要是确立了教师的"教师职业"地位，探索"制度化""专业化""标准化"教师教育之路。前者是对历史的总结和变革性的发展，是 21 世纪转向教师教育的前期基础；后者的变革是师范教育应对时代需求的必然趋势。两者是不能明显分割的整体，两者前后相承、相互渗透、相互衔接。

（一）师范教育的不断完善与探索革新

首先，师范教育的不断完善。这一时期的体育师资培养主要是围绕师范教育的"师范性"展开对未来体育教师的职前培养。在 1978 年 12 月的十一届三中全会的政策的指导下，国家体委在《关于认真办好体育学院的意见（摘录）》（1978）中指出"各个体育学院要以提高为主、兼顾普及，尽快为国家培养大批'又红又专'的体育师资、科研人员"。同时，还颁布了《普通高校体育教学大纲》，教育部、国家体委、卫生部颁发了《关于加强学校体育卫生工作的通知》，落实了党的教育方针，开始重视教育师资队伍的建设。①

这些文件指出："一个学校体育、卫生工作搞得好不好，最根本的一条是看学生的体质是否有所增强。"随后确立了"增强学生体质"的体育教育思想，作为体育教育工作的标准。在这一思想的影响下，体育教学中大多数体育教师都从增强学生体质出发，把锻炼身体和掌握技能技术结合起来；课外活动中将娱乐与锻炼有机结合，使学生既能增强体质，又能愉快地参与体育运动。改革开放以来，体育事业得到迅速恢复和发展，我国大、中、小学体育教育在政治稳定、经济发展、人民生活水平提高的大好形势下，逐渐走向完善和成熟，形成了自己的体育教育体系。1978 年前后，全国恢复和建立一大批师范院校体育系（科），并将其作为培养体育师资的重要基地，为国家培养一支"又红又专"的体育教师队伍，并希望"体育教师的队伍要保持稳定，不能随意调动和改行"。② 体育教育专业也于 1988 年颁布的高等学校体育本科专业目录中正式定名，目录正式区分了教育学类的体育教育专业和训练学类的运动训练专业，强调培养学校体育师资的专业意识。1998年，国家教委又颁布了新的专业目录，体育教育专业与运动训练专业并行于

---

① 陈雁飞. 新中国体育教师队伍建设与发展之路［M］. 北京：北京体育大学出版社，2009（8）：21－28.

② 陈雁飞. 新中国体育教师队伍建设与发展之路［M］. 北京：北京体育大学出版社，2009（8）：25.

体育类专业中，[①] 并且各个专业都有相应的课业任务标准，表 3 - 3 就是我国四年制本科体育教育专业各类课程科目及学时规定。

表 3 - 3　我国四年制本科体育教育专业各类课程科目及学时规定[②]

必修课	核心必修（约 868 学时）		人体解剖学、运动生理学、体育保健学、体育心理学、学校体育学、田径、体操、球类、武术等 9 门
	一般必修（约 380 学时）		运动生物力学、体育统计、体育测量、运动生物化学、健康教育、体育史、体育概论、体育科研方法、中学体育教材教法、其他球类（除篮球、排球、足球外）、健美操、舞蹈、区域运动项目等 13 门
选修课	系列选修（520 学时）	系列一	技术课程：篮球、排球等 7 门，须修一主一副 2 门课程，主修课程 220 学时，辅修课程 60 学时
		系列二	社会学类课程
		系列三	运动人体科学类课程
	任意选修		由各校根据实际情况开设专业任选课和跨专业任选课，要求学生选修此类课程不少于 250 学时
实践环节			入学教育、军训、劳动教育、社会调查、毕业论文写作、学术活动
			教育实践：教育见习（12 周）和教育实习（10 周）
			社会实践活动：组织运动竞赛裁判工作、指导社区健身活动、课余锻炼与辅导等

我国这一时期的师范教育属于"职前教育"，主要是由于全国中小学体育教师数量奇缺、业务素质不高等原因，形成了"教什么，学什么""缺什么，补什么"的培养原则。除了要求体育教师要有全面的体育学科基础理论以及知识技能以外，还强调要有全面的思想道德素质，既"又红又专"，又"不随意调动和改行"，并注重对体育教师的师范性的培养和强调。

其次，师范教育的不断探索与革新。1986 年，《中小学教师考核合格证书试行办法》第一次明确提出了"资格证书"的说法。随后，教师教育专业化发展和标准化建设得以实施的最充分的基石分别是 1993 年 10 月 31 日

① 张晓玲，杨烨. 论教师教育视野下体育教育专业的改革与发展［J］. 北京体育大学学报，2008，31（4）：524 - 526.

② 龚正伟，李丽英. 中国体育教师教育的历史、挑战与未来［J］. 北京体育大学学报，2009，32（3）：77 - 80.

《中华人民共和国教师法》中第十条提出的教师资格证书制度，以及其后的相关条例、法案和文件，如 1995 年的《中华人民共和国教育法》和《教师资格条例》，1996 年的《教师资格认定的过渡办法》，这些都是在完善师范教育的基础上做出的新的探索。2000 年，教育部颁布《〈教师资格条例〉实施办法》，标志着教师资格制度在全国开始实施。2001 年，教育部印发《教师资格证书管理的规定》，首次明确提出了对教师资格证书进行管理。上述一系列有关教师资格认证的法律、法规和政策的出台和实施启动了我国教师教育标准化建设的道路。① 这些政策在师范教育日趋完善的时期不断开阔视野，迈出了师范教育步入专业化的重要一步，但是缺少对学科方向的深入探索。因此，这一时期对体育教师的专业素质要求还是局限于注重师范性培养的"职前"师范教育模式，即相应阶段的体育教师达到相应的合格学历标准以及思想道德素质即可承担体育教学工作。

（二）师范教育向教师教育的转变——"专业化""标准化""一体化"②

1999 年 6 月，中共中央、国务院《关于深化教育改革，全面推进素质教育的决定》中提出了"健康第一"的指导思想；2000 年 9 月，教育部发布《教师资格条例》实施办法，促进了教师专业化水平的提高；2001 年，国务院《关于基础教育改革与发展的决定》也明确指出，我国基础教育要贯彻"健康第一"的思想，提高学生体质水平，并且首次在政府文件中以"教师教育"替代了长期使用的"师范教育"的说法，这不仅仅是一种文字上的变化，而是有其深刻的历史内涵，是对教师教育转型、教师教育水平实质的把握。同年，我国发布《全日制义务教育普通高级中学体育（1—6 年级）》，《体育与健康（7—12 年级）课程标准（实验稿）》，标志着我国基础教育体育课程改革的开始，由此也在向"教师教育"转向的潮流中带来了体育教师专业素质的新变化。教育部于 2003 年颁布了新的《全国普通高等学校体育教育本科专业课程方案》，按照优化必修课、加强选修课、规范任选课的原则，加大学校课程设置的自由度，为培养"厚基础、宽口径、广适应、强能力、高素质、重创新"的复合型体育教育人才打下坚实的基础。

2001 年和 2003 年，教育部颁布的义务教育和普通高中的《体育与健康

---

① 朱旭东，李琼. 教师教育标准体系研究 [M]. 北京：北京师范大学出版社，2011：283 - 286.

② 熊建辉. 教师职业标准的国家经验 [M]. 北京：北京师范大学出版社，2014：24 - 26.

课程标准》明确提出"目标统领内容"的课程内容结构，它只确定了体育课程的内容框架和选取原则，具体的课程内容则由地方和学校根据课程标准的要求并结合实际情况确定。新一轮课程改革非常重视教师的课程参与，强调改变教师的课堂专业方式，并通过课程参与提升教师的课程意识，掌握课程开发的技术，促进教师的专业发展。提倡"多种学习方法"，开启了知识建构教学创新与新学习的视角，丰富了学科建构的理论宝库，破除了传统体育教育单一技能长期存在的缺失。新的体育课程有新的要求，传统的体育课程着重强调体育教师技术技能掌握的目标取向已不能适应当今社会发展和素质教育对教师素质的要求。在现代社会和教育中，体育教师要胜任所承担的角色，除了要具备应有的教育教学能力外，还应具有与其职业相符的现代教育思想和业务素质等其他许多方面的能力，其素质内涵更加丰富。2003年，教育部颁布新的《全国普通高等学校体育教育本科专业课程方案》，该方案的培养目标是："培养面向现代化、面向世界、面向未来，适应我国社会主义现代化建设和基础教育改革与发展的实际需要，德、智、体、美全面发展，专业基础宽厚，具有现代教育观念、良好的科学素养和职业道德以及具有创新精神和实践能力，能从事学校体育与健康的教学、训练、竞赛工作，并能从事学校体育科学研究工作、学校体育管理工作及社会体育指导等一专多能的体育教育专业复合型人才。"在思想素质、业务素质和专业素质方面对体育教师作了明确的要求（见表3-4）。

表3-4　现代体育教师（专业）素质

综合素质		业务素质	专业素质
教育观念	师德（人格）	教育知识与能力	学科知识和技能
全员教育观，整体教育观，主动教育观，高效教育观，健康第一	为人师表，高度的责任感，热爱学生，为学生服务的意识，热情开朗，坚定果敢，勇于开拓，多才多艺，沉着自制，吃苦耐劳，乐于奉献，勤奋好学，知识广博，团结合作等	娴熟的教学基本技能中，教育预见能力和指导力，创新教育环境的能力，指导学生练习能力，教与学的评价，教育科研能力，知识更新能力，训练能力，组织协调能力	专项运动技能，体育学科专业知识，教育科学知识，审美艺术知识，健康教育知识，营养知识，公共基础知识（科学和人文等），教育政策与法规

　　伴随教育理论的更新以及教师教育自身的发展，终结性的"师范教育"已经不能反映教师培养和培训的实际情况，不能反映教师教育的发展需要和

未来特征。在我国，开放性、终身性的教师教育新体系，也正在取代原有的"师范教育"体系。在素质教育、"健康第一"、终身教育以及对提高教师专业水平的不断探索之中，师范教育时期"学什么，教什么"单一的学历获取的教育结构已无法适应基础教育体育课程改革的需求，学校体育的不断深化改革，对体育教师在知识、能力、素质等方面提出了更高的要求，在体育教师的各种角色之间有了更为灵活的变换。在教师教育的改革趋势下，任何学科的教师都不再仅仅强调单纯的师德师风，代之以教师的专业性和独特地位。在分工日益专业的背景下，教师通过职业资格考试获取的职业认证，即通过教师资格认证制度开启教师专业发展的终身化，使得教师的职前职后成为有机的一体。① 2003 年，教育部在《2003—2007 年教育振兴行动计划》中明确提出并具体阐述了构建教师教育体系的任务，指出要构建以师范大学和综合大学的教师与学院为先导，将专、本、研三个层次的教师教育合理协调，完善教师在职前和职后的教育链接，学历与非学历教育并举，促进教师专业发展和终身学习的现代教师教育体系。这也印证了我国教师教育在新时期的发展方向和目标。②

在"师范教育"转向"教师教育"的过程中，"师范教育"终结性的"学历教育"被教师职业发展终身化所取代，"师范教育"的教师所需的专业素质的培养止于学历的取得，而在"教师教育"的背景下更加注重教师的专业化发展，教师的未来表现和业务素质成为教师能否胜任或者取得社会地位的标尺。因此，教师资格证书制度也成为检验教师教育是否成功的第一道门槛，在获取教师资格之后，还要求新手教师或者在职教师不断学习，追求更好的专业发展。由于将教师职业纳入"具有一定专长的社会性工作"的范畴，使得教师专业化，追求教师专业发展成为教师教育阶段的焦点，其专门化的程度需要有一定的标准来衡量，即"教师专业标准"，旨在判断师范生、新手教师、在职教师能否成为或者继续担当教师角色，这一标准是贯彻教师整个专业发展过程之中的。③

2001 年，国务院《关于基础教育改革与发展的决定》中首次使用了"教师教育"一词。教师专业发展不再以"学历获取"为终点，教师教育的一体化、专业化、开放化将教师纳入终身发展中来，学历获取只能是教师专

---

① 潘懋元，吴玫. 从师范教育到教师教育 [J]. 中国高教研究，2004（7）：14－17.

② 钟启泉，王艳玲. 从"师范教育"走向"教师教育" [J]. 全球教育展望，2012，41（6）：22－25.

③ 黄爱峰，赵进，王健. 体育教师基本技术技能标准研究 [M]. 长沙：湖南师范大学出版社，2014.4：32－35.

业发展路径中的过渡。而自 1986 年开始有关"资格证书"制度的理论探讨终于在 2000 年教育部颁布《〈教师资格条例〉实施办法》之后开始付诸实践，这表明教师的专业发展迈出了学历获取后真正的第一步。自此，我国对体育教师专业素质要求也提出更高、更新的要求。希望体育教师能在适应基础教育体育课程改革的前提下努力成为思想过硬、基础夯实、一专多能、教研结合、敢于创新、勤于反思的复合型体育教育人才。

七、水到渠成——体育教师的素质要求变化

不同的历史时期及社会对培养对象的要求不同，对体育教师的要求也不同，体育教师经历了"教官—教练—教师"的演变过程。从不同时期学校体育特征的比较不难看出，随着社会的发展，人们对教师的要求不断提高。中国体育教师经历了从"师夷之长技"的专业技能教育思想、"尚武精神"的军国民体育、自然体育，到新中国成立后的劳卫制、技能技术教育以及现在的"百家争鸣"中"健康第一"的终身体育思想的演进。清末师范教育是洋务教育和改良派教育面临封建专制统治即将崩溃之时的挣扎，清政府希望通过新式教育可以挽救败局，维护的是当时的封建统治阶层的利益。因此，即使推行新式教育，也强调并灌输维护正统的"礼教"思想。国民党时期，实施所谓的公民教育（党义），后来改为"三民主义教育"，实际上依然是维护一党专政利益的手段。当"礼教""党义"融于学校体育教育时，更加重了对体育"工具性"的利用，影响体育学科的发展，也阻碍了体育教师和体育教师教育的发展进程。不同时期对体育教师的专业素质有不同的要求，无论是在近代还是现代，我国体育教师的专业素质要求的转变也有不同的方向。纵观体育教师的演变过程，实质上也是体育教育思想的发展过程。从军国民教育思想体系下授以技艺和进行兵式训练的教官，到只重视知识技能传授、追随锦标的教练，再到既传授知识技能又育人的教师，体现的是以人为本教育理念的依归，也是体育教师自身发展观的合理体现。教师负载着传承文化、创造文化的使命，这种神圣使命的完成有赖于教师素质的提高，在当前素质教育和终身体育的大背景下，体育教师更要顺应信息化、全球化和学习社会的趋势，更新知识，更新教育观念，实现自身不断完善。①

---

① 杨芳. 学校体育的历史发展与体育教师的角色演变［J］. 体育学刊，2004，11（5）：89 - 92.

第三节　我国体育教师资格制度的历史经验

教师专业化是当前国际化的主流教育思想，教师资格证书制度则是教师专业化的制度保证。教师资格证书制度已成为各国教育事业进入新的发展阶段的标志，如何通过教师资格证书的改革促进教师专业化的发展，是必须要解决的问题。目前，我国现代教师资格制度已经实施了16年，对提高教师队伍整体素质，促进教师专业化，提高教师职业的社会地位起到了重要作用。但是，教师资格制度仍然存在一些亟待解决的问题。目前，我国现行的教师资格证书制度，不仅不能使教师资格证书充分发挥应有的作用，还在一定程度上对教师发展产生了阻碍甚至是负面的影响。[①] 当前，我国教师整体素质不高，是我国现行教师资格制度对教师资格条件、教师资格认定和考试等的不合理规定下呈现出来的一种几乎可以称之为必然的结果。[②] 从教师专业化的角度考虑，教师的专业化进程也会受到相应的影响和制约。当前，我国教师资格制度的问题主要体现在以下几个方面：

一、资格标准条件过于简单笼统

《教师法》第三章"资格和任用"部分以及《教师资格条例》对教师从业资格条件仅限于国籍、身份、学历、思想品德状况、健康状况等方面，并没有形成系统的、具体的资格标准体系。《教师资格条例》全文共2 642字，分为七章，分别是总则、教师资格分类与适用、教师资格考试、教师资格认定、罚则和附则，其中教师资格认定对于教师资格申请者的要求是仅需提供身份证明、学历证明或者教师资格考试合格证明、体检证明、户籍所在地提供的思想品德及无犯罪记录的证明材料，从教师专业化角度来讲，这些要求过于简单，考查方式也存在一定的主观性。

二、现有教师资格条件要求不利于教师专业化发展

教师资格制度的实施是教师专业化的重要表现，是衡量教师队伍素质水平的重要尺度。顾明远认为："现在学校的正式教师都有教师证书。但过去

---

① 刘瑜. 我国教师资格证书制度研究［D］. 北京：首都师范大学，2006.
② 龙英. 我国教师资格制度的问题及其改革对策研究［D］. 长春：东北师范大学，2008.

颁发教师证书并无严格的要求，这种证书只能代表从事的职业，却不能代表教师的资格。要建立严格的教师资格证书制度，就像司机的行车执照、医师的行医执照那样经过严格考核，才能发给教师资格证书，并且要定期考查，促进教师不断进修和提高。"① 与专业化程度较高的职业（如医生和律师）相比，当前的教师资格证书仅相当于医生或律师的职业资格证书，而要上岗，还须考取执业资格证书。教师专业标准的建立以及对教师从业资格的要求，能弥补当前教师资格制度专业化的欠缺。

当前，教师资格制度对于教师专业化发展的不利影响主要体现在以下两个方面：

一是允许非师范专业的其他社会人员通过考试加盟教师队伍的规定。随着教师社会地位的不断提高，教师待遇的不断改善，教师职业的吸引力逐步增大。2003 年，吉林省面向社会认定教师资格的有关办法规定："非师范教育类专业毕业的人员需参加相应层次的教育学、心理学、教学法课程培训并通过省统一考试取得合格证书。"② 2004 年，东莞市教育局"再次面向社会认定教师资格，非师范类毕业生也可参加"。非师范教育类专业毕业或虽有师范教育类专业毕业学历但与申请认定的教师资格种类学历要求不一致的申请人，可以通过补修教育学、心理学，通过考试即可获得教师资格证。③2009 年，安徽省组织开展面向社会人员认定教师资格工作，经初审、体检、教育教学基本素质和能力测试及组织专家审查委员会评审，共受理 1 070 人申请教师资格，其中有 942 人通过资格认定，取得相应种类的教师资格。④武汉市每年有近万人报考教师资格证。⑤

面向非教师教育毕业人员的教师资格认定对于教师专业化是进步还是倒退？与法律专业的 10% 的通过率比起来，体育教师职业的门槛过低，教师资格考试的通过率如此之高，如何保障体育教师的专业水平？唐如前对我国当前教师资格制度进行分析，审视其中存在的问题，提出"非教师教育毕

---

① 顾明远. 教师教育改革的 10 点建议［J］. 中国高等教育，2004，(9)：22 - 23.

② 彭冰. 吉林面向社会认定教师资格，不具资格者不能从教［N］. 光明日报，2003 - 07 - 25 (B03).

③ 郭文君. 非师范类毕业生也可参加［N］. 南方日报，2004 - 09 - 22 (C07).

④ 翟艳萍，西宗雷. 今年 942 名社会人员取得教师资格［N］. 蚌埠日报，2009 - 06 - 04 (A02).

⑤ 郭会桥，龚伟. 教师职业吸引力大，武汉每年万人报考教师证［EB/OL］. http://hubei. eol. cn/hubeinews_ 5089/20100413/t20100413_ 464959. shtml，2010 - 04 - 13.

业人员考'教师资格证'对于教师教育是挑战还是否定",① 对教师资格制度之于教师专业化是否进步进行了质疑。教师专业化的宗旨是突出教师的专业性，如前文所述，不论是社会学家威斯特比·吉布森在《教育的社会观》中的论述，还是美国全国教育协会规定的专门职业的标准的内容，以及刘捷对于其他学者观点的概括，其中重要的一点就是具有系统的科学知识和独特的专门技术、必须经历过正式的、专门的训练②及具有特殊的知识领域，经历过专门的职业训练③，允许非师范专业毕业生加入教师队伍，显然有悖于这项标准条件要求。然而，我国《教师资格条例》之所以允许非师范专业通过考试进入教师队伍，是有特殊的时段性、历史性的。过去，教师职业一直是师范专业毕业生垄断，2001 年，我国体育教师资格认定进入实际操作阶段，并诞生了首批获取教师资格证书的教师，允许非师范院校毕业生通过教师资格认定加入教师资格队伍，打破教师来源单一化格局，实现教师人才来源的多元化，师范专业与非师范专业的认证相结合，不拘一格降人才，扩大了教师队伍的来源渠道，壮大了教师队伍。然而，回顾我国《教师资格条例》出台的背景，不难发现，教师资格制度实施之初，打破了师范学校毕业生的教师"特权"，允许非师范专业毕业生通过考试获取教师资格，是在师资力量较为缺乏时期的权宜之计，通过简单的考核，选拔相对优秀的人员补充到严重短缺的教师岗位上来，为解决农村学校尤其是偏远地区学校师资匮乏问题提供了新途径，在一定程度上缓解了农村教师缺乏的状况，解除了教师短缺的燃眉之急。但是，从教师专业化发展来看，非师范专业人员毕竟缺乏专业知识的熏陶与专业素质的习成的过程与经历。随着社会的发展，教师队伍的壮大，教师专业化的呼声越来越高，相信这一规定在未来的某一天将会淡出《教师资格条例》，"代课教师"的清理即是提高教师队伍整体水平，加快教师专业化步伐的又一举措。

二是学历问题。教师资格标准中关于学历要求过低问题，在一定程度上也不利于教师专业化发展。国外发达国家教师资格要求学历必须达到学士学位，即大学本科毕业，而我国教师资格标准中关于学历的最低标准则是中师——即中等师范学校毕业，我国绝大多数中师教育早在 2003 年已经淡出教育界，但对于教师资格标准的学历要求仍停留在中师毕业，尽管在现实中，

① 唐如前. 对我国教师资格制度的反思 ［J］. 黑龙江高教研究，2009，（3）：74 - 77.

② Dorothy Westby Gibson. Social Perspectives on Education ［M］. Newyork，1965：18.

③ 刘兴富，刘芳. 教师专业化发展的理论与实践 ［M］. 北京：光明日报出版社，2010：5.

对于教师招聘的学历要求逐年攀高，但多年的呼吁并没有形成制度化，《教师资格条例》也并没有修改。系统的专业知识、技能的教育与培训是教师职业专业化的要求之一。学历过低，势必会影响教师教育的质量与层次，教师的专业化起点过低，教师在专业化路程中也难以走得更远。

三、教师资格终身制对教师专业化发展不利

教育部师范教育司司长管培俊在 2005 年 4 月 8 日表示，我国将实行教师资格定期认证制度。我国的教师资格目前并没有有效期的时间限制，既没有法律的规定，现实中也没有实施变革。尽管政界和学界对于打破教师资格终身制的呼声较高，但是至今仍没有付诸实施，教师资格终身制仍在继续，这可能会导致部分教师"一证在手，终身无忧"，不思进取，不求上进，极大妨碍了教师队伍的建设和教师整体水平的提高。然而，时代在发展，教师也需要不断学习，不断进步，如何制订有效措施，督促教师不断学习进步，是个值得思考的时代命题，而制订教师专业发展标准，实现教师专业化发展，对教师的职后发展提出进一步的要求，对打破教师资格的终身制将是一个很有效的策略。

四、教师资格的检定与考试方法不尽科学

教师资格考核方式的问题首先表现在纸笔测试的局限性。《教师资格条例》规定，对于非师范专业毕业的教师资格申请者，需要考试《心理学》和《教育学》知识，这会造成一种现象，即考生考试前临阵磨枪、临时抱佛脚，对考试范围进行突击复习背诵，考试合格即可拿到教师资格证（在其他几个必备条件满足的情况下）。我们知道，对于一门学科知识与技能的深入了解，需要长期的、系统的教育与培训，并且经过一定时期的实习，才能把书本知识转化为个人的知识与能力，才有可能胜任本学科的教学工作，仅凭一次依靠短时记忆考试合格并不能检测出学生的实际能力水平。非教师教育专业毕业生通过教育学、心理学考试只是一种临时速成记忆的体现，并没有内化为教师资格申请者内在的素养，这是对教师教育专业性的"否定"。

其次是对实践能力的考核要求过低问题。不论是师范专业毕业生的教育实习，还是非师范专业人员实习要求的匮乏，对于教师资格申请者实践能力

的考核要求过于宽松。唐如前认为"非教师教育（非师范院校）毕业人员缺乏长期系统的正规培训"，有悖于教师专业化精神，是教师专业化发展的一种"退步"。① 一方面，对于师范院校毕业生，教师资格的获取是自然获得，即毕业就获取教师资格，不需要考试与检验，尤其是实践能力的考核；另一方面，纸笔考试难以公平、全面地评价非师范专业毕业的教师资格申请者的专业知识与能力，通过面试和一次课的试讲难以全面衡量一个非师范专业人员的专业知识的掌握情况及技术技能水平。

再次是教师品德鉴定问题。户籍所在地所提供的思想品德及无犯罪记录的证明难以判断一个教师资格申请者的师德水平。对于教师资格申请者的思想品德鉴定并没有找到具体有效的测试方法，品德鉴定方式过于简单，"一纸定其品"② 的鉴定方式形同虚设，这既有悖于"学高为师，身正为范"的传统道德观、价值观，也难以保证在未来专业化发展道路上走远。

此外，考核内容也不够具体、全面，考核形式过于简单。审视我国教师资格认定条件，仅对教师的道德、学历、普通话水平、身体条件作出了具体规定，而对于其中最为重要的，承担教育教学工作所必须的基本素质和能力条件并未作出具体规定，如对于教育教学能力的规定，仅限于"具备承担教育教学工作所必需的基本素质和能力。具体测试办法和标准由省级教育行政部门制定"。至于必需的基本素质和能力包括哪些方面，并没有具体统一规定，测试教师的基本素质和能力的具体办法和标准则由省级教育行政部门制定。这样，有可能导致各地区执行标准不一致，③ 也会造成考核的随意性过大，考核过程缺乏一定的监督与评价，从而造成一种"师源性的伤害"，④ 这种做法与教师专业化精神是有一定距离的。

除了上述几个方面的问题之外，还有一些问题，体现了当前教师资格制度问题的多样性与严重性，如唐如前还对教师资格条例中有关教师必须具有中国国籍的规定进行了反驳，他认为，随着国际交流的增加，人才市场流动

---

① 唐如前. 对我国教师资格制度的反思 [J]. 黑龙江高教研究，2009，(3)：74 – 77.

② 申请认定教师资格的非师范教育类专业已经毕业的人员，其思想品德鉴定方式为提交《申请人思想品德鉴定表》。在职人员由其所在单位提供，非在职人员由其户籍所在地乡、镇政府或街道办事处提供。这种鉴定方式，尤其是后者，其真实有效性是值得质疑的.

③ 刘育锋. 对制定我国职教教师资格制度基础的研究 [J]. 中国职业技术教育，2009，(27)：26 – 30.

④ 邵春艳，贺良林. 教师专业化进程中的教师资格认证制度实证分析及相关思考——结合云南省边疆地区 A 高校五年教师资格认证实践 [J]. 继续教育，2009，(5)：36 – 38.

的频繁，教师不必一定是"中国国籍"。① 在现实中，外籍教师显然存在。李子江、张斌贤认为，"与国外成熟的教师资格制度相比，我国的教师资格制度还存在着教师专业标准过于笼统宽泛，教师资格类别、等级单一，教师资格证书缺乏评估与更新机制问题"。②

综上所述，我国虽然从法律层面实行了教师资格制度，但是相对于国外成熟的教师专业发展现状，现有的教师资格标准要求较低，过于笼统，缺乏专业特色，科学性、合理性还有待提高，体育教师专业标准尚待建立。因此，在借鉴国外教师专业标准的基础上，取其之长，补己之短，结合我国现有教师资格标准实施情况，对于其中的问题进行规避，初步构建我国体育教师专业标准体系，是教师职业专业化发展的当务之急。在构建体育教师专业标准的过程中，除了对上述诸问题进行规避之外，由于不同的学科对教师的要求存在较大差异，对于具体学科教师专业标准的制订应该有一定的相对独立性。体育教师作为教师队伍中的一个群体，教师资格制度中存在的诸多问题在体育教师队伍中也同样发生与存在，除了在体育教师专业化进程中需要对这些问题进行规避之外，还需要重点考虑体育学科的特殊性，根据体育教师的专业性来制订体育教师的专业发展标准。现行的教师资格条例，为制定我国体育教师专业标准提供了若干思路、依据和解决问题的途径，但具体到体育教师资格的认定，还需要结合体育教师职业特点来进行。

---

① 唐如前. 对我国教师资格制度的反思 [J]. 黑龙江高教研究, 2009, (3): 74 – 77.

② 李子江, 张斌贤. 我国教师资格制度建设: 问题与对策 [J]. 教育研究, 2008, (10): 43 – 46; 62.

第三章
构建我国体育教师专业标准的时代呼唤

专业标准并不具有跨越时空的普适性，它反映特定时代的专业要求。随着社会的变革及教育的发展，专业标准也会面临不断的修订与调整。当前，学生体质健康逐年下降的现实问题，学生知识储量迅速增长与信息获取途径的多样化，现代教育技术在体育教学中的广泛运用要求等因素，均对体育教师提出了更高的要求。因此，我国体育教师专业标准的构建不仅要立足于当代体育教师教育改革的现实背景，而且要顺应基础教育的发展趋势。

第一节　基础教育课程改革对体育教师的新要求

21世纪初，我国开展了新中国成立以来规模最大的第八次基础教育课程改革，并于2001年6月颁布了《基础教育课程改革纲要（试行）》。课程改革的宗旨是构建具有中国特色的、现代化的基础教育课程体系，其核心理念是为了每一位学生的发展。教育发展史表明，任何时代的基础教育改革，都意味着产生一种全新的教育理念、全新的思维方式和全新的教育行为方式，都意味着对教师提出新的要求。

一、新课改的基本理念

（一）坚持"健康第一"的指导思想，促进学生健康成长

体育与健康课程以促进学生身体、心理和社会适应能力整体健康水平的提高为目标，构建了技能、认知、情感、行为等领域并行推进的课程结构，融合了体育、生理、心理、卫生、保健、环境、社会、安全、营养等诸多学科领域的有关知识，真正关注学生的健康意识、锻炼习惯和卫生习惯的养

成，将增进学生健康贯穿于课程实施的全过程，确保"健康第一"思想落到实处，促使学生健康成长。

（二）激发运动兴趣，培养学生终身体育的意识

学校体育是终身体育的基础，运动兴趣和习惯是促使学生自主学习和终身坚持锻炼的前提。无论是教学内容的选择还是教学方法的更新，都应关注学生的运动兴趣，只有激发和保持学生的运动兴趣，才能使学生自觉、积极地进行体育锻炼。因此，在体育教学中，学生的运动兴趣是实现体育与健康课程目标和价值的有效保证。

（三）以学生发展为中心，重视学生的主体地位

体育与健康课程关注的核心是满足学生的需要和重视学生的情感体验，促进全面发展的社会主义新人的成长。从课程设计到评价的各个环节，始终把学生主动、全面的发展放在中心地位。在注意发挥教学活动中教师主导作用的同时，特别强调学生学习的主体地位，以充分发挥学生的学习积极性和学习潜能，提高学生的体育学习能力。

（四）关注个体差异与不同需求，确保每一个学生受益

在设计体育与健康课程时，要充分注意到学生在身体条件、兴趣爱好和运动技能等方面的个体差异，根据这种差异性确定学习目标和评价方法，并提出相应的教学建议，从而保证绝大多数学生能完成课程学习目标，使每个学生都能体验到学习和成功的乐趣，以满足自我发展的需要。

二、新课改对体育教师教育提出的新要求

在新课改的进程中，体育教师既是新课标的执行者，又是不断实践、完善和丰富新课标的创造者。现代生活方式要求体育教育的最终归宿是实现体育的生活化，体育教师应成为体育文化的传播者和学生终身体育的引路人。因此，体育教师需做到以下三个转变，方能实现教师职业的最终目标。

（一）转变教育观念

1. 新的课程观

新的课程观要求体育教师注重全面的课程观念。在传统的体育课程教学中，体育教师仅仅强调当前知识和技能的传授，忽略了学生自身的发展。首先，全面的课程观促使每位体育教师要用系统思考的方法来看待体育教学，增强课程系统中每一个环节的教育意识，并且注意到学校、家庭、社区等学习、生活环境中潜移默化影响学生体育技能及意识习得的因素，注重环境对

学生的影响。其次，在课程设置上，应根据学生的特点，注重所有学生的全面发展，选择能够满足学生发展需要，并能促进学生终身体育的学习内容。

2. 新的教学观

新的教学观力图让学生不仅掌握一定的运动技能，还要掌握一些科学健身、卫生保健等相关的知识，同时在情感、价值等方面有一定的收获。传统的教学观认为，教学就是教师的教和学生的学，这容易导致学生的主体性被规约。新的教学观认为，教学过程是师生互动、学生积极探究的过程，在这个过程中教师和学生互教互学，形成学习共同体。新的教学观要求每个学生在课堂中都有发挥自身特长的机会。因此，体育教师在新的教学观念下，要树立面向所有授课学生和促进所有学生全面发展的教学观。

3. 新的学生观

在应试教育的背景下，以学生家长为首的社会群体对学生的愿望往往取代了学生的主观意识，这对于有效实施体育课程教学以及促进学生身心健康极为不利。因此，新的学生观要求教师要形成三点认识：第一，体育教学活动是为促进学生全面发展而服务的；第二，学生处于发展中，具有较大的发展潜力和可塑性；第三，教师在体育教学过程中，应充分挖掘学生的个性与特长，注重学生个体差异性的培养。因此，新的教学观要求体育教师在教学过程中，充分发挥学生的潜力，并积极培养学生的个性与特长，尊重学生的个体差异，为学生的全面发展服务。

4. 新的评价观

根据评价在教学活动中发挥作用的不同，可把教学评价分为诊断性评价、形成性评价和总结性评价三种类型。但受应试教育的影响，以往的教学评价往往过于突出最终成绩，由此引发了"考什么，练什么"的局面，忽略了学生的学习过程。新的评价观不仅要求教师要注重学生学习的结果，同时更应注重学生在体育学习过程中所获取的进步以及所付出的努力。因此，新的评价观要求诊断性评价、形成性评价和总结性评价在教学评价中相互补充，在评价中兼顾过程和结果。换而言之，在体育课程的教学评价中，个人技能突出的学生应该得到肯定，个人成绩进步较大的学生也应该得到认可。

（二）转变教师角色

1. 由知识的传授者转变为学生学习与发展的促进者和引导者

在基础教育改革中，教师的角色已经由知识的传授者转变为学生全面发展的促进者和引导者。体育教师作为促进者和引导者，其在教学过程中要做到：第一，帮助学生制定合理的学习目标，并指导和督促学生达到目标；第二，帮助学生形成良好的体育锻炼习惯，使其掌握一项或多项适合自身发展的体育运动技能；第三，在课堂教学过程中，营造丰富的教学情境，激发学生的学习动机和学习兴趣，充分调动学生的学习积极性；第四，与学生共同分享其情感体验与成功的喜悦；第五，在学生学习过程中遇到困难时，与学生一道寻求解决问题的办法；第六，为每个学生的发展提供帮助，坚信每个学生都有学习的潜力；第七，在教学过程中，尊重学生的差异性、多样性及创造性。

2. 由课程的执行者转变为课程的建设者、开发者

教师只是国家课程和教材的忠实的执行者由来已久。其基本教学范式是在教学中唯有深刻地钻研挖掘教材，体会理解教材，以"纲"为纲，以"本"为本，不敢越雷池半步。随着新一轮基础教育改革的推进，民主、开放、科学的课程理念逐步兴起，国家课程、地方课程、校本课程三级课程管理政策也正式确立，这就要求课程必须与教学相互整合，教师必须是课程的建设者和开发者。教师不能只成为课程实施中的执行者，教师更应成为课程的建设者和开发者。为此，体育教师必须做到：第一，要形成强烈的课程意识和参与意识，改变以往学科本位论的观念和消极被动执行的做法；第二，要了解和掌握各个水平层次的课程知识；第三，要提高和增强课程建设能力，使国家课程和地方课程在学校、在课堂实施中不断增值，不断丰富，不断完善；第四，要不断锻炼并形成课程开发的能力，新课程越来越需要教师具有开发本土化、乡土化、校本化的课程的能力；第五，要培养课程评价的能力，学会对各种教材进行评鉴，对课程实施的状况进行分析，对学生学习的过程和结果进行评定。

3. 由"教书匠"转变为教育教学研究者

长期以来，我国中小学体育教学一直信奉"经验主义"的教学原则，强调"书本中心"的教学方式，采用"灌输主义"的教学手段，体育教师也就仅仅被视为知识传授的"教书匠"。如今的基础教育改革急需的是既能进行教育科研，又能积极开发校本课程的教育家。因此，体育教师在教学过程中要做到：第一，教研相长，打破传统的经验主义，使教学过程成为不断发展变化的动态过程；第二，注重学生的创造力的发挥，尊重学生的主体地位，改变以往灌输主义的教学手段；第三，不断反思，以研究者的眼光审视

和分析教育教学实际中的各种问题，对自己的行为进行反思，对出现的问题进行探究，对积累的经验进行总结，使其理论升华，成为规律性的认识。

4. 由专项型、学校型体育教师拓展到社区型体育教师

随着社会的发展，学校越来越广泛地与社区、社会发生各种各样的内在联系。一方面，学校的教育资源向社区开放，引导和参与社区的一些社会活动；另一方面，社区、社会也向学校开放自己的可供利用的教育资源，参与学校的教育活动。学校教育与社区生活正在走向终身教育要求的一体化。教师不仅仅是学校的一员，而且是整个社区的一员，是整个社区教育、科学、文化事业的共建者。教师的角色由专项型教师、学校型教师拓展为专业型、社会型教育者。因此，体育教师应该做到：第一，具备较强的组织能力，能够组织社区开展各类体育活动；第二，能为社区群众的健身提供指导；第三，掌握扎实的卫生保健知识，能为社区群众的健身提供有利的帮助。

（三）**转变教学行为**

1. 在师生关系上，强调民主、平等、尊重、赞赏

师生关系历来是教育研究中关注的一个重要问题。卡顿（Gordon，1974）在《优秀教师的培训》一书中指出，学生在一种"奇特的关系（教师与学生之间的关系）"存在时学习成绩最佳。近年来，有关师生关系的研究也证实了这一假设——良好的师生关系会影响学生的道德和学习（Birch&Ladd，1996；Wentzel，1997）。在教育学界，已达成"师生关系对学生的动机和学习至关重要"的共识。小威廉姆 E·多尔认为，教师是"平等者中的首席（First among equals）"。"作为平等者中的首席，教师的作用没有被抛弃，而是得到重新建构，从外在于学生情景转化为与这一情景共存。"如果教师在教育中外在于教育情景，无论他表现出多么和蔼，也还是会以一种居高临下的专制者出现。

著名教育家苏霍姆林斯基曾说过："对学生来讲，最好的教师是在教学活动中忘记自己是教师，而把自己的学生视为朋友，志同道合的那种教师。"课堂教学是师生双向信息沟通的过程，是师生在平等基础上展开的特殊人际交往活动。首先，在师生关系方面，人本主义学者认为教师应该是促进者，要信任、无条件地接受学生，认识到学生能够发展自己的潜能；其次，要真诚地对待学生，要表里如一，不要把自己的意志强加于学生；再次，要尊重学生的个人经验，重视他们的感情和意见；最后，要对学生进行

移情的理解，深入理解学生的内心世界，并设身处地为学生着想。

2. 在教与学的关系上，强调帮助、引导

当代教学理论将学生主体地位的获得看作是处理师生关系时的主要依据。在教与学的关系上，基础教育新课改强调，教师在课堂中应当成为学生行为的引导者和合作者。因此，教师在教学过程中应做到：第一，帮助学生检查和反思自我，明白自己想要学习什么和获得什么，确立能够达成的目标；第二，帮助学生寻找、搜集和利用学习资源；第三，帮助学生设计恰当的学习形式和形成有效的学习方式；第四，帮助学生发现他们所学东西的个人意义；第五，帮助学生营造和维持学习过程中积极的心理氛围；第六，帮助学生对学习过程和结果进行评价，并促进评价的内在化；第七，帮助学生发现自己的潜能。

3. 在工作方式上，强调互助、合作

教师专业水平的提升离不开教师之间的互助与合作。教师的合作与互助是教师在教育教学工作中为了学生的发展和工作的顺利进行而互相配合、互相帮助的行动，它主要是指教师之间在班级管理、业务提高、课程实践等方面的教育交流与对话、沟通与探讨、协调与互补，使不同专业程度、不同层次的教师共同参与、共同提高，也包括教师之间的克服困难、弥补失误中的合作互助与共进。

4. 在自我专业发展上，强调理性反思

孔子曰："学而不思则罔，思而不学则殆。"教师需不断进行反思，方能促进其自身的发展。美国学者 D. A. 舍恩（Donald A. Schon）在其1983年的著作《反思实践者：专业人员在行动中如何思考》一书中，正式提出了"反思性教学"这一概念。教学反思是指教师自觉地对自己的教学理念、教学行为、教学效果进行思考、审视和分析。它能帮助教师及时总结经验教训，改善教学行为，提升教学水平，使自己的经验得到提炼并得以升华。其根本旨趣不是教学问题的解决、教学过程的最优化和教师教育智慧的形成，而是促进师生共同发展。教师养成反思习惯是提高和走向成功的基础，教师对教学实践及其成败得失进行反思，有利于教师及时总结自己的教学经验，培养教师学习、研究的意识，促使教师更好地实现教学理论与教学实践的结合，提高教师的教学能力与水平。

第二节　体育教师的时代观

体育教师观反映了社会对体育教师的应然期望，不同时代的体育教师观表达着不同时代对体育教师的期望与要求，并以此为标准来衡量、评判体育教师。体育教师专业标准的构建以一定的体育教师观为依据。体育教师专业标准是体育教师观的体现，而体育教师专业标准对于提升体育教师素质水平，改变体育教师观又有着潜移默化的作用，体育教师专业标准与体育教师观互相影响，相互作用。不同社会发展阶段的不同的体育教师观下应有不同的体育教师专业标准，在体育教师专业化发展的大趋势下，体育教师观也会发生相应的改变。

一、教师观与体育教师观回溯

在教师职业的产生和发展史中，社会对于教师职业在不同年代有不同的看法，反映着社会的进步与文化的变迁。教师职业的存在由来已久，而真正意义上的体育教师职业的产生则是在近代随着新式体育的传入而产生的，不同年代的体育教师观反映了不同年代社会对于体育教师职业的应然期望，也反映着不同年代的学校体育思想。

（一）教师与体育教师的历史价值

教育伴随着人类的出现而出现，并伴随着人类的发展而发展。而教师作为一个职业，则是随着学校（不论是夏商时期的庠、序，还是民国之后称谓的学校）的产生而产生的。"天下不可一日无政教，人类不可一日无教师。"[①] 人们对于教师的职业有着高度的赞美与评价，如"教师是太阳底下最光辉的职业""教师是人类灵魂的工程师"等，赞美中同时也包含着人们对教师的高度期望及教师职业的重大责任。

有关教师的作用，在教育学的经典著作中，有着形象的描述：教师好比钥匙，备好课时能带领学生进入知识的殿堂，没有备好课就会把学生锁在殿堂的门外；教师是拱门中的拱顶石，是链接学校和家庭的重要部分，又需要家庭和学校的有力支持；教师就像用以识别地图的图例，教会学生识别社会

---

① 出自王安石，《慈溪县学记》，原句为："天下不可一日而无政教，故学不可一日而亡于天下。"即天下每日都离不开政治教化，因此不可以一日没有学校。

的各种"标志";教师就像音乐和声中的调子,每首曲子有了它的调子,才能使乐曲和谐并具有旋律。① 教师,作为脑力劳动者,用自己的脑力劳动向年轻人传授人类的生产劳动、社会生活的知识经验,为人类社会培养和造就一代又一代既能从事生产又能积极参加社会生活的社会成员。这对整个人类社会的生存与延续,对人类思想文化的传播与发展,都是必不可少的。②

在星河灿烂的历史长河中,教师一直引领人类开拓精神文明,创造并传播文化知识,发展学术,弘扬科学,开民智、传文明,为人类的发展作出了杰出的贡献,为社会的进步建立了不朽功勋。因此,我们完全可以说,教师是文化科学知识的传播者,是青少年一代步入社会生活的引路人,是精神文明的建筑师,是人类灵魂的雕塑家。今天,我国已经进入迎接新技术革命挑战以及加强现代化文明建设的崭新时期。在这样一个伟大年代里,教师肩负着更加光荣、更加艰巨、更加崇高的历史使命。他们的作用在继承这一职业的全部精华的基础上,正在发生着非同凡响的深刻变化。因此,我们对现代教师的作用,应该进行重新认识,重新论证,以期准确把握当代教育的发展规律。

在人类社会和个体的发展过程中,体育教师不但传播文化知识,武装人的头脑,更是通过身体训练来增强人的体质,愉悦人的心灵。相对于其他学科的教师,体育教师有着自己独特的专业性,发挥着其特殊的作用。

在不同的历史时期和不同的社会形态下,体育教育发挥着不同的作用。在古希腊城邦交战背景下,无论是斯巴达教育还是雅典教育,体育教育总是以军事训练的形式进行,从身心全面发展角度为战备而训练,由此孕育了古代奥林匹克运动会。而在中国历史长河的灿烂文化中,经过冷兵器时代的刀枪剑戟、南拳北腿,如果说各路门派传递着的是保家卫国、强身健体、武德修行的民族精神,那么蹴鞠、围猎、马球、投壶、秋千等古代民族传统体育记录着的则是一代代豪门贵族的"体育休闲"。追今抚昔,过去的民族传统体育活动如今被改头换面,经过体育教师的加工改造,在校园中也占据一席之地,传递着文化瑰宝的种子。

当今社会,人类个体的发展与完善,凝结着家庭、学校和社会共同努力

---

① [加]珀金.王英杰译,蔡毓郁校.论教师的作用 [A]. 瞿葆奎. 教育学文集·教师. 北京:人民教育出版社,1991:15－22.

② 许椿生. 简谈历史上教师的作用和地位 [A]. 瞿葆奎. 教育学文集·教师. 北京:人民教育出版社,1991:4.

的教育成果。"体者，寓道德之所，载知识之车也。"体育在人的发展中的意义不言而喻。"健康第一"思想已深入人心，而学校体育则是终身体育的基石，体育教师则是学生终身体育路上的导师，是促进学生身心健康发展的组织者和指导者，是体育科学知识和科学锻炼身体方法的传授者和发展者，是学生思想品德的塑造者，是优秀体育人才的发现者和启蒙者，是学校体育组织领导工作的直接参与者和业务咨询者。①

在人类物质文明和精神文明的进程中，体育教师在增强人类体质、传承人类文明、传播体育精神与文化、培养人类的意志品质、陶冶人类美的情操等方面都发挥了重要的作用。

（二）教师观与体育教师观厘析

教师观主要是指人们对教师这一职业所形成的一种比较稳固的看法或观点。它的形成是长期以来人们对教师的角色身份、社会地位、经济地位以及对教师应然期望等诸多因素的综合反映，如"孩子王""臭老九""红烛论""人类灵魂的工程师"等都是某一时期具体教师观的表现。教师观是一个时代包括对知识、对个体生命等内在的整个价值观的反映。②

古今中外学者对教师观有不同的认知。法国著名哲学家米歇尔·福柯（Michel Foucault）的教师观是："教师是整个社会规训机制的一个环节，也是规训机制的一个雇员，他处于监督和被监督的地位；教师的职能是对学生进行规训；教师进行规训的主要手段有空间分配、对活动的控制、创生的筹划和对力量的编排；教师进行规训的策略是层级监视、规范化裁决以及检查。"③卡尔·罗杰斯的教师观是："教师即学习促进者。"保罗·弗莱雷（Paulo Freire）是"被压迫教育学"的代表人物，他认为在充满压迫的现实社会中，"教育中的师生关系就是讲解主体和耐心倾听客体的关系"，教师和学生之间是"次压迫者"和"被压迫者"的对立关系，教师既是"被压迫者"意识的改造者，又是"次压迫者"，教师应当"克服自身的这种二重性，成为一个积极的提问者、对话者和实践者"。④

古代的教师认识为现代教师观的形成奠定了基础，其中以孔子和韩愈为典型代表。孔子是我国历史上著名的教育家、思想家，有关他的教师观的至

---

① 李祥．学校体育学［M］．北京：高等教育出版社，2002：270 – 271．
② 王升主编．现代教学论［M］．石家庄：河北人民出版社，2004：12 – 13．
③ 余清臣．福柯的教师观［J］．教师教育研究，2004，13（6）：37 – 40．
④ 凌华君．弗莱雷的教师观［J］．教师教育研究，2004，16（6）：41 – 44．

理名言至今为世人耳熟能详，如"学而不厌，诲人不倦""仁者爱人""其身正，不令则行；其身不正，虽令不从"等。他的有关教育的言论很多，如有关如何施教，他提倡"启发式"的教学方法、因材施教的教学原则、诲人不倦的教学态度等。韩愈在《师说》中谈到的教师观有"古之学者必有师""乐得天下之英才而教育之""师者，所以传道授业解惑也"等。

支爱玲提出教师的本质属性观和新型教师素质观，她认为首先教师是普通人，而不是无所不知的"神"，教师也是学习者，不过是"学业在先，术有专攻"，教师应该促进学生全面发展，教师和学生在交往中不断完善和发展；新型教师观是"热爱学生、有良好的信息素养、具备师生互动的教学设计能力"。①

后现代主义教师观认为"教师不再是知识的权威，不再是教学过程的主宰者"。教师由绝对主体变为交互主体，教师由外在的权威到师生共同探究，教师从人性的预设到生命价值的创生。②

邓双喜把教师观分为四个层面，即教师的职业道德观、教师的职业素质观、教师的职业任务观、教师的教育教学观，并从以下几个方面分析船山先生王夫之的教师观。在职业道德方面，他的教师观是"正言、正行、正教""讲习君子，必恒其教事"，认为"帅道贱而教亡术"；在职业素质方面，船山先生的教师观是"欲明人者先自明""六经责我开生面（即教学与科研相结合）"；有关教师的职业任务观，船山先生的见解是"进其善""正其志""致其知（即认识事物的客观规律）"；在教师的教育教学观方面，船山先生的见解是"因材施教""循序渐进""预防教学（即教学要从童蒙时抓起，提倡早教）""及时教授"。③

金维才认为"我们应该超越行之有年的教师素质观"，取而代之以"作为国家意志的教师质量观"。他认为"教师是学校的主体，教师质量是学校质量、教育质量的要素之一，也是学校质量、教育质量的决定性因素"，并指出教师质量内容包括"教师生命质量、知识质量、教艺质量、关系质量、

---

① 支爱玲. 关于教师观的新视野 [J]. 陕西师范大学学报（哲学社会科学版），2002，31（专辑）：250－252.

② 何齐宗，曾水兵. 论后现代教师观及其现实意义 [J]. 中国高教研究，2006，（8）：47－49.

③ 邓双喜. 论王夫之教师观 [J]. 湖南师范大学社会科学学报，2010（4）：88－90.

工作质量"。①

体育教师观则是人们对体育教师这一职业所形成的比较稳固的看法或观点，是对体育教师的角色、社会地位、经济地位、学科地位及体育教师应然期望的综合反映。应然是超越于实然的重要的思维价值体系。"四肢发达、头脑简单"是很长一个时期体育教师职业"业外人士"对体育教师，尤其是基础教育体育教师的一个具有普遍代表性的看法。随着社会的发展，尤其是体育与健康课程的改革，要求体育教师要有全新的角色转变。另外，体育教师专业化的发展需求，体育教师专业标准的制订，对于提升体育教师队伍整体素质，扭转人们对体育教师的成见，从而树立全新的比较客观的体育教师观有着重要的意义。

通过对教师观、体育教师观的回溯可以看出，体育教师观可以归纳为以下几个主要方面：学生观、师德观、任务职责观、专业发展观、职业素质观、教育教学观等，反映了体育教师职业的功能及岗位职责。

二、当代体育教师观

当代体育教师观是当今社会对于体育教师的应然期望，是国家意志、社会需求的反映，是当今学校体育思想的体现，也反映体育教师职业专业化的进一步要求。

根据社会学家对于职业声望的三种模型的阐释，周细琴、王伟②指出"中学体育教师的职业声望是指从事中学体育教学工作者在人们心目中的社会地位"，认为"职业声望主要受职业的主体和客体两方面决定"，并指出"职业主体是指中学体育教师，包括思想品德特征、文化素质特征、专业技能特征、性格特征、身体特征、组织能力特征、交际能力特征"。因而，体育教师观从某种角度上可以反映其职业声望。

体育教师是教师队伍中的边缘化群体，学科地位不高，待遇较低。"四肢发达，头脑简单"是业外人士给体育教师贴的标签，这个标签是对体育教师的成见与不尊重。究其原因，一方面，缘于对体育学科的不了解；另一方面，则是体育学科的地位不高、体育教师的待遇不高的间接反映。值得注

---

① 金维才. 观念变革：从教师素质观到教师质量观［J］. 安徽师范大学学报（人文社会科学版），2010，38（1）：9-12.

② 周细琴，王伟. 中学体育教师职业声望的形成及其发展［J］. 体育学刊，2003，10（3）：109-110.

意的是，部分体育教师自身的职业素养与职业形象不佳也是重要影响因素。在一些中学的体育教师招聘信息中，有些单位赫然把"无打牌、赌博等不良恶习，不吸烟、不喝酒，无其他粗鲁低级的不良习惯"等列入为数不多的几条要求中，① "行为鲁莽、言语粗鲁、酗酒、赌博"等在中小学体育教师队伍中确有发生，极大地损害了体育教师职业形象。如前文所述，体育教师队伍整体素质不高，自暴自弃，得过且过，不求上进，职业倦怠，甚至职业枯竭现象严重。诚如培根在《习惯论》中所说："思想决定行动。"体育教师的思想意识决定着其行为表现，体育教师的不良表现源于其自身的专业理性及体育教育职业观。

从宏观角度来看，就体育对人类健康及社会生活来讲，体育的价值与功能毋庸赘言，"健康第一"的理念已深入人心。然而，就体育的学科地位来讲，体育课程一直处于一种尴尬的地位，体育教师的社会地位及职业声望与其他学科教师相比较而言，是难以等量齐观的。这是体育教师专业发展的巨大的困难与挑战。体育教师的劳动付出是艰辛的，体育教师对人类的影响是久远的、意义重大的。体育教师作为体育教师专业发展的主体，必然具有其专业理性。理性作为一种主观意识，来自于特定的环境与个人的经历，是对客观现实的主观反映。"合理性和有效性是理性的两大要素。"②

从体育教师的主体性、历史性来看，体育教师在体育教育过程中形成的与体育教学活动和体育教师职业密切相关的态度意识和观念，在一定时期以及一定环境下是合理的、有效的，而且教师的专业理性一旦形成，还会因个体和群体的不同而具有一定的群体性和自主性，即群体或个体的思维惯性。这种惯性具有一定的根基，因而比较牢固，很难因为体育教师工作环境的改变而改变，并且随着工作年限的增长，这种根植于一定社会心理结构中的思维惯性仍然会一如既往地支配人的行为，工作年限越久，这种惯性越牢固，在工作中就表现出自己的独特的教学风格。因此，体育教师的专业理性是指在长期的体育教育实践中所形成的专业意识、专业态度和专业看法，专业理性不仅来自于教学经验，也是长期教学传统的积淀。体育教师职业的现状导致了不同水平的体育教师具有的不同的专业理性，因而也有了不同的专业表

---

① 见教师招聘网 http：//www. jiaoshizhaopin. net/job/27433. html http：//www. jiaoshizhaopin. net/TeachingJobs/？Classify.

② 胡荣. 理性选择与制度实施——中国农村村民委员会选举的个案研究［M］. 上海：上海远东出版社，2001：29.

现。

"体育教育职业观是指个人在体育专业教学中所表现出来的态度。体育教师的价值是在体育与健康课程教学中体现出来的。体育教师这一职业是光荣的，同时也是繁重的，没有高度的事业心和责任感，那么在这一职业中所遇到的困难和挫折是难以克服的。"① 在市场经济下，体育教育工作的艰辛与体育教师的职业声望存在的落差导致部分体育教师不思进取，工作马虎应对，教师虽然是"太阳底下最光辉的职业"，但体育教师也是人，而不是"神"，体育教师也需要职业关怀。体育教师要取得社会的认可，要提高职业声望，首先必须改变自身形象，加强专业化建设，提高专业地位，用体育教师专业标准要求自己，促进体育教师的专业理性内省，满足社会对体育教师的应然期望。

根据体育教师的专业性分析及体育教师观的涵义及其构成，以体育教师观中的关键性词语来探讨体育教师的应然期望如下：

（一）师德观

教师职业道德，简称师德，是指教师在教育实践过程中，形成的比较稳定的道德观念和道德行为规范，它是教师职业活动范围内调节教师与社会、学校、他人相互关系的行为准则。② 任顺元认为，"师德是人民教师的职业道德，就是指从事一定正当职业的人们，在特定的工作和劳动岗位上进行职业活动时，从思想、感情到行动都应当自觉遵守的道德原则和规范"。③ 师德自古被视为从师的首要条件。《论语·子路篇》传曰："其身正，不令而行，其身不正，虽令不从。"说的是从政者应当身为表率，方能令行禁止。否则，虽有法令，不能推行。在体育教育过程中，同样适应于体育教师，教师"学高为师，身正为范"，船山先生的"正言、正行、正教""师道贱而教亡术"，都在强调"身正""师道"的重要性。刘献国、霍红、欧雪松等研究表明，体育师资用人单位在招聘体育教师时，都是把体育教师的师德放在首位。用人单位要求体育教育专业毕业生几个必备的条件中，吃苦耐劳和献身敬业精神排在首位④；霍红、欧雪松等的调查统计表明，用人单位对毕

---

① 曹利民．体育课程改革背景下中学体育教师职业倦怠问题探究［J］．武汉体育学院学报，2006，40（3）：106－108.

② 王思震．教师论［M］．南京：江苏教育出版社，2002：44.

③ 任顺元．师德概论［M］．杭州：杭州大学出版社，1995：1.

④ 刘献国．我国高师体育教育专业毕业生就业状况与对策研究［J］．西安体育学院学报，2002，19（2）：97－99；102.

业生认可度较高的表现为：有责任心、使命感、工作认真努力、有吃苦耐劳的精神的毕业生易受用人单位的青睐。① 蔡传明对我国中学骨干体育教师的时代特征与成才因素进行了分析，研究结果表明，这批中学骨干体育教师最大的共性就是具有敬业乐业、吃苦耐劳和改革创新精神。②

2010 年 7 月 29 日，中共中央、国务院印发了《国家中长期教育改革和发展规划纲要（2010—2020 年）》，在该纲要的第四部分"保障措施"、第十七章"加强教师队伍建设"第五十二条"加强师德建设"中明确指出："加强教师职业理想和职业道德教育，增强广大教师教书育人的责任感和使命感。教师要关爱学生，严谨笃学，淡泊名利，自尊自律，以人格魅力和学识魅力教育感染学生，做学生健康成长的指导者和引路人。将师德表现作为教师考核、聘任（聘用）和评价的首要内容。采取综合措施，建立长效机制，形成良好学术道德和学术风气，克服学术浮躁，查处学术不端行为。"第五十五条"健全教师管理制度"中规定："完善并严格实施教师准入制度，严把教师入口关。国家制定教师资格标准，提高教师任职学历标准和品行要求。"

体育教师工作量大、工作头绪多、身兼数任、工作艰辛，工作环境条件复杂多变且待遇比较低。鉴于此，体育教师必须具备以下必备素质：坚强的意志、高尚的品德、良好的心理特征以及健康的体格，并且不怕苦、不怕累。体育教师的职业道德决定着体育教师在工作中的努力程度，积极态度和奉献精神是体育教师知识、技能和其他一切综合或特有能力发挥的基本条件。体育教师的师德水平决定着体育教师的价值观，价值观包含价值标准、价值取向、价值排序几个方面，道德观决定了一个人的价值取向，价值排序意指价值取向中的顺序，如"生命诚可贵，爱情价更高，若为自由故，两者皆可抛"一诗中就有很明确的价值排序。

在知识爆炸的当今社会，学生获取知识的渠道越来越多，德育的途径则相对较少，因而相对于知识的学习，思想品德的教育显得更加重要，思想品德教育的有效途径不是空洞的说教，而是一种和风细雨、润物细无声式的熏陶与感染，这种潜移默化的教育需要教师来言传身教。因此，教师的思想道

① 霍红，欧雪松，蒲鸿春. 体育院校体育教育专业毕业生就业走向与课程体系改革 ［J］. 成都体育学院学报，2003，29（3）：78 - 81.

② 蔡传明. 我国中学骨干体育教师的时代特征与成才因素分析 ［D］. 福州，福建师范大学，2002.

德水平越发显得重要，如何给学生一种健康积极的心态、健康的生活学习态度与人生观、价值观等，值得每位体育教师思考如何通过有效的课堂教学去实现。

（二）学生观

"学生观是人们对学生的基本认识和根本态度，是直接影响教育活动的目的、方式和效果的重要因素。"① 我国历史上著名的思想家、教育家孔子的学生观至今仍有很强的指导意义，如有教无类、因材施教、启发诱导等。著名教育家劳凯声认为，现代学生观的内涵包括以下四个方面：（1）学生是发展的人；（2）学生是独特的人；（3）学生是教育活动的主体；（4）学生是权责主体。② 树立什么样的学生观，直接影响到教学思想和行为及教学效果，也表达了学生什么样的权力与地位。学生观正确与否，直接影响着教育目标的实现程度、影响着因材施教原则的实施、影响着教学艺术的发挥和学生的转化程度及教育效果。③

首先，要注意学生的全面发展。学生是发展的人，一切为了学生的发展，为了学生的全面发展，体育教师是学生全面发展中的引导者、帮扶者。在体育教学过程中，要备好课，要注重学生的身心健康发展，采取适当的教学方式和组织形式，引导学生充分发展，帮助学生学习，既要关注对学生的终结性评价，又要关注对学生的发展性评价，关注学生学习进步的发展幅度，为了学生的终身体育而教学。日本的教师专业标准特别强调"深刻理解人的成长与发育"④，应把这方面的知识作为一门重点学科去学习而不是某一门学科的一个章节简单介绍，即非常强调对教学对象——学生的身心特点的学习与了解，并作为一门课程来学习考核，如《学生身心发展及学习过程》。这一点非常值得我们学习和借鉴。

其次，要注意学生的个体差异，不同年龄、性别、不同遗传条件下的学生有不同的体育基础与体育能力表现和体育成绩，体育教师要正确看待学生的差异，做到因材施教，既关注优秀学生的成绩，更要关注后进学生的进步与成长。并能根据不同的学生制订不同的学习计划，针对不同的学生开出不

---

① 王本陆. 面向 21 世纪的学生观 [J]. 课程·教材·教法，1998，（10）：78.
② 劳凯声. 中国教育改革 30 年政策与法律卷 [M]. 北京：北京师范大学出版社，2009：131 – 132.
③ 苏继英. 试论人民教师的学生观 [J]. 教育科学研究，1987（3）：45 – 49.
④ 熊淳. 日本教师专业标准发展研究新探 [J]. 合肥师范学院学报，2009，27（1）：113 – 116.

同的体育健身处方，使学生都能够享受到体育的快乐。

再次，要树立新型的学生观，树立正确的学生观直接影响到师生关系的好坏，师生关系是学校教育过程中教师和学生之间产生的人际关系，是学校最重要、最基本、最经常和最活跃的人际关系。① 尽管有柏拉图的"吾爱吾师，吾更爱真理"的佳话，但传统学生观在我国常常因"师道尊严"落入"听话为准"的窠臼。而与之相应的教学方式决定了学生只是知识和技能的被动接受者。然而，随着社会的发展，新课程改革的实施，"健康第一""以人为本"教育思想的提出，学生的主体地位被进一步强化，学生有充分的自主权、选择权，中学体育如选项教学的实施就是学生学习权力的彰显。学生的主体地位还体现在要保护学生的创造性，充分发挥学生的主动性和创造能力。既要把学生看作是教育的对象，又要把学生看作是学习的主体。② 此外，正确的学生观不仅是学生学习主体地位的确立，还表现在对学生的教育公平，做到"有教无类"，给每个学生以体育学习的权力，不能因为学生成绩的优劣而对学生持不同态度。

（三）职责观

职业职责、职业权力、职业利益共同构成了职业的要素，其中职业职责是每一种职业包含的社会责任，必须承担的一定的社会任务，为社会作出应有的贡献。③ 人们对教师的应然期望更多关注的是其职业职责，往往忽略了教师应有的职责权力和职业利益。韩愈的"师者，所以传道授业解惑也"及船山先生的"进其善、正其志、致其知"的至理名言都是对教师职责的期望的一种描述。体育教师的职业职责是体育教师应当承担的社会任务，应该作出的社会贡献，体育教师的职业职责观即体育教师在职业职责方面被寄予的应然期望。

《中华人民共和国教师法》总则第三条规定："教师是履行教育教学职责的专业人员，承担教书育人，培养社会主义事业建设和接班人、提高民族素质的使命。教师应当忠诚于人民的教育事业。"

在《关于转发国家教育委员会中、小学教师职务试行条例等文件的通知》（职改字〔1986〕第 112 号）第二章"职责"部分中，对于中学教师职务职责的阐述如下：

---

① 林加良．嘉木清音·林加良文集 [M]．广州：暨南大学出版社，2009：133.

② 刘清黎．体育教育学 [M]．北京：高等教育出版社，1994：96.

③ 邓志革．职业素质研究 [M]．长沙：中南大学出版社，2006：1.

第二章　职责

第四条　中学三级教师职责：

1. 承担初中一门学科的教学任务，备课，讲课，辅导，批改作业，考核学生成绩。

2. 在高级教师或一级教师的指导下，在课内外对学生进行思想品德教育，担任初中班主任。

3. 参加教学研究活动。

第五条　中学二级教师职责：

1. 承担高中或初中一门学科的教学任务，备课，讲课，辅导，批改作业，考核学生成绩。

2. 在课内外对学生进行思想品德教育，担任班主任或组织、辅导学生课外活动。

3. 参加教学研究工作。

第六条　中学一级教师职责：

1. 承担高中或初中一门学科的教学任务，备课，讲课，辅导，批改作业，考核学生成绩。

2. 在课内外对学生进行思想品德教育，担任班主任或组织、辅导学生课外活动。

3. 承担和组织教育教学研究工作。

4. 指导二、三级教师的教育教学工作，或承担培养新教师的任务。

第七条　中学高级教师职责：

1. 承担学校安排的教育教学任务，指导教育教学研究工作。

2. 承担教育科学研究任务。

3. 指导一、二、三级教师的教育教学工作，或承担培养教师的任务。

美国全国中学体育联合会要求中学体育教师应具备的职责是：促进学生身心健康、进行体育教学、从事运动训练、参加体育业务管理、协助学校工作、协助社会工作、进行体育学术研究。[①] 我国对体育教师职责的研究不

---

① ［美］Franklin A. Lindeburg，樊文彬，译．美国中学体育教师的职责和应具备的条件［J］．中国学校体育，1991，（3）：67－69。

多，主要集中在以下几种认识。刘明认为，体育教师的职责有：努力提高政治业务水平；教书育人，全面关心学生身心健康；搞好课外体育工作；发扬自力更生精神，提倡自己动手制作体育器材，进行教学研究和科学研究；上好体育课，不断提高教学质量。① 郭贤成，曹保莉认为，现代体育教师教学中的职责有：促进学生身心健康是体育教师的首要职责；进行体育教学是体育教师的一项主要职责；运动训练与运动竞赛是体育教师不可推卸的职责；参加体育业务管理，协助完成学校体育工作；协助社会工作；进行体育学术研究。② 刘清黎认为，体育教师的职责包括：上好体育课，不断提高教学质量；搞好课外体育活动；做好体育教学的后勤工作；加强体育宣传，培养体育骨干。③ 以上各种观点认识大同小异。从实践角度讲，具体到各个教学单位，不同单位对本单位体育教师有不同的岗位职责要求。

不同社会时期，体育教师被赋予的职业职责也会发生相应变化。新课程改革后，随着体育课程目标的变化，体育教师的职业职责内容、履行职责的方式也发生了改变，体育教师由过去体育教学大纲的执行者成为了体育与健康课程改革的执行者，体育教师的职业职责的履行有了更大的灵活性、自主性、创新性，这种变化的目的是追求更好的体育教育效果。从宏观上讲，根据体育教师工作的特点及体育教师自身的专业性特征，体育教师职业职责应归纳为以下几个主要方面：

1. 促进学生全面发展

体育教师是学生全面发展的促进者，促进学生的全面发展是体育教师的首要职责，也是体育教师职业的主要价值所在，是体育教育的终极目标。随着课程改革的不断推进，在体育教学中学生主体地位的确立，使得学生有了学习的自主权和选择权，体育教师则是学生学习的帮扶者、引导者，而不是传统意义上单一的知识的传输者。现代社会需要全面发展的综合性人才，体育教师通过体育教育引导学生学习体育文化，感受体育精神，通过体育教学及其他多种形式的校园体育文化活动及社区体育文化活动，使学生参与体育运动技术技能的学习与实践，达到增进身体健康、心理健康，提高学生社会适应能力的学习目标。

---

① 刘明. 浅谈体育教师的职责、条件、评价［J］. 科教文汇（下旬刊），2008，(11)：16.

② 郭贤成，曹保莉. 论现代体育教学中教师的职责与能力［J］. 晋中师范高等专科学校学报，2002，19（2）：125；129.

③ 刘清黎. 体育教育学［M］. 北京：高等教育出版社，1994：423－424.

2. 进行体育教学

体育教学是学校体育教育的主阵地，是实现学校体育教育的主要方式和手段，同时也是体育教师的主要职责，体育课堂教学的好坏是衡量体育教师能力水平高低的主要指标。体育教师必须认认真真地上好每一节课，从知识的准备、技术技能的准备到场地器材的准备，对学生的学情分析，教学方法的设计，教学组织形式的设计、教学评价等，都要能有效地完成。

3. 课外体育教育

课外体育教育工作包括早操、课间操、课外体育活动、运动训练与竞赛活动、体育文化节日活动等除了课堂教学以外的其他任何形式的学校体育教育活动。课外体育教育活动是课堂体育教育的延伸与重要补充，是进行学校体育教育的重要手段，也是体育学科与其他学科教学的重要不同之处。之所以把这一系列的活动也称之为教育，是从宏观上讲，学校无小事，事事是教育，学校的一切活动都有教育意义与价值，也都充满着教育的契机。学校体育运动训练与竞赛是一种竞技体育文化与体育精神的教育，体育文化节日活动也是一种体育文化教育的形式，课外体育活动更是课堂体育教学的延伸，学生根据自己的兴趣与爱好，在课余时间积极参与，体验体育活动的快乐与魅力，是学生终身体育习惯培养的重要途径，课余体育教育的开展是实现学生接受全面体育教育、促进学生全面发展、发现与培养体育后备人才的保障。因此，体育教师的职责不只是上好体育课，也要搞好课余体育教育工作，当然，体育教师在履行课外体育教师职责时，也应当享受相应的职业权利与职业利益，这也是对体育教师工作的支持与肯定。

4. 体育科学研究探索

教学与科研是相辅相成的活动，缺乏科学研究与探索，体育教学可能失去发展方向的指引，没有体育教学实践，科学研究就容易陷入空洞无益，甚至走向偏颇。科研活动与教学活动互相促进，相得益彰。科研活动不只是教学心得体会，更是对体育文化与体育发展规律的探索与思考。因此，体育教师要广泛阅读，勤于思考与追问，发现问题、思考问题、解决问题，遵守一定的科研规范，把自己的思考结果表达出来，科研并不可怕，关键是要有科研意识，勇于实践，从模仿到成熟，需要反复的历练。

（四）素质观

职业素质是指劳动者在一定的生理和心理条件的基础上，通过教育、劳动实践和自我修养等途径而形成和发展起来的，在职业活动中发挥重要作用的内在基本品质。职业素质是以专业知识、技能为特色，根据人的心理素质、生理素质、社会文化素质，按不同的职业要求有机结合形成的。职业素质包括综合职业素质和专门职业素质。综合职业素质是指从事任一职业活动应具备的全面的素质，主要指身体、心理、思想品德、基本文化等方面的素质，这是对劳动者未来的发展起关键作用的素质；专门职业素质是指从事某一特定职业活动的所需要的与该专业密切相关的职业态度、职业知识和职业能力等方面的素质，这是劳动者胜任某一职业、从事职业劳动和职业生活的必备素质。①

体育教师的职业素质是体育教师在职业活动中发挥重要作用的内在的基本品质。体育教师的职业素质观即体育教师被寄予的在职责素质方面的应然期望。教育部师范教育司认为，从教师专业化的观点看，作为专业人员的教师，应具备专业知识、专业技能、专业情操三个方面的素质。② 曲宗湖教授认为，体育教师的素质是指体育教师在后天通过环境影响和教育训练所获得的、稳定的、长期发挥作用的基本品质结构，它包括体育教师的思想、知识、身体和心理品质等，③ 并详细介绍了体育教师在思想与品德、观念与意识、知识结构、组织体育活动与社会实践活动、审美意识与塑美方法、各项工作管理、科学研究等几个方面应具备的素质与基本功。④ 刘清黎《体育教育学》认为，体育教师的职业素养和职责包括四个方面，即思想品质、知识结构、能力构成和心理品质。⑤

根据职业素质基本涵义及其范畴，结合当前学校体育发展实际，当前体育教师职业素质应涵盖以下几个方面：

1. 知识占有量

"欲明人者先自明。"教师要想教会别人知识，必须自己要拥有知识。在知识更新加速的当代及未来社会，人才的衡量标准首先是知识的占有量。体育教师的知识结构是复杂的多元结构，既有基础学科知识与专业知识，又有理论知识与身体实践的方法学知识，体育教师必须具备与职业相关的教育学、心理学、生理学、社会学等方面的知识，又要学习与体育相关的其他人

---

① 邓志革. 职业素质研究［M］. 长沙：中南大学出版社，2006：16.
② 教育部师范教育司. 教师专业化的理论与实践［M］. 北京：人民教育出版社，2003：53 - 54.
③ 曲宗湖. 体育教师的素质与基本功［M］. 北京：人民体育出版社，2002：15 - 16.
④ 曲宗湖. 体育教师的素质与基本功［M］. 北京：人民体育出版社，2002：23 - 189.
⑤ 刘清黎. 体育教育学［M］. 北京：高等教育出版社，1994：421 - 423.

文社会学科的知识。

2. 身体素质特征

体育教师与其他学科教师身体素质特征的差异具有普遍意义，也是体育教师专业性的最直观的身体表现，主要表现为遗传素质及身体机能条件的不同，这也是体育教师的从业基础。原因主要有以下两方面：一是体育教师职业工作特点要求体育教师要有良好的体能；二是体育教师外在的身体特征（如健美匀称的身材，良好的精神风貌），对于体育教育的魅力是最直观的例证，对于学生具有很强的说服力与感召力。因此，对于体育教师的身体素质的要求是有必要的，体育教师应该是体格健壮的，有着健康的、充满活力的良好仪表。

3. 专业技能特征

体育运动技术技能教学是体育教育的最主要的形式。运动技术技能的传授是体育文化传播的载体，是方法学知识在体育运动方面的体现，是体育最本质内涵的体现。体育教师必须能进行常见体育运动项目的正确的示范教学，并能与时俱进，不断学习新兴体育运动项目，不断满足学生日益增长的体育需求。体育教师的专业技术技能越来越受到重视，全国各地学校也有举办体育教师专业技能大赛及专业技能的考核。①②③

4. 健全的心理素质

心理素质是一个人重要的素质之一。同身体素质一道，它是体育教师其他方面素质赖以存在与发展的基础，也是体育教师专业发展的基础。体育教育对学生心理健康的干预效果已经得到广泛共识，心理健康也是体育与健康课程目标之一。因此，体育教师首先要自己心理健康，才有可能合理引导学生健康，给学生进行科学的心理健康教育。

5. 人格魅力

人格是个人的品格、格调、境界、道德水准以及自尊等内在素质的总和。子曰："君子怀德。"作为老师，首先自己要有高尚的人格，然后才有资格去教育学生。人格的核心就是仁、智、勇。子曰："仁者不忧，智者不惑，勇者不惧。"这些品格都是君子的美德，也是儒家伦理思想的精髓。

---

① 徐诗鹏. 武汉市举办首届中小学体育教师专业技能比赛［J］. 体育教学，2010，(8)：60.

② 广东省教育厅. 广东省中小学体育教师首届专业技能大赛综述［J］. 中国学校体育，2010，(2)：8.

③ 体育教学记者. 2009 年北京市中小学体育教师专业技能市级考核工作启动［J］. 体育教学，2009，(7)：72.

《礼记·学记》曰:"凡学之道,严师为难。师严然后道尊,道尊然后民知敬学。"彭先桃认为,人格魅力是新世纪教师必备的素质。① 教师的人格魅力表现在友善、尊重学生、有耐心、公正、宽容、和蔼、幽默、有内涵、热情不虚伪、有亲和力、睿智、人品正,等等。中学生最希望老师改变的"十大陋习"中,② 条条透着学生对教师人格魅力的渴求。

6. 信息处理能力

现代社会是信息社会,学生获取知识和技能的途径也不仅仅是教师的传道、授业、解惑,现代科技信息平台为学生学习提供了多种学习渠道。体育教师也同样可以利用这些渠道进行职后的学习与发展,能根据需要收集信息,并能运用现代教学手段(如电化教学)对信息进行加工整理,传达给学生。2005 年 12 月 10 日,由教育部颁布的《中小学教育技术能力标准》规定,在教育教学的各个领域中,积极开发并充分应用信息技术和信息资源,促进教育现代化,培养社会所需人才。运用现代教育理论和现代信息技术,通过对教与学的过程和资源的设计、开发、利用、管理和评价,以实现教学优化的理论与实践。

7. 美学素养

体育与美自古就有不解之缘。《诗经·礼记》曰:"诗者,志之所之也。在心为志,发言为诗,情动于中而形于言。言之不足,故嗟叹之。嗟叹之不足,故咏歌之。咏歌之不足,不知手之舞之足之蹈之也。"人类抒发情感的需要导致了舞蹈的萌生,舞蹈的肢体意蕴、音乐的主题烘托都离不开美学的滋润,人们对于舞蹈的评判也多从美学角度去鉴赏。当代社会随着新兴体育运动项目的衍生与传播,如体育舞蹈、瑜伽、健身操、啦啦操、普拉提等项目都凸显了身体动作之美,传统的体育运动项目的力量之美、肢体动作之美、竞技之美、节奏之美等无不承载着厚重的美的内涵,体育舞蹈、花样滑冰等项目更是美的华章、美的盛宴。在体育运动过程中,对于学生心理及道德品质的影响又是体育外在美升华为内在美的体现。

体育与美相生相伴,作为体育教师应该教会学生如何欣赏美、鉴赏美、表达美、体验美、创造美、陶冶美的情操、感受美的魅力、塑造美的心灵。因此,体育教师首先必须具备美学修养。体育教师的美学修养水平可以通过

---

① 彭先桃. 人格魅力:新世纪教师必备的素质 [J]. 教育探索, 2006, (1):114-115.

② 朱晓芳. 真心话大冒险:眼神凛冽 老师"十大陋习"之首 [N]. 新闻晨报, 2009-09-09.

体育教师的动作表达、对体育运动项目的鉴赏，甚至谈吐举止、着装打扮等方面体现出来。

8. 饱满的热情

体育运动是需要激情的运动，情绪的调动很重要，作为体育课程实施的主导者——体育教师的热情很重要，加拿大全国儿童联盟政策简报中（A Policy Brief Prepared for the Middle Childhood Initiative of the National Children's Alliance），把"合格的热情的体育教师"（Qualified, enthusiastic teachers）作为一堂合格体育课的要求（The Need for Quality Physical Education Programs in Canadian Schools）之一。首先，体育教师的教学热情能促进教师更好地投入教学工作；其次，这种热情也能感染学生，从而激发学生的体育兴趣与热情。

9. 积极上进的心态

易锋、陈康根据体育教师职业生涯不同阶段表现的特征，把体育教师职业的专业成长阶段分为八个时期，分别是"职前教育期、职初期、职业能力建构期、职业热情与成长期、职业挫折期、职业稳定期、职业消退与离岗期"，① 其中，职初期的教师是从"学生"转化为"教师"的过渡时期，这个时期的体育教师分化为两种表现对立的群体，即一些教师能很快适应新的工作环境和工作需要，进入了能力建构期。他们展示出一种活力、开放和积极上进的心态，愿意更多地学习，从而越来越精通教学。另一些教师则出现烦恼、苦闷和消极的心态，表现出对理想的幻灭，故步自封、拒绝改变，对工作和专业的持续发展缺乏热情。这两种截然不同的表现标志着不同教师在专业心理及社会心理方面从"学生"内化为"教师"身份的成功与否，在某种程度上也决定了能否成为合格教师及未来职业发展与专业成长的走向。显而易见，前者才是理想的发展状态，同时也可以看到，在这个关键的过渡期，活力、开放和积极上进的心态起着至关重要的作用。

10. 正确合理的价值观

教师的价值观直接影响到教学职责的履行程度，也会对学生价值观的树立产生一定的影响。随着社会的发展，社会经济、文化的变迁，人们的价值观也在悄然改变。一份2003年对于体育专业大学毕业生就业情况的调查显示，这些准教师的价值观发生了变化，由传统意义上的讲究奉献转变为大多

---

① 易锋，陈康. 高校体育教师成长阶段特征与影响因素及对策［J］. 体育文化导刊，2007，（7）：67 - 68.

数奉献与索取兼而有之的情况，也比较缺乏吃苦耐劳的精神。① 而吃苦耐劳的奉献精神对于体育教师职业岗位来讲非常重要，因此要把吃苦耐劳、克己奉公列为体育教师专业标准之一。这种价值观下的精神在现代社会尤为重要。

（五）教学观

在我国的《教师资格认定》条件中，有关"教育教学能力条件"规定，教师资格申请者要"具备承担教育教学工作所必需的基本素质和能力，包括选择教育教学内容和方法，设计教学方案，掌握和运用教育学、心理学知识和规律解决问题的能力，思维能力，语言文字表达能力，教育管理学生的能力等"。

体育教育教学观包含与体育教学相关的多个方面，主要有以下几点：

1. 专业技术技能

John Quay 和 Jacqui Peters 认为，技能、策略、体育运动、社会责任重新组合共同构成了体育教育。② 体育教师专业技术技能标准是区别于其他学科的重要标志，是体育教师之所以为体育教师的基本素养与核心技能，体育运动技术技能是青少年体质增强的主要载体。中央教育科学研究所体育卫生艺术教育研究中心的吴键先生认为："新一代的体育教师本身普遍缺乏体育技术技能。"③ 技术技能的传授是体育教学的重要载体，体育教师职业能否达到专业化，仅靠学历标准以及与教学实践相关的一些要求是不够的，还需要有与体育教师职业性质相关的综合性素质能力，作为依附于体育教师专业的体育教师职业必须有体育专业理论知识作基础，并有专门的体育技能标准作保证。理论知识可以通过书本学习获得，而技能的获取只能通过反复实践练习才能习得，这也是体育学科与其他学科的主要区别之处，因此，体育教师的知识与技能双重要求也更为突出。在中学体育教师合格专业标准构建中，运动技术技能标准尤为重要。体育教师必须有专业体育运动学习经历，以保证能够规范地完成动作的示范教学。

2. 体育教育思想

首先，体育教育要树立"大体育观"思想。体育本身是完整的多元文

---

① 韩勤英，刘献国，葛春林. 河南省高等师范院校体育教育专业毕业生就业状况的调查 [J]. 中国体育科技，2003，39（3）：220 - 21；37.

② John Quay, Jacqui Peters. Skills, Strategies, Sport, and Social Responsibility: Reconnecting Physical Education [J]. Curriculum Studies, 2008, VOL. 40, NO. 5, 601 - 626.

③ 吴键. 体育课程与教学改革的反思与困惑 [J]. 体育教学，2008，（10）：16 - 18.

化形态，被人为地划分为多个层次和领域：学校体育、竞技体育、群众体育、休闲体育、旅游体育、健康体育……不一而足。体育文化本身是完整的，学校体育从空间上讲是特定场所的体育教育，从时间上讲是人类终身体育的一个关键的发展阶段。体育教师必须树立"大体育观"思想，才能充分地理解学校体育，整体地把握体育教育。

我国学校体育思想经历了由一维体育观（生物体育观）到二维体育观（生物、心理体育观），三维体育观（生物、心理、社会体育观）再到人文体育观（健康第一、以人为本、关注学生个体差异等理念）的演变，不但反映了人们对于体育的认知水平的提高，也反映了体育的功能的多重性的开发与挖掘。

其次，体育教师要有自己的教育信仰。教育信仰是指人们对教育活动在个体和社会发展过程中价值的极度信服和尊重，是教育者具有的一种极其强烈和深沉的情感状态，一个人有教育信仰，意味着他信仰教育的精神，也就意味着他是爱和智慧的信徒。① 体育教师要信奉体育教育育人的价值倾向，体育教学不只是教会学生运动技术，更重要的是育人，教师必须是教育者而不单单是教者，教和教育的不同之处在于教者未必是教育者，而教育者则一定是教者。同样，体育教学不一定是体育教育，而体育教育一定可以通过体育教学完成，专业化的体育教师一定是教育者，而不仅仅是教者。人类的学习从教育学角度来讲，可以分为两种形态：有教的学（教学双边活动）和无教的学（即自学，单向性活动）。体育教师教学课堂不但是教学双边活动，更要做到由教者转化为教育者，即具备教育情怀和教育信仰，并有一定的个人人生意义的定位。② 韩愈曰："道之所存，师之所存也。"体育教师在教学活动要信奉教育信仰，通过"培养人"的活动来贯彻实施"道"。这也是以人为本的人文教育观的回归。

3. 教学能力

教育教学能力包括教学设计能力（如制订教学计划、备课能力等）、课堂教学技能（如课堂组织能力、语言表达能力、运动技术示范能力等）、课外辅导能力、教学评价能力等方面。2008 年 4 月 16 日，教育部师范教育司司长管培俊在第二届教师资格制度国际学术研讨会上指出："教育教学能力

---

① 刘庆昌. 教育者的哲学 ［M］. 北京：中国社会出版社，2004：227.

② 赵冲. 论教者与教育者 ［J］. 太原师范学院学报（社会科学版），2009，8（2）：138 - 141.

是教师专业化的本质内涵，是教师资格认定的关键内容。为了进一步强化教师资格认定中的教育教学能力，今后将考虑制定教育教学能力测试的标准和办法，强化教师资格中的教育教学能力导向。"新体育教师的选拔要注重体育教师的实践能力，由于我国高校体育师资培养时，学生的实习期比较短，实习的组织零散，有的学校实习生"自主实习"使教育实习流于形式，不能有效地提高未来教师的教学实践能力。① 因而必须加强对体育教师申请者实践能力的考核，选拔合格人才。

4. 教学评价能力

体育教学评价是学校体育工作的重要组成部分，体育教师要具备教学评价能力，首先要树立正确的评价观。《国家中长期教育改革和发展规划纲要（2010—2020 年）》中有关评价的要求，第三十三条"改革教育质量评价和人才评价制度"中规定："改进教育教学评价。根据培养目标和人才理念，建立科学、多样的评价标准。开展由政府、学校、家长及社会各方面参与的教育质量评价活动。做好学生成长记录，完善综合素质评价。探索促进学生发展的多种评价方式，激励学生乐观向上、自主自立、努力成才。"这就要求体育教师评价标准多元化，即过程评价与终结评价相结合，绝对评价与相对评价想结合；评价主体多元化，既有教师评价，也有学生评价、同行评价等；评价方式多元化，口头评价与书面评价相结合，注重学生的进步与发展，使评价更为客观、全面。

（六）发展观

在教师专业化发展成为大趋势的今天，体育教师也要树立自身的专业发展观，不断学习进步，使自己从新任教师转变为称职教师、资深教师、专家教师，不断地进步。英国的 Kathleen M. Armour 研究认为，专业拓展需要综合运用多种途径有效地支持体育教师更好地为学生服务，指出实现专业发展的首要途径是体育教师调整自身，把学习贯穿在整个职业生涯中，才能拓展体育职业发展空间。职业生涯的不间断学习是体育教师专业化发展的职责。②

因此，首先，体育教师要树立终身学习观，通过学习与科研促进专业发

---

① 杨晨光. 完善教师资格制度强化教育教学能力——访教育部师范教育司司长管培俊［N］. 中国教育报，2008 – 04 – 30（002）.

② Kathleen M. Armour. The physical education profession and its professional responsibility…or…why "12 weeks paid holiday" will never be enough ［J］. Physical Education and Sport Pedagogy，2010，15（1）：1 – 13.

展，并要培养教学反思能力，对自己的教学进行批判性反思，从失败中总结经验教训；其次，还要有协同学习、共同发展的意愿与能力。当代社会已经不再是个人英雄主义的时代，需要联合攻关、协同作战、共同努力，促进专业的共同发展；再次，体育教师要有自主学习的能力，有学习的主观意愿，并逐步达到专业自觉的境界。

综上所述，体育教师观包含了进行体育教育所需要的品质与能力，它们具有一定的实践性与历史性。这些因素会随着社会的发展变化而作出相应的调整，并在体育教育实践中逐步地发展与完善。

第四章
构建我国体育教师专业标准的现实依据

在基础教育改革的进程中，教师专业发展几乎与基础教育课程改革同步得到政府、学校、学术界等不同层面的关注，成为教育研究领域的热点话题之一。纵观我国中小学体育教师的相关研究，对于我国中小学体育教师专业发展现状的实证研究比较缺乏，大多数研究集中于体育教师的某一单一素质，如体育教师的专业技能、专业知识等。鉴于此，本文通过对北京、上海、天津、河北、河南、浙江、江苏、安徽、江西、山东、辽宁、黑龙江、湖北、湖南、广东、广西、福建、海南、四川、陕西、新疆等 21 个省（市、区）的部分中、小学体育教师的专业发展状况进行了问卷调查，旨在了解我国中小学体育教师专业发展的现状，为制定我国中小学体育教师专业标准提供实践依据，使构建的标准能够切实引领体育教师的专业发展。

第一节　调查样本的基本情况

基于全面了解我国中小学体育教师的专业发展现状及其影响因素，本文从教师的性别、年龄、学历、职称四个方面对基础教育阶段我国东、中、西地区的部分体育教师进行了问卷调查，并对调查结果进行了详细分析。

一、性别比例

从调研结果来看（见表 4-1），我国基础教育阶段体育教师队伍中男女教师比例仍处于不平衡的状态。男教师人数远高于女教师，占教师总人数的77.27%，约有 1 734 人。从以上分析可以得出结论，我国基础教育阶段体育教师仍以男性教师为主。

表 4 – 1　**调研对象的性别情况**

性别	n	%
男	1 734	77.27
女	510	22.73
合计	2244	100

二、年龄结构

从调研结果来看（见表 4 –2），我国基础教育阶段的体育教师队伍主要以中青年教师为主。25 ~30 岁、31 ~40 岁的教师分别占 16.58% 和 49.20% 。

表 4 – 2　**调研对象的年龄结构情况**

年龄	25 岁以下	25 ~30 岁	31 ~40 岁	41 ~50 岁	50 岁以上	合计
n	141	372	1 104	573	54	2 244
%	6.28	16.58	49.20	25.53	2.41	100

三、学历结构

调查发现（见表 4 –3），我国基础教育阶段专职体育教师中拥有大专、本科及硕士研究生学历的教师分别占 5.88% 、77.23% 、16.89% 。可见，我国基础教育阶段体育教师的学历基本以本科学历为主，这一现象与我国高等师范院校体育教育专业的人才培养目标基本吻合。

表 4 – 3　**调研对象的学历结构情况**

学历	大专	本科	硕士	合计
n	132	1 733	379	2 244
%	5.88	77.23	16.89	100

四、职称结构

我国现行的以中小学教师职务聘任制为主要内容的中小学教师职称制度是 1986 年建立的。2011 年 8 月 31 日，国务院常务会议决定扩大中小学教师职称制度改革。按照国家规定，职称设置从正高级职称到员级五个等级，依次为正高级教师、高级教师、一级教师、二级教师、三级教师。由于新规定的职称设置只在部分省（市、区）试行，还未在全国范围实施，因此，为了能够客观、准确地反映我国体育教师的职称结构，本研究所确定的高级教师、一级教师、二级教师是根据旧的职称设置。

表 4 - 4 调研对象的职称结构情况

	高级教师	一级教师	二级教师	合计
n	900	684	660	2 244
%	40. 11	30. 48	29. 41	100

在对我国基础教育阶段体育教师的职称调查中发现（见表 4 - 4），目前，40.11% 的教师具有高级职称，30.48% 的教师具有中级职称，29.41% 的教师具有初级职称。因为调研的局限性，未调查到未获得职称的体育教师。

从表 4 - 5 和图 4 - 1 可以看出，教龄增长与职称晋升间存在密切关联。82.12% 教龄在 5 年以下的教师拥有初级职称，仅有少部分教师拥有了中级职称，尚未发现 5 年以下教龄的教师拥有了高级职称；而教龄在 5—10 年的教师中获得中级职称的比例大幅增加，达到了 72.51%，少部分教师已获得高级职称；当教龄达到 11 年以上时，获得高级职称的教师比例已达到了 83.78%。这一现象与我国教师职称评定所规定的条件相吻合。

表 4 - 5 调研对象的教龄结构情况

	高级教师（*n* = 900）				一级教师（*n* = 684）				二级教师（*n* = 660）			
	<5	5 ~ 10	11 ~ 20	>20	<5	5 ~ 10	11 ~ 20	>20	<5	5 ~ 10	11 ~ 20	>20
n	0	11	754	135	24	496	152	12	542	118	0	0
%	0. 00	1. 22	83. 78	15. 00	3. 51	72. 51	22. 22	1. 75	82. 12	17. 88	0. 00	0. 00

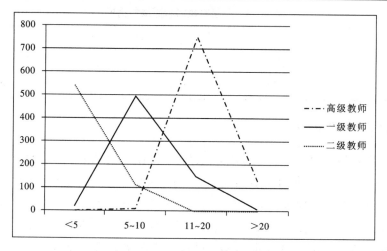

图 4 - 1 调研对象的教龄结构情况

第二节　教师专业发展的现状

教师专业发展是指教师作为专业人员，在专业品质、专业知识、专业能力等方面不断完善的过程，即由一个专业新手发展成为专家型教师的过程。本研究围绕教师的专业品质、专业知识和专业技能等方面对我国中小学体育教师专业发展的现状进行了调研，试图了解我国体育教师专业发展的现状。

一、专业理想

教师专业理想是教师专业素质的核心和灵魂，它是教师对从事的教师职业的一种向往和追求，是指导教师行动的精神动力。本研究主要从教师的职业动机、职业态度、再度择业等方面对体育教师的专业理想进行分析。

（一）体育教师的职业动机

职业动机在职业选择定向中起指导作用，在职业活动中起发起、维持、推动作用，并强化人们在职业活动中的积极性、创造性。通过对我国基础教育阶段不同发展阶段体育教师职业动机的调查结果（见表4－6）表明，57.22%的人员由于热爱体育运动选择了体育教师这一职业；24.87%的人员由于热爱教育事业选择了体育教师这一职业；20.05%的人员由于就读于师范院校，其他工作机遇少，迫于无奈选择了体育教师这一职业。

表4－6　我国中小学体育教师的职业动机

	高级教师		一级教师		二级教师		合计	
	n	%	n	%	n	%	n	%
热爱教育	210	23.33	180	26.32	168	25.45	558	24.87
社会地位较高	0	0	24	3.51	24	3.64	48	2.14
教师待遇福利好	12	1.33	6	0.88	12	1.82	30	1.34
从小的理想	54	6	6	0.88	102	15.45	162	7.22
就读师范专业，迫于无奈	174	19.33	138	20.18	138	20.91	450	20.05
热爱体育运动	552	61.33	396	57.89	336	50.91	1 284	57.22
其他	66	7.33	30	4.39	36	5.45	132	5.88

（二）体育教师的职业满意度

职业满意，通常是指某个人在组织内进行工作的过程中，对工作本身及其有关方面（包括工作环境、工作状态、工作方式、工作压力、挑战性、工作中的人际关系，等等）有良性感受的心理状态。比较流行和广泛使用的是美国著名人力资源管理公司 Monster 提出的六条价值标准，即成功、独立、认同、支持、工作条件、人际关系。

通过对我国基础教育阶段不同发展阶段体育教师职业满意的调查结果（见表4-7）表明，有13.90%的教师对体育教师职业具有较高的满意度；近半数的体育教师对体育教师这一职业感到基本满意；也有9.63%和2.67%的教师感到不太满意和很不满意。

表4-7　我国中小学体育教师对教师职业的满意度

教师职业满意度	高级教师		一级教师		二级教师		合计	
	n	%	n	%	n	%	n	%
很满意	150	16.67	42	6.14	120	18.18	312	13.90
基本满意	456	50.67	426	62.28	276	41.82	1158	51.60
一般	204	22.67	132	19.30	162	24.55	498	22.19
不太满意	72	8	66	9.65	78	11.82	216	9.63
很不满意	18	2	18	2.63	24	3.64	60	2.67

（三）体育教师的再次职业选择意向

职业选择是个人对于自己就业的种类、方向的挑选和确定。通过职业选择，有利于实现经济利益、社会效益等多方面共赢，促进人的全面发展。通过对我国基础教育阶段不同发展阶段体育教师职业满意的调查结果（见表4-8）表明，仅约1/3的教师坚持再次选择体育教师这一职业，而有约1/3的教师毅然不会再次选择体育教师这一职业。为了进一步弄清其根本原因，笔者就"再次职业选择意向"对部分调研对象进行了访谈。体育教师收入低、体育教师社会地位和声望低是阻扰部分体育教师再次选择体育教师这一职业的主要原因。学校氛围及人际关系、教师假期等因素是部分体育教师再次选择体育教师这一职业的主要原因。

表4-8　我国中小学体育教师再次职业选择意向

	高级教师		一级教师		二级教师		合计	
	n	%	n	%	n	%	n	%
选择体育教师	312	34.67	222	32.46	246	37.27	780	34.76
不选择体育教师	288	32	216	31.58	204	30.91	708	31.55
说不定	300	33.33	246	35.96	210	31.82	756	33.69

二、专业知识

专业知识是指一定范围内相对稳定的系统化的知识。教师知识（knowledge for teacher），是教师专业素质的重要组成部分。教师知识必须能体现教学作为一种专门职业的独特性，即能够说明教师知识在教师专业素养构成中的独特规定性与不可替代性。教师知识不仅是教师从事教学活动所必须具备的智力资源，而且其丰富程度和运作情况也直接决定着教师专业水准的高低。因此，对教师应该具备哪些知识的研究成为教师专业知识研究的首要课题。教学若被视为一种专业，则首先需要教师具有专门的知识与能力：教师要学习应该教的知识和如何教授这些专门知识。[①] 因此，作为知识的领航者，就需要教师具有广博的一般科学文化知识。学校要培养学生终身锻炼的意识和能力，就需要教师具有博深的体育与健康知识和体育教学知识及前瞻科学性的体育理念。教学、科研和训练相互促进、共同发展，是教育的发展需要，其知识性是教学效果评定的内容，也是当今教师专业知识"实践中的理论"研究的热点，更是教师专业发展的知识基础。[②]

通过对促进我国中小学体育教师专业发展的知识类型的调查结果表明（见表4-9），在体育教师专业知识结构中，体育学科理论知识、运动技能知识、教学方法和技术知识、教师个人实践经验知识等是所有教师认为能够促进其专业发展的知识类型；认为运动技能知识、教育学及心理学知识对于促进其专业发展来讲，相对较弱一些。从不同发展阶段体育教师的比较而言，高级教师认为，体育学科理论知识对于其专业发展的作用相对较强一些，一般文化知识对于其专业发展的作用相对较弱一些。由于高级教师的运动技能随着其年龄的增长逐步减退，在专业成长中，更加注重理论知识的提升。

---

① 联合国科教文组织．教育——财富蕴藏其中［M］，北京：教育科学出版社，1996：142.
② 陈东．高等学校体育教师专业发展的现状分析［J］，北京体育大学学报，2010（11）：94－97.

表4-9　促进我国中小学体育教师专业发展的知识类型

知识类型 \ 程度·职称		5			4			3			2			1		
		高级教师	一级教师	二级教师	高级教师	一级教师	二级教师	高级教师	一级教师	二级教师	高级教师	一级教师	二级教师	高级教师	一级教师	二级教师
体育学科理论知识	n	510	318	288	246	282	294	120	64	66	5	20	12	19	0	0
	%	56.67	46.49	43.64	27.33	41.23	44.55	13.33	9.36	10.00	0.56	2.92	1.82	2.11	0.00	0.00
运动技能知识	n	348	294	306	396	324	318	114	54	30	19	7	6	23	5	0
	%	38.67	42.98	46.36	44.00	47.38	48.18	12.67	7.89	4.55	2.11	1.02	0.91	2.56	0.73	0.00
一般科学文化知识	n	138	120	84	330	366	354	318	143	192	101	36	12	13	19	18
	%	15.33	17.54	12.73	36.67	53.51	53.64	35.33	20.91	29.10	11.22	5.26	1.82	1.44	2.78	2.73
教育学及心理学知识	n	336	234	222	342	294	318	174	108	114	43	35	6	5	13	0
	%	37.33	34.21	33.64	38.00	42.98	48.18	19.33	15.79	17.27	4.78	5.12	0.91	0.56	1.90	0.00
教学方法和技术知识	n	504	372	294	282	228	294	96	55	72	11	5	0	7	24	0
	%	56.00	54.39	44.55	31.33	33.33	44.55	10.67	8.04	10.91	1.22	0.73	0.00	0.78	3.51	0.00
课程开发及设计知识	n	228	203	150	396	265	330	192	168	132	79	33	28	6	15	20
	%	25.33	29.68	22.73	44.00	38.74	50.00	21.33	24.56	20.00	8.78	4.82	4.24	0.56	2.19	3.03
教师个人实践经验	n	528	414	354	288	222	234	49	20	58	21	22	14	14	6	0
	%	58.67	60.53	53.64	32.00	32.46	35.45	5.44	2.92	8.79	2.33	3.22	2.12	1.56	0.88	0.00

三、专业技能

教师的专业技能，即教师在实际的教育教学活动中展现的教师专业能力。通过国内外相关文献的收集与整理，教师的专业技能主要包含了教师的教学能力、管理能力、科研能力、自我发展能力及日常工作能力等，而教学能力是教师专业技能的核心。有学者认为，教师的教学能力结构主要包括教学准备能力、教学实施能力、教学调控能力、教学评价能力等。具体由下述几种能力构成：（1）课堂组织和管理能力，主要表现为敏锐的观察力、丰富的想象力、良好的记忆力，尤其是逻辑思维能力和创造性能力等；（2）教学设计能力，包括确定教学目标、分析教材、选择与运用教学策略、实施教学评价的能力等；（3）传播能力，包括语言表达能力、非语言表达能力、运用现代教育技术能力等；（4）组织能力，主要包括组织教学能力、组织学生进行各种课外活动的能力、组织培养学生优秀集体的能力、思想教育的能力、协调内外部各方面教育力量的能力、组织管理自己的活动的能力等；（5）交往能力，主要包括在教育教学中的师生交往能力。

通过对提升我国中小学体育教师教学能力的能力类型的调查结果（见表4-10）表明，不同发展阶段的教师均认为课堂组织和管理能力很大程度提高了教师的教学能力，而教学研究能力对教师教学能力的提升作用较小。在现代教育技术能力方面，二级教师认为其对教学能力的提升的作用相对较小，分析其主要原因有以下几点：其一、二级教师大部分为刚参加工作的青年教师，其运动技能相对较强，在课中可以进行动作示范，随着年龄的增长，教师的运动技能会逐步减退，所以部分一级教师和高级教师在课堂教学中不能进行动作示范，而需借助多媒体进行，所以一级教师和高级教师对现代教育技术能力的要求会高一些；其二、二级教师的教学经验不足，在课中不懂得运用多媒体等现代教育技术能力。

表4-10 提升我国中小学体育教师教学能力的能力类型

知识类型 \ 程度 职称		5			4			3			2			1		
		高级教师	一级教师	二级教师	高级教师	一级教师	二级教师	高级教师	一级教师	二级教师	高级教师	一级教师	二级教师	高级教师	一级教师	二级教师
课堂组织和管理能力	n	630	498	468	222	174	180	18	12	12	24	0	0	6	0	0
	%	70.00	72.81	70.91	24.67	25.44	27.27	2.00	1.75	1.82	2.67	0.00	0.00	0.67	0.00	0.00
教学表达及师生交往能力	n	570	474	414	264	180	204	54	24	30	12	0	6	0	6	6
	%	63.33	69.30	62.73	29.33	26.32	30.91	6.00	3.51	4.55	1.33	0.00	0.91	0.00	0.88	0.91
教学研究能力	n	288	174	162	354	360	324	234	138	156	12	12	18	12	0	0
	%	32.00	25.44	24.55	39.33	52.63	49.09	26.00	20.18	23.64	1.33	1.75	2.73	1.33	0.00	0.00
现代教育技术能力	n	216	192	150	378	348	330	174	78	162	102	54	18	30	12	0
	%	24.00	28.07	22.73	42.00	50.88	50.00	19.33	11.40	24.55	11.33	7.89	2.73	3.33	1.75	0.00
自学能力	n	390	270	216	300	282	360	138	84	72	30	24	6	42	24	6
	%	43.33	39.47	32.73	33.33	41.23	10.91	15.33	12.28	10.91	3.33	3.51	0.91	4.67	3.51	0.91

教学设计主要是以促进学习者的学习为根本目的，运用系统方法，将学习理论与教学理论等原理转换成对教学目标、教学内容、教学方法和教学策略、教学评价等环节进行具体计划，创设有效的教与学系统的过程或程序。因此，本研究专门针对体育教师的教学设计进行了调研。体育教学设计，是以促进体育学习者掌握运动技能，提高身体素质为根本目的，是为体育教学

活动制定蓝图的过程，它规定了教学过程中的教学目标、教学内容、教学方法和教学策略、教学评价等环节，是师生教学活动的依据。[①] 教学活动的每一步骤、每个环节将受到教学设计方案的约束和控制。在基础教育课程改革的推进过程中，体育教学要不断围绕"课程标准"制订教学计划，体育教学要体现出以学生为主体的教育理念；在教师专业化发展的历程中，与同事的交流与合作是促进教师专业成长的必要措施之一。

通过对我国基础教育阶段不同发展阶段体育教师教学设计依据的调查结果（见表 4 - 11 所示）表明，体育教师根据新课程标准、教学经验、与学生的交流、教科书/教参、专业书刊进行体育教学设计的比例分别为 64.97%、62.83%、51.34%、50.00%、41.71%、16.31%。由于二级教师的教学经验相对比较薄弱，因此，其在教学设计中参照以往教学经验的比例相对高级教师和一级教师较少一些。在与同事的交流方面，由于高级教师已经形成了自己的教学风格，并且注重与同事的交流，以促进自己的教学效果，提升自己的专业水准；二级教师由于教学经验的不足，很多问题需要向其他经验丰富的教师请教，因此，高级教师、二级教师与同事的交流也相对较多一些。

表 4 - 11　我国中小学体育教师教学设计依据

	高级教师		一级教师		二级教师		合计	
	n	%	n	%	n	%	n	%
教学经验	636	70.67	426	67.54	348	52.73	1 410	62.83
与同事的交流	426	47.33	228	33.33	282	42.73	936	41.71
教科书或教参	504	56.00	330	48.25	288	43.64	1 122	50.00
专业书刊	150	16.67	114	16.67	102	15.45	366	16.31
与学生的交流	498	55.33	312	45.61	342	51.82	1 152	51.34
新课程标准	696	77.33	420	61.40	342	51.82	1 458	64.97
其他	36	4.00	42	6.14	30	4.55	108	4.81

总体来看，我国中小学体育教师在进行教学设计时，主要参照了新课程标准、教学经验、与学生的交流、教科书或教参、与同事的交流等方面的数据。

---

① 焦敬伟. 体育教学设计的基本过程与方法 [J], 上海体育学院学报, 2003 (6): 86 - 88.

四、教学科研

教学研究是一种有目的、有计划、主动探索教学实践过程中的规律、原则、方法及有关教学中亟待解决的问题的科学研究活动。科学的教学需要不断地进行研究和实践。通过教学研究，可以架起课程理念和教育理论转化为教学行为的桥梁，促进先进教学经验的提炼和传播，促进教师的专业发展和改进教学；教学研究可以促使教师的角色由传授型向研究型转变；教师在教学研究过程中也可以体现自身的价值，体验成功的乐趣。

（一）对教学研究的认识

通过对我国中小学体育教师的调研发现（见表4-12），56.15%的教师认为体育教学研究是教师提升自身水平的手段；31.02%的教师认为其是教学反思的结果；24.33%的教师认为其是一种经验的总结；3.21%的教师认为体育教学研究没有太多的意义。

表4-12　我国中小学体育教师对教学研究的认识

	高级教师		一级教师		二级教师		合计	
	n	%	n	%	n	%	n	%
一种经验的总结	264	29.33	174	25.44	108	16.36	546	24.33
教学反思的结果	324	36	192	28.07	180	27.27	696	31.02
教师提升自身水平的手段	540	60	330	48.25	390	59.09	1 260	56.15
没有太多的意义	18	2	30	4.39	24	3.64	72	3.21

通过对我国中小学体育教师的调研发现（见表4-13），49.47%的教师认为体育教学研究对体育教学的促进作用比较明显；18.72%的教师认为很明显；其他教师认为体育教学研究对体育教学的促进作用一般或不明显。

表4-13　教学研究对体育教学的促进作用

	高级教师		一级教师		二级教师		合计	
	n	%	n	%	n	%	n	%
很明显	222	24.67	138	20.18	60	9.09	420	18.72
比较明显	492	54.67	294	42.98	324	49.09	1 110	49.47
一般	108	12.00	156	22.81	138	20.91	402	17.91
不太明显	67	7.44	78	11.40	120	18.18	265	11.81
完全不明显	11	1.22	18	2.63	18	2.73	47	2.09

以上调查结果表明，我国中小学体育教师的教学研究意识较为淡薄，亟须进一步加强。

（二）开展教学研究的现状

通过对我国中小学体育教师的调研发现（见表 4 – 14），仅有 18.18% 的教师经常进行教学研究；有 15.24% 的教师从未进行过教学研究；66.58% 的教师偶尔进行教学研究。而在经常进行科学研究的教师中，高级职称的教师占多数。在从未进行过教学研究的教师中，初级职称的教师占据多数。

表 4 – 14　我国中小学体育教师进行教学研究的情况

	高级教师		一级教师		二级教师		合计	
	n	%	n	%	n	%	n	%
经常做	246	27.33	96	14.04	66	10.00	408	18.18
偶尔做	582	64.67	468	68.42	444	67.27	1 494	66.58
从没做过	72	8.00	120	17.54	150	22.73	342	15.24

通过对我国中小学体育教师的调研发现（见表 4 – 15），体育教师在体育教学中遇到问题时，通过请教其他老师解决问题的占 62.57%；自己钻研的占 36.10%；请教相关专家的占 16.31%；校外交流的占 12.30%；其他占 4.01%。而在请教其他老师中，绝大多数是请教自己学校的教师。这一现象表明，我国中小学体育教师的相互交流较少，不利于解决教学过程中产生的问题，更不利于教师的专业发展。

表 4 – 15　体育教学中遇到问题的解决途径

	高级教师		一级教师		二级教师		合计	
	n	%	n	%	n	%	n	%
自己钻研	426	47.33	192	28.07	192	29.09	810	36.10
请教其他老师	534	59.33	426	62.28	444	67.27	1 404	62.57
请教相关专家	240	26.67	72	10.53	54	8.18	366	16.31
校外交流	162	18.00	78	11.40	36	5.45	276	12.30
其他	24	2.67	24	3.51	42	6.36	90	4.01

（三）教学反思情况

教学反思，是教师通过对其教学活动进行的理性观察与矫正，从而提高其教学能力的活动，是一种分析教学技能的技术。它是促使教师的教学参与更为主动、专业发展更为积极的一种手段和工具，是改进教学、促进教学质量提高的有效途径。教学日记的撰写是教师进行教学反思的有效工具。因此，本研究为了了解我国中小学体育教师教学反思的情况，特针对教师的教学日记情况进行了调研。

通过对我国中小学体育教师的调研发现（见表 4 - 16），72.19% 的教师偶尔撰写教学日记；16.58% 的教师从不撰写教学日记；9.63% 的教师经常撰写教学日记；仅有 1.60% 的教师一直坚持撰写教学日记。从以上调研结果可以看出，当前我国中小学体育教师的教学反思情况不容乐观。

表 4 - 16　我国中小学体育教师教学日记情况

	高级教师		一级教师		二级教师		合计	
	n	%	n	%	n	%	n	%
从不	108	12.00	144	21.05	120	18.18	372	16.58
偶尔	672	74.67	474	69.30	474	71.82	1 620	72.19
经常	96	10.67	66	9.65	54	8.18	216	9.63
一直这么做	24	2.67	0	0.00	12	1.82	36	1.60

（四）开展教学研究的主要困难

通过对我国中小学体育教师的调研发现（见表 4 - 17），其在开展教学研究时遇到的主要困难是缺乏资金和可供参考的资料，占 60.16%；其次是缺乏科研素质和能力，占 47.33%；第三是教学任务重，占 46.52%；第四是缺乏理论指导，占 42.78%；第五是学校不够重视，占 35.29%；第六是认为教学科研意义不大，占 10.16%。

表 4 - 17　我国中小学体育教师进行教学研究时遇到的主要困难

	高级教师		一级教师		二级教师		合计	
	n	%	n	%	n	%	n	%
教学任务重	504	56.00	282	41.23	258	39.09	1 044	46.52
缺乏科研素质和能力	468	52.00	330	48.25	264	40.00	1 062	47.33
缺乏资金和可供参考的资料	588	65.33	372	54.39	390	59.09	1 350	60.16
教学科研意义不大	90	10.00	72	10.53	66	10.00	228	10.16
缺乏理论指导	426	47.33	270	39.47	264	40.00	960	42.78
学校不够重视	276	30.67	216	31.58	300	45.45	792	35.29
其他	6	0.67	42	6.14	18	2.73	66	2.94

以上调查结果显示，我国中小学体育教师教学科研不论在思想上还是在行动上都还滞后于教育教学改革的发展步伐，教师教育科研现状不容乐观，调研结果主要反映出以下几个方面的问题：第一，教育科研能力不强，教师教育科研能力不强主要表现为教师的教育思想观念滞后，教育理论素养不高，问题与研究意识比较淡薄，导致开展教育科研的能力欠缺。第二，教育科研意识淡薄，教育科研意识的强弱与教师对教育科研价值的认识及自身教育科研素质紧密相关。虽然大多数教师能够认识到教育科研价值和实践意义，但在观念上仍存在着忽视教育科研的现象，认为教育科研属于教学行为，教育科研无非搞些教学改革，与科研没有关系，仅在晋升职称时要开具从事教研的证明时才给予关注。第三，教育科研保障条件不够。教育科研保障条件包括经费的投入、相关制度与激励机制等。良好的条件是教育科研顺利进行的保障。现实中存在的科研经费欠缺、制度不完善、激励机制不健全等问题严重影响了学校教育科研的顺利开展，对于学校整体水平的提升影响很大。第四，教育科研氛围不浓。由于受传统教育观念的影响，加之教育科研与教师职称晋升方面的政策失衡，不少教师认为教学是最重要的，课堂教学是硬任务，教育科研是软指标；另有部分教师认为，体育教师的教学任务繁重，教学工作量大，相当多的教师整天陷于备课、上课等具体的教学事务中，无暇从事教育科研工作。因此，对教育科研工作缺乏主动性和广泛参与性。

五、职业压力

职业压力（Occupational Stress）是指当职业要求迫使人们作出偏离常态机能的改变时所引起的压力。通过对我国基础教育阶段不同发展阶段体育教师职业压力的调查结果（见表 4 - 18）表明，19.52% 的体育教师感觉压力很大；49.20% 的体育教师感觉压力较大；27.54% 的体育教师感觉压力一般；2.94% 的体育教师感觉压力较小；仅 0.80% 的体育教师感觉完全没有压力。

表 4 - 18　我国中小学体育教师专业发展过程中的压力

	高级教师		一级教师		二级教师		合计	
	n	%	n	%	n	%	n	%
很大	228	25.33	126	18.42	84	12.73	438	19.52
较大	468	52	324	47.37	312	47.27	1 104	49.20
一般	174	19.33	204	29.82	240	36.36	618	27.54
较小	24	2.67	18	2.63	24	3.64	66	2.94
完全没有	6	0.67	12	1.75	0	0	18	0.80

教师职业压力的来源主要有三个方面，即社会因素、学校因素和个体因素。社会的期望、教育的改革、学校的要求以及教师自身的期望值与现实之间的矛盾，是产生职业压力的主要原因。笔者就我国中小学体育教师专业发展过程中的压力对部分调研对象进行了访谈，究其原因，可归纳为以下几个方面：第一，国家和社会给予的任务重。学生体质状况下降，体育教师肩负着重要的责任，社会对体育教师寄予了较高的希望，试图希望通过体育教师改变这一局面，给体育教师带来了较大的压力。第二，学校对体育教师的专业发展不重视。在应试教育的影响下，大部分学校对体育教学不够重视，对体育教师专业发展的支持力度较小，使得体育教师的专业发展得不到充分的保障，给体育教师带来了一定的压力。第三，新课改对体育教师的专业发展提出了较高的要求。随着基础教育课程改革的进一步推进，体育教师的教学观念、角色、教学行为等均需要发生相应的转变，方能实现教师职业的最终目标。第四，体育教师自我专业发展动力不足。在体育教师的专业发展过程中，被动性（即迫于工作或升职压力）的专业发展突出，而自主的、自觉的专业发展欠缺，大部分体育教师参加进修的原因是为了获得学历或者学校要求。

六、专业发展的影响因素

（一）促进教师专业发展的影响因子

当前，体育教师的个体发展主要途径依旧是一些较为传统的形式，如参加各级各类教学交流活动、阅读专业书刊、观摩公开课、自学参加学历教育、参加教育部门或学校组织的各种培训等。通过对我国中小学体育教师的调研发现（见表4-19），教学经验的积累、教学反思与教学科研在很大程度上促进了体育教师的专业发展，特别是高级教师认为教学反思与教学科研对其专业发展的促进作用比较大；而学校组织的培训、学历进修对教师专业发展的促进作用较小。

表4－19 促进我国体育教师专业发展的影响因子

知识类型\程度职称		5			4			3			2			1		
		高级教师	一级教师	二级教师	高级教师	一级教师	二级教师	高级教师	一级教师	二级教师	高级教师	一级教师	二级教师	高级教师	一级教师	二级教师
教学经验的积累	n	642	510	402	210	162	240	30	12	18	6	0	0	12	0	0
	%	71.33	74.56	60.91	23.33	23.68	36.36	3.33	1.75	2.73	0.67	0	0	1.33	0	0
教学反思与教学科研	n	582	294	258	198	264	282	102	108	108	12	12	6	6	6	6
	%	64.67	42.98	39.09	22.00	38.60	42.73	11.33	15.79	16.36	1.33	1.75	0.91	0.67	0.88	0.91
各级各类教学交流活动	n	432	210	270	342	342	234	108	114	126	18	6	6	0	12	24
	%	48.00	30.70	40.91	38.00	50.00	35.45	12.00	16.67	19.09	2.00	0.88	0.91	0	1.75	3.64
学校组织的培训	n	252	168	186	294	228	234	192	150	150	126	60	42	36	78	48
	%	28.00	24.56	28.18	32.67	33.33	35.45	21.33	21.93	22.73	14.00	8.77	6.36	4.00	11.40	7.27
学历进修	n	186	174	162	264	270	252	276	138	126	120	30	30	54	72	90
	%	20.67	25.44	24.55	29.33	39.47	38.18	30.67	20.18	19.09	13.33	4.39	4.55	6.00	10.53	13.64
专门的新课程改单培训	n	384	264	186	294	252	270	150	102	132	48	24	24	24	42	48
	%	42.67	38.60	28.18	32.67	36.84	40.91	16.67	14.91	20.00	5.33	3.51	3.64	2.67	6.14	7.27
阅读专业书刊	n	210	198	168	414	276	312	162	174	150	102	24	12	12	12	18
	%	23.33	28.95	25.45	46.00	40.35	47.27	18.00	25.44	22.73	11.33	3.51	1.82	1.33	1.75	2.73
听专家讲座	n	330	324	168	348	270	276	180	60	156	24	18	30	18	12	30
	%	36.67	47.37	25.45	38.67	39.47	41.82	20.00	8.77	23.64	2.67	2.63	4.55	2.00	1.75	4.55
与同事(或学生)交流、合作	n	396	276	312	342	282	288	108	108	60	30	12	0	24	6	0
	%	44.00	40.35	47.27	38.00	41.23	43.64	12.00	15.79	9.09	3.33	1.75	0	2.67	0.88	0

（二）阻碍教师专业发展的影响因子

内因是事物发展的根据，外因是事物发展的条件。换而言之，教师专业成长主要是由自身因素所决定的，但外部环境的影响也不能忽略，因为教师的专业发展毕竟是在一定的社会环境中才能进行的。因此，对外部环境中影响因素的分析就具有了极其重要的意义。

通过对我国中小学体育教师的调研发现（见表4－20），56.42%的教师认为行政部门无相关政策支持是其专业发展中面临的最大问题；排在第二位的是工作任务繁重，压力大，占33.16%；排在第三位的是学校氛围不好，占 20.59%；排在第四位的是自身基础薄弱。

表 4 - 20 体育教师专业发展所面临的最大困难

	高级教师		一级教师		二级教师		合计	
	n	%	n	%	n	%	n	%
行政部门无相关政策支持	522	58.00	378	55.26	366	55.45	1 266	56.42
自身基础薄弱	102	11.33	114	16.67	132	20.00	348	15.51
学校氛围不好	150	16.67	156	22.81	156	23.64	462	20.59
工作任务繁重，压力大	414	46.00	180	26.32	150	22.73	744	33.16

通过对我国中小学体育教师的调研发现（见表 4 - 21），上级领导，诸如校长、教研组、教育部门等对体育教师的专业发展影响较大。因为上级领导是体育教师专业发展过程中的保障者，他们积极创造各种有利的条件去满足不同发展层次教师的专业发展需求，切实为教师专业发展营造良好的外部环境。例如，积极为教师专业发展提供充足的物质支持和丰富的信息支持。充足的物质与信息资源，无疑是有利于教师更好地发挥他们的聪明才智，施展他们的抱负，加速他们专业发展的进程的。另外，制订并逐步完善有利于教师专业发展的各种有效可行的激励措施，为教师的专业搭建发展的平台。如在条件许可的情况下，积极支持教师外出学习进修，或接受更高学历的教育；邀请专家为教师开展校本培训，或直接与专家开展合作研究，充分发挥"专家引领"的作用，大幅度地提高教师的专业水平。相对而言，我国中小学体育教师认为同事对其专业发展的影响较小。

表 4 - 21 影响我国中小学体育教师专业发展的影响因子

知识类型 \ 职称 \ 程度		5			4			3			2			1		
		高级教师	一级教师	二级教师	高级教师	一级教师	二级教师	高级教师	一级教师	二级教师	高级教师	一级教师	二级教师	高级教师	一级教师	二级教师
校长	n	390	354	354	324	222	204	162	102	84	18	1	6	6	5	12
	%	43.33	51.75	53.64	36.00	32.46	30.91	18.00	14.91	12.73	2.00	0.15	0.91	0.67	0.73	1.82
同事	n	186	174	126	324	288	348	222	198	138	108	24	30	60	0	18
	%	20.67	25.44	19.09	36.00	42.11	52.73	24.67	28.95	20.91	12.00	3.51	4.55	6.67	0	2.73

（续表）

知识类型\程度职称		5 高级教师	5 一级教师	5 二级教师	4 高级教师	4 一级教师	4 二级教师	3 高级教师	3 一级教师	3 二级教师	2 高级教师	2 一级教师	2 二级教师	1 高级教师	1 一级教师	1 二级教师
教研组	n	384	228	222	318	306	294	138	138	90	48	12	48	12	0	6
教研组	%	42.67	33.33	33.64	35.33	44.74	44.55	15.33	20.18	13.64	5.33	1.75	7.27	1.33	0	0.91
学校管理及学校氛围	n	498	324	294	312	204	204	54	156	138	36	0	18	0	0	6
学校管理及学校氛围	%	55.33	47.37	44.55	34.67	29.82	30.91	6.00	22.81	20.91	4.00	0	2.73	0	0	0.91
教育部门	n	372	288	306	294	228	204	174	144	132	48	24	12	12	0	6
教育部门	%	41.33	42.11	46.36	32.67	33.33	30.91	19.33	21.05	20.00	5.33	3.51	1.82	1.33	0	0.91
教师自身的评价	n	378	246	252	360	324	276	108	96	114	30	11	12	24	7	6
教师自身的评价	%	42.00	35.96	38.18	40.00	47.37	41.82	12.00	12.04	17.27	3.33	1.61	1.82	2.67	1.02	0.91

（三）教师培训对体育教师专业发展的影响

随着素质教育思想、终身教育观念深入人心，以及社会发展对中小学体育教师素质要求的不断提高，体育教师职后培训成为我国体育教师教育的主导潮流，体育教师将有越来越多的机会接受培训。目前，我国体育教师的培训途径主要有：教师进修学院；网络远程教育；教研、科研、学术团体活动；国内外进修、考察等。

通过对我国中小学体育教师的调查结果发现（见表4-22），我国中小学体育教师选择参加在职培训的目的排在第一位的是个人素质的全面提升，排在第二和第三位的是及时解决教育教学中的实际问题、有新的充电机会。这一现象表明，我国中小学体育教师参加在职培训的目的和态度是积极的。在基础教育课程改革的进程中，新的教学理念、教学方法等促使体育教师对自身教育教学能力提高需求的增强。因为体育教师只有不断提升自己的业务能力，才能胜任体育教师这一职业。因此，体育教师参加教育培训的目的更多地指向了提升自身的专业化水平，更多地关注了培训对自身发展的帮助。排在第四位的是建立更多的人脉关系。排在第五位的是晋升职称，这一现象说明职称与晋升也是体育教师比较关注的问题。且初级职称和中级职称的教师相对高级职称的教师来说，更关注这一问题。

表4-22　培训对我国中小学体育教师的影响

	高级教师		一级教师		二级教师		合计	
	n	%	n	%	n	%	n	%
个人素质的全面提升	762	84.67	522	76.32	468	70.91	1 752	78.07
及时解决教育教学中的实际问题	756	84.00	462	67.54	446	67.27	1 664	74.15
有新的充电机会	606	67.33	498	72.81	414	62.73	1 518	67.65
调入更好的学校	30	3.33	84	12.28	96	14.55	210	9.36
晋升职称	108	12.00	144	21.05	192	29.09	444	19.79
建立更多的人脉关系	354	39.33	192	28.07	252	38.18	798	35.56
缓解工作压力	174	19.33	120	17.54	60	9.09	354	15.78

七、教师自我评价

教师自我评价是教师评价的重要组成部分，是评价对象依据评价原则，对照评价标准，主动对自己的工作表现作出评价的活动。它是一个批判反思的过程，更是一个自我提高的过程。教师的自我评价对提高教师素质、提高教育质量有着重要作用，是实施教师终身教育、促进教师专业发展的根本措施之一。本研究主要针对体育教师应具备的素质对体育教师进行了调查。

通过对我国中小学体育教师的调查结果发现（见表4-23），高级教师认为最欠缺的专业素质是教学研究能力；其次是课程开发与设计知识；第三是体育学科理论知识。一级教师认为最欠缺的专业素质是教学研究能力和课程开发与设计知识；其次是现代教育技术能力；第三是教学方法和技术知识。二级教师认为最欠缺的专业素质是课程开发及设计知识；其次是现代教育技术能力；第三是教学研究能力。在认为自己不欠缺的专业素质中，高级教师、一级教师和二级教师均认为教学表达及师生交往能力最不欠缺；其次是课堂组织和管理能力；第三是教师个人实践经验。

表 4-23 我国中小学体育教师自认为欠缺的专业素质

知识类型	程度/职称	5 高级教师	5 一级教师	5 二级教师	4 高级教师	4 一级教师	4 二级教师	3 高级教师	3 一级教师	3 二级教师	2 高级教师	2 一级教师	2 二级教师	1 高级教师	1 一级教师	1 二级教师
体育学科理论知识	n	180	66	102	198	78	48	330	426	444	102	30	12	90	84	54
体育学科理论知识	%	20.00	9.65	15.45	22.00	11.40	7.27	36.67	62.28	67.27	11.33	4.39	1.82	10.00	12.28	8.18
运动技能知识	n	102	48	66	156	36	30	342	318	360	114	72	42	186	210	162
运动技能知识	%	11.33	7.02	10.00	17.33	5.26	4.55	38.00	46.49	54.55	12.67	10.53	6.36	20.67	30.70	24.55
一般科学文化知识	n	66	78	60	108	30	54	342	324	348	216	84	30	168	168	168
一般科学文化知识	%	7.33	11.40	9.09	12.00	4.39	8.18	38.00	47.37	52.73	24.00	12.28	4.55	18.67	24.56	25.45
教育学及心理学知识	n	102	72	84	144	72	36	360	354	384	156	72	42	138	114	114
教育学及心理学知识	%	11.33	10.53	12.73	16.00	10.53	5.45	40.00	51.75	58.18	17.33	10.53	6.36	15.33	16.67	17.27
教学方法和技术知识	n	126	96	120	180	54	42	234	342	348	156	42	12	204	150	138
教学方法和技术知识	%	14.00	14.04	18.18	20.00	7.89	6.36	26.00	50.00	52.73	17.33	6.14	1.82	22.67	21.93	20.91
课程开发及设计知识	n	204	150	216	222	72	24	312	372	354	78	60	12	84	30	54
课程开发及设计知识	%	22.67	21.93	32.73	24.67	10.53	3.64	34.67	54.39	53.64	8.67	8.77	1.82	9.33	4.39	8.18
教师个人实践经验	n	102	84	78	120	24	48	252	246	318	120	78	12	306	252	204
教师个人实践经验	%	11.33	12.28	11.82	13.33	3.51	7.27	28.00	35.96	48.18	13.33	11.40	1.82	34.00	36.84	30.91
课堂组织和管理能力	n	96	48	72	108	48	42	186	234	294	156	60	30	354	294	222
课堂组织和管理能力	%	10.67	7.02	10.91	12.00	7.02	6.36	20.67	34.21	44.55	17.33	8.77	4.55	39.33	42.98	33.64
教学表达及师生交往能力	n	102	66	48	96	54	60	216	156	294	144	84	24	342	324	228
教学表达及师生交往能力	%	11.33	9.65	7.27	10.67	7.89	10.00	24.00	22.81	44.55	16.00	12.28	3.64	38.00	47.37	34.55
教学研究能力	n	222	150	138	234	54	60	282	342	402	72	24	24	90	114	36
教学研究能力	%	24.67	21.93	20.91	26.00	7.89	9.09	31.33	50.00	60.91	8.00	3.51	3.64	10.00	16.67	5.45
现代教育技术能力	n	66	114	144	252	60	36	402	354	366	108	54	12	72	102	102
现代教育技术能力	%	7.33	16.67	21.82	28.00	8.77	5.45	44.67	51.75	55.45	12.00	7.89	1.82	8.00	14.91	15.45
自学能力	n	48	72	66	132	66	42	324	252	342	150	132	12	246	162	198
自学能力	%	5.33	10.53	10.00	14.67	9.65	6.36	36.00	36.84	51.82	16.67	19.30	1.82	27.33	23.68	30.00

第三节　不同发展阶段体育教师的专业发展特征

根据教师专业发展特征，结合调研对象职称情况，本研究将体育教师分为初级体育教师、中级体育教师和高级体育教师三个阶段分别描述其专业发展特征。

一、初级体育教师特征

"尽管学生的课桌和教师的讲台之间，只有很短的一段距离；但当学生角色向教师角色转变时，其可能有一段很长的心理距离。"[1] 初任教师进入新环境、新文化时，会遭遇到孤独感和不安全感。在实际的教学过程中，教师的工作本身处于"分隔的教室空间、教学时间、课表"，使得教师总处在各自为政的孤独中。[2] 研究表明，除了角色变化给初任教师带来一定的困境外，更多的困境主要体现在专业知识、专业能力层面，如初任教师在面对课堂教学和学生的问题时所遭遇的一种无力和无措。维恩曼（Veenman）的研究认为，初任教师的专业困境主要体现在课堂纪律的管理问题、学生评价、与家长沟通的困难、教学资源的开发利用问题、课程准备时间不够、与同事的关系问题等方面。[3] 瓦利（Valli）[4] 认为，初任教师最为棘手的问题有：一是教师角色转变（transfer）问题，初任教师由于刚走上工作岗位，缺乏课堂教学经验，导致其常常疲于应付学生的纪律等问题，由此会忽视对学生学习的关注。由于教学经验的匮乏，初任教师在此阶段的教学方式往往采用其学生时代所遇到的教师的教学方式。二是教师教学技术（technique）问题，初任教师为了尽快适应课堂教学而将有经验教师的教学简化为几条所谓的"规则"或者"技术"，并以此来指导自己的教学。但这种做法可能导致

---

① Fessler, R., Christensen, J. C.. 教师职业生涯周期：教师专业发展指导［M］. 董丽敏，高耀明译. 北京：中国轻工业出版社，2005：60.

② Feiman-Nemser, S., Floden, R. E.. The Culture of Teaching. M. C. Wittrock（Ed.）. Handbook of Research on Teaching（3rd ed.）［C］. New York：Macmillan, 1986. 505 –525.

③ Veenman, S.. Perceived Problems of Beginning Teachers［J］. Review of Educational Research, 1984, 54（2）：143 –178.

④ Valli, L.. Beginning Teachers：Areas for Teacher Education Improvement［J］. Action in Teacher Education, 1992, 14（1）：18 –25.

初任教师产生一种误解,"教学工作只不过是一种技术工作"。而这种误解可能对初任教师长期的专业发展产生持续的不良影响。通过对初任体育教师的专业发展现状的调查结果表明,其专业发展主要体现了以下几个方面的特征:

(一) 知识面广而新,但知识结构不牢固

实践性知识是一种缄默性知识,并不是理论性知识的简单迁移。在高等教育大众化的背景下,中小学初任体育教师基本毕业于高校体育教育专业,受过良好的教育。通过体育教育专业的学习,掌握了一定的教育理论基础知识和体育专业知识和专业技能。但在实际教学过程中,初任体育教师发现课堂教学与理想有所差距,专业知识丰富、专业技能突出和能否胜任体育教学是有区别的。例如,在《体育课程教学论》中提出,在体育教学过程中,师生之间应当展开对话;在《体育与健康课程标准》中,强调体育教学应以学生为主体。但在实际教学过程中,许多体育教师故步自封、墨守成规的教学经验,足以应付应试教育环境。初任体育教师尽管在学生时期了解和学习了有关体育教学的教育理念,但缺乏锻炼的机会,往往与实践相脱离,使得自身并不懂得如何在体育课堂教学中落实教育理念,改进体育教学。初任体育教师对学生的了解不够深入,致使其不能将所教知识与学生已掌握知识和今后要学习的知识相联系,不能把握所教知识在实际应用中应当注意的问题,缺乏对学生的认知特点、知识储备等情况的了解,导致教学设计缺乏灵活性、针对性和预见性,也就是缺乏对所学理论性知识的转化和运用。于是,初任体育教师开始怀疑并逐渐放弃以往的理论认识,转而简单模仿,从而失去自我的教育个性思考,进而缺失教育思想和理念。

(二) 专业技术水平过硬,但专业能力不适应

美国学者 D. John Mclntyre 在《教师角色》中的一个案例可以很好地说明初任教师所面临的境况:"作为一个工作第一年的教师,我被纪律问题弄得极为苦恼。我努力想成为一个好教师,被学生喜爱,我一直在等待,没有进行干预,直到整个情形无法控制。我的班级在我的控制之外,我恨我的工作。学生的行为是这样的糟糕,以致我精心设计的课程也走样了。当我将我的学生与其他教师的学生进行比较时,我自己明白其他教师的学生具有更好的课堂。我不敢询问他们是怎样管理他们的课堂的,怕被认为缺乏能力。"①

---

① Feiman-Nemser, S., Floden, R. E.. The Culture of Teaching [A]. M. C. Wittrock (Ed.). Hand-book of Research on Teaching (3rd ed.) [C]. New York: Macmillan, 1986. 505–525.

在专业技能方面，初任体育教师表现出不适应的症状，主要表现为，入职前在课堂里获得的有关体育课堂教学、体育课余活动的组织等教育理念看上去很美，但不能指导实践。沮丧、无力感随之而来，部分教师甚至开始怀疑自己是否适合这个职业。由于不能顺利地开展体育课堂教学和体育课余活动，时不时出现令人揪心的安全威胁，集体教学活动也因此不能维持常态，目标难以达成，其教学过程往往用他学生时代所遇到的教师的教学方式来教自己的学生。这就是中小学体育教师陷入专业能力困境的典型表现。

（三）专业理想较高，但职业认同危机，人际交往受挫

教师职业认同是教师专业化发展需要奠定的心理基础。通过研究发现，在应试教育背景下，学校领导、部分教师和家长都过分看重孩子的语、数、外成绩，认为体育老师与重点科目的老师不是一个档次，致使初任体育教师的职业认同感偏低。具体来讲，主要体现在以下几点：其一，传统文化和社会舆论对体育教师的认可度较低；其二，体育教师个人的专业认同感和幸福感较弱；其三，在应试教育主导下的体育教师角色竞争力相对较弱。

埃里克森（Erikson）认为，成人早期面对的主要任务是与他人发展成为友爱亲密或孤僻疏远关系的关键期。如果初任教师此时不能够与同事群体顺利地建立起亲密的关系，那么日后在学校环境内，不免会感到孤立而不能融入群体。在隔离型的教师人际关系背景下，教师之间相互观望，疏于合作，缺少积极的沟通和交流。初任体育教师在工作环境中的交际范围十分有限，一般仅与同年级、同一教研室、同时入校的同事交往。这些交往大多是教学工作互助的沟通和学校常规活动的参与，缺乏与学校教师群的人际互动和深层交往，缺乏对校园文化的认识和适应。学校的竞争氛围，又使得初任教师形成自我封闭的人际交往。当面临问题时，初任体育教师担心请求帮助会遭拒绝或轻视，而其他教师素来以独立的方式进行工作，一般不会主动帮助初任体育教师。由于极少得到感情支持或有经验的同事的帮助，使得初任体育教师普遍具有"边缘人"的尴尬和无奈。

（四）专业自主性较差，教学科研意识淡薄

我国《教师法》赋予了教师教育教学权、科学研究权、管理学生权、获取报酬待遇权、民主管理权和进修培训权等，但通过对我国初级职称体育教师的调研发现，初级职称体育教师的专业自主性并不高。大部分教师习惯于将职业生涯中的主要任务理解为"教学"，即按照课标、教材、教参等去

教，而很少思考或研究为什么这样教，怎样教会达到更好的效果。体育教师专业自主性差导致了体育教师的教学活动缺乏主体意识和自主意识，影响了体育教学质量。

此外，初任体育教师的教学科研意识淡薄。在调研中发现，大部分初任体育教师未进行过教学科研，仅少部分初任体育教师尝试进行教学科研，科研积极性不高。且在此过程中缺少反思性教研，科研效果不明显。

二、中级体育教师特征

中级职称体育教师处于职业生涯的中期，它时间跨度长（长达20年或更多），期间富于变化，专业成功与职业危机常交替出现。调研结果表明，中级体育教师的专业发展特征主要表现在以下三个方面。

（一）专业品质优良，但部分教师专业理想动摇

通过多年的教学工作，中级体育教师对体育教师职业的认识更加深刻，对体育教学的理解进一步加深，已形成了自己的一套相对完整的教育理念。在日常的教学工作中，能不断更新自己的教育理念，接受新的知识。同时，部分教师对自己有较强的认同感、自我满足感、自我信赖感和自我价值感。但也有部分中级体育教师因个人梦想和现实成就存在相当的差距，使他们对自己的专业信念发生动摇。这一现象通常会引发两种反应：其一，教师在对自己产生怀疑时，迅速重新认识自己，并在此过程中产生新的抱负和成功的标准，反思自己当前所从事的教师这一职业，是否存在个人职业理想从未得到满足的情况，如果答案是肯定的，也许会产生追寻新的工作或职位的念想，那么此时学校将面临着经验丰富的团队或教学骨干流失的局面；其二，当处于职业中期的教师意识到自己能力和地位有所下降时，常会出现抑郁忧虑的心态。在社会竞争日益激烈以及家庭负担不断加重的时期，中级教师时常感到自己没有时间和精力去掌握现代社会发展所要求的各种技能，再加上新进教师无形中产生的压力，这些个体会担心适合自己的职位和工作越来越少了。

教师职业，具有更明显的重复性，中级体育教师已基本掌握了体育教学及体育训练的基本技能并拥有了丰富的教学经验，如果缺乏专业引领，很容易对体育教师这一职业产生倦怠。此外，随着社会的发展，基础教育的改革，终身教育的深入人心，对教师提出了新的要求，要求教师处于不断的学习和发展之中，[①] 对于生活繁重、精力有限的中年教师来讲，无疑是沉重的

---

① 吴惠青.论教师个体的生存方式 [J].教育研究，2003 (6)：44.

负担，进一步加重他们对自身的怀疑和对职业的忧虑。这也是中级体育教师在再次职业选择中，选择"不会选择体育教师或不清楚是否会选择体育教师"的比例为最高的原因之一。

（二）娴熟的专业知识

专业知识是中小学体育教师从事高质量体育教学活动的基础。随着知识经济时代的到来，知识量的剧增和知识更新速度的加快，教师必须不断地更新现有的专业知识；同时，学科交叉且相互渗透以及基础教育学科综合发展的态势，又要求教师要不断地拓宽知识渠道，加快信息获取速度，以形成较好的认知结构。通过对中级体育教师的调研发现，我国中小学体育教师已具备了娴熟的专业知识结构，主要呈现出以下结构特征：个人实践知识在整个知识组成中占有最高的比例，一般教学法知识、学科教学法知识和专业学科知识居中，而普通文化知识的比例最低。具体来讲，体现在以下三个方面：一是个人实践知识丰富，能够灵活自如地开展教学工作；二是一般教学法知识和学科教学法知识基本够用，但需要及时补足；三是普通文化知识和专业学科知识明显陈旧，急需尽快更新。

（三）职业能力逐渐成熟，积累了相当丰富的教育教学经验

中级体育教师在积累了多年的教学经验，掌握了一系列的教学方法和教学技能后，能够根据教学目标、学生的学习特点和具体的教学情境，灵活地运用教学技术和方法，并且开始寻求更为恰当的教学技巧和新教法，以满足不同学生的需要。随着教育经验的累积，在教学过程中，不同程度地具有了较强的对课堂情形的认知能力，能够通过观察学生的状况，了解学生的学习进展情况，甚至可以通过学生在学习时表现出来的满足、兴奋等信息来调控课堂，能够高质量地完成体育教学工作，并努力进行教育教学创新，在体育教学改革、校本课程研究等方面成绩较为显著。

三、高级体育教师特征

（一）具有优良的知识结构

高级职称的体育教师经过多年体育教学经验的积累和不断的学习积累，在该领域中具备的知识较他人而言更丰富，解决体育教学领域中的问题较他人更有效。斯滕伯格认为，高级职称教师的知识是以命题结构和图式的形式出现，比初级职称和中级职称教师的知识组织得更完整，因而在遇到问题时，能及时、有效地解决好，这也是导致高级职称教师的教学能力明显优于

初级职称教师和中级职称教师的原因之一。同时，高级职称教师的教学常规工作程序已处于高度熟练的状态，达到自动化的水平，基本不需要意识控制，而这正是初级职称教师所缺乏的。① 另外，高级职称教师具有良好的策略性知识，而初级职称教师缺乏或不会使用这类知识。② 如在允许学生提问以及由提问导致讨论的情况下，高级职称教师能使教学顺利进行，实现预定教学目标。初级职称教师则相反，当学生提出他们事先没有考虑到的问题时，他们不仅回答的内容缺乏内在联系，而且无法使课堂教学按原计划进行。除了拥有这些丰富的知识外，高级职称教师还能将这些广博的、可利用的知识灵活地组织起来运用在教学实践当中。

（二）娴熟的专业技能

随着教师的专业成长，体育教师的各种专业技能也逐步趋于熟练。首先，具备了高效的课堂管理专长，在体育教学过程中，能预防和迅速消除课堂不良行为，能创造良好的课堂氛围，促进教学高效地进行；其次，具备了较强的诊断能力，能够获得关于全部学生或者个别学生的信息状况，包括学习要求、学习目标、学习能力、现有的学业水平、学生的强项与不足，并能根据学生的实际情况及时调整自己的教学方法或训练方法，以促进所有学生的发展为目标；第三，具备了娴熟的本学科的教学策略和教学方法，具备计划、监控、控制、评价、应变的能力，能够把课程内容根据学生的需求转化为可操作的方式传递给学生，并且是高效的。

（三）完善的专业情操、不断提升的专业自我

高级职称的体育教师在日常的工作中能以积极的方式看待自己，能够准确地、现实地领悟到自己所处的环境，对自己具有深切的认同感、自我满足感、自我信赖感和自我价值感。通过调研发现，高级职称的体育教师在日常的工作中能不断优化自身的知识结构，能主动更新体育教育教学理念并付诸实践，深入体育教学研究，形成独特的教学思想和教学风格，全面提升自身的专业品质。在日常工作中，能发挥领导角色，引领体育教学团队的专业研讨活动，为其他教师的专业成长提供指导与帮助。

---

① 连榕，孟迎芳. 专家—新手型教师研究述评［J］，福建省社会主义学院学报，2001（4）：71.

② C. Livingston & H. Borko. Expert-Novice Differences in Teaching：A Cognitive Analysis and Implications for Teacher Education. Journal of Teacher Education，1989（4）：36–42.

第四节　教师专业发展的反思

一、社会地位不高，影响教师专业发展

当前，我国中小学体育教师专业地位偏低，归其原因，主要有以下几个方面：第一，在应试教育背景下，体育教师在学校中的专业性没有其他诸如语文、数学、英语等学科一样受到重视，体育教师承受的工作任务与他们的声誉、收入等较其他学科都存在一定的差距；第二，体育教师自身的专业素质与水平也在一定程度上影响了在他人眼中的专业形象，致使目前体育教师专业化地位偏低，不如其他学科；第三，实施多年的教师资格条例未能很好地把控体育教师的"入门关"，致使一些未经过系统学习，但通过资格考试的人员进入体育教师队伍，加之教师资格条例对教师的入职资格要求较低，不能较好地遴选教师进入体育教师队伍，出现目前任何人都可以担任体育教师一职的现象，从而影响了体育教师的专业地位。由于体育教师地位不高，在一定程度上影响了体育教师的专业发展。

二、教师专业发展意识淡薄，自主性不强

体育教师社会地位偏低，工作任务繁重，压力偏大，导致其专业发展意识普遍不强，自主性差，不能对自己的职业生涯进行合理规划和管理。因此，在教学、科研等方面，教师多是为达到某种规定的标准而被迫参加，缺乏自主意识的被动发展势必影响专业发展的速度和水平。此外，受社会舆论和传统价值观的影响，体育教师缺乏教师角色的认同感和职业自豪感，部分教师甚至出现了职业倦怠现象。在这种情况下，教师的自主专业成长更是空谈。这种现象也势必会造成教师的专业发展受阻，难以跟上科技、知识、社会发展的步调。

三、部分教师专业理想缺失

教师专业理想是教师专业素质的核心和灵魂，是支撑教师专业成长的内在驱力，也更有职业发展的规划和精心设计。通过对我国中小学体育教师的调研发现，在就业压力逐步增大、物质利益诱惑等相关背景下，部分教师的

择业目标、价值取向均发生了变化，而这种内在的变化逐渐转变为影响教师工作方式的动因，其主要表现为：其一，迫于无奈选择了体育教师这一职业，这部分教师对体育教育事业缺乏热情，仅以这一工作为谋生的手段，进而对自身专业发展也无规划；其二，体育教师的专业地位低下，促使部分体育教师价值取向发生变化，在教学中表现出得过且过的状态。总之，部分体育教师专业理想的缺失严重影响了其个人的专业发展，同时也影响了整个体育教师队伍的良好发展。

四、新教师知识结构不合理，理论与实践相脱离

从我国中小学体育教师专业发展现状的调研结果来看，我国体育教师教育课程设置内容与基础教育相偏离。体育教师在接受职前教育期间，主要学习相关理论基础知识和运动技能知识。由于高校只负责学生在校期间的学习，学生参加工作后的发展与高校并无直接性的联系，导致高校对基础教育的关注力度不够，对社会需求的变化反应迟钝，不能及时、主动地根据社会发展、经济发展和教育发展状况作出相应的调整。这一现象也致使高校培养的"新教师"不能很好地适应基础教育改革和发展的需要。而职后的培训中也存在着以下问题：教育理念培训多，技术辅导少；宏观培训多，微观培训少；单向灌输多，交流互动少；培训后的反馈多，跟踪指导少等。不能满足基础教育阶段体育教师的成长需求。

五、教学研究现状不容乐观

教育科研意识的强弱与教师对教育科研价值的认识及自身教育科研素质紧密相关。虽然大多数教师能够认识到教育科研价值和实践意义，但我国中小学体育教师教学科研不论在思想上还是在行动上都还滞后于教育教学改革的发展步伐，教师教育科研现状不容乐观。分析其原因，主要有：第一，我国中小学体育教师问题与研究意识总体比较淡薄，导致开展教育科研的能力欠缺；其次，受传统教育观念的影响，加之教育科研与教师职称晋升方面的政策失衡，不少教师认为教学是最重要的，因此对教育科研工作缺乏主动性和广泛参与性；第三，我国中小学体育教师的教育科研保障条件缺乏，现实中存在的科研经费欠缺、制度不完善、激励机制不健全等问题严重影响了学校教育科研的顺利开展。

六、教师专业发展缺乏保障机制

实施教师资格制度是国家依法治教，使教师的任用走上科学化、规范化和法制化轨道的前提，是依法管理教师队伍、把好教师队伍入口关，从根本上提高教师队伍整体素质的法律手段。目前，我国尚未针对某一具体学科制定教师资格标准，且目前使用的资格考核标准无法具体引领教师的专业发展，与教师的专业化发展存在较大的差距。此外，教师素质的提高缺乏有效的专业支持和鉴定。我国在职教师进修与提高也像教师资格认定一样有了一定的制度保障，但缺乏专业支持，这就在一定程度上限制了教师专业化的进程。首先，我国现有的教师培训制度，只能够在一定程度上保证部分教师每隔几年有机会参加一定时间的各种形式的学习，而无法保证每一个在职教师每隔几年都有机会接受各种培训，这就限制了整体教师队伍素质的提高；其次，从培训的内容和形式上来看，即使是由教师培训专门机构提供的培训，由于没有标准参照系，在培养计划中很难全面体现教师专业目标的要求，还是依传统的教师观去设计教师培训的方案，专业训练仅限于开设数量相当有限的教育学科课程与教育实习课程。这种"拼填式"结构的课程根本体现不了教学专业化的要求，真正的专业提高很难实现。

七、教师专业发展缺乏有利的环境支持

体育教师作为整个社会系统的一份子，其专业发展离不开整个社会外部环境的支持，良好的外部环境是教师专业发展的重要保障。有关学者曾针对外部环境对个人和全体发展的影响进行了深入研究。研究认为，学校的管理制度和管理者工作作风，对体育教师的专业成长起到至关重要的作用。如果缺乏有利的环境支持，教师的专业发展将受到各种各样的阻碍，尤其是来自教师个人心理和情绪意愿的阻碍。实践证明，教育行政部门及学校领导和管理人员的领导方式、态度是构成教师自主专业发展的重要的外部条件。目前，体育教师管理中存在的问题是：缺少良好的外部环境，教师专业发展的思路狭隘，忽视了教师专业发展的内在需求。在应试教育背景下，由于体育学科的不受重视，致使管理者对体育教师的专业发展也不够重视，物质保障和精神保障均有所缺失，未能为体育教师的专业发展提供良好的外部环境，进而造成教师自主专业发展的积极性和主动性不高。

八、教师专业发展的评价机制不健全

目前，我国体育教师专业发展评价主要采用的是管理性评价模式，仍以奖惩性评价为主。对体育教师的评价主要通过考察体育教师的教育教学表现，并依此对教师的晋升、加薪等作出决定。这种评价注重的是终结性评价，而非过程性评价，评价的方式比较单一，多以奖惩为主，不仅不能有效引导和激励教师发展，反而会加重教师的负担、挫伤教师工作的积极性。从评价的主体来看，评价主体基本以领导者或管理者为主，同行教师的评价较少，评价主体单一。从评价关系来看，评价者常以居高临下的姿态评价受评者，而受评者也往往以应付各种评定和检查的心态来对待学校管理者的评价。因此，这种评价不仅造成了教师与管理者之间的隔阂和矛盾，也使评价流于形式，不利于教师积极主动地进行专业发展。从评价结果来看，评价者仅以结果判定教师的晋升或降级，而未将评价结果反馈给被评价者，进而帮助其专业成长。总体来看，当前的体育教师专业发展评价机制难以引领体育教师的专业发展。

第五节　教师专业发展的促进策略

一、终身学习——教师专业发展的前提条件

教师的素质，是在先天遗传的基础上，主要通过后天的学习得来的。由于知识增加的速度和更新的速度加快，对教师素质的要求也不断变化，这就提出了终身学习的必要性。终身学习是时代发展的要求，也是教师职业特点所决定的。教师必须树立终身学习理念，拓宽知识视野，更新知识结构；潜心钻研业务，勇于探索创新，不断提高专业素养和教育教学水平。

二、行动研究——教师专业发展的实践平台

行动研究是美国著名学者柯利尔（Collier，J.）提出的，它是一种以参与、合作为特征的研究方式。行动研究强调由实际工作的人员在实际的情境中进行研究，并将研究结果在同一个情境中进行应用。例如，体育教师可以根据体育课堂教学中存在的实际问题展开系列研究，并将研究结果直接反馈

到课堂中加以检验。行动研究的目的有：一是帮助实践工作者省察他们自己的教育理论与其日复一日的教育实践之间的联系；二是将研究行为整合进教育背景，以使研究能在实践的改善中起着直接而迅速的作用；三是试图通过帮助实践工作者成为研究者，克服研究者和实践者之间的距离。

体育教师可针对基础教育课程改革中的焦点问题和体育教育教学中面临的各种问题开展行动研究。一线教师和学校管理人员在教育专家和专业研究人员的指导下，面向学生、面向教育实践提出问题，确定研究目标，制定研究计划和研究方案；然后实施研究计划；最后得出解决问题的有效途径，并将其反馈到教学当中。实践表明，行动研究是促进教师专业知识和自身素质成长的有效途径。

三、教学反思——教师专业成长的重要途径

教学反思，是教师通过对其教学活动进行的理性观察与矫正，从而提高其教学能力的活动，是一种分析教学技能的技术。它是促使教师的教学参与更为主动、专业发展更为积极的一种手段和工具，是改进教学、促进教学质量提高的有效途径。教学反思是集回忆、思考、评价于一体的活动，是对已经发生的教学内容、教学手段、教学方法、教学组织等教学活动的反馈，主要是为了思考、反省、探索体育教学过程中存在的问题，并加以修正。教学反思要求体育教师在实践中反思自身教学过程中的内容和结果，也可反思他人的教学过程，通过体育学科相关理论知识，深刻分析其背后所蕴涵的理论原理，进一步提出解决问题的途径，并在实践中进行检验，不断发展。也就是学习、实践、交流讨论，再实践、再学习、再交流讨论的一个过程。其主要方法有反思随笔、反思日记与反思教案。体育教师的教学反思是体育教师专业成长的重要环节之一，体育教师在不断反思与探究的教学过程中提升自己的专业水平和教育教学能力，这既是基础教育课程改革的需要，也是体育教师自身发展的需要。

四、同事互助——教师专业成长的有效方法

同事互助是教师专业发展的一项有效途径。同事互助有助于突破教师之间的相互隔绝，形成一种相互协作、相互支持、相互促进的新型的学校文化，而这种新型的学校文化又能有效地促进教师在互补共生中成长。同事互助是两个或多个教师同伴一起组成的伙伴关系，它立足于教学实践，其价值

诉求在于通过指导，解决实际问题；它倡导协作交流与互动，是教师共同进步的一种手段；它的最终目的是让教师改进或建构新技能，提高教学绩效。同事互助具有互惠的共同体、交互活动和多元化评价等特征。同事互助的形式可以多样，如学校组织教师进行各种形式的教学研讨，集体备课，参加教研沙龙等，教师主动与教学伙伴（或学校管理者、同仁、专家）进行研讨。通过同事互助这一途径，不仅可以帮助教师提高自身的专业素质，也可有助于教师间营造良好的人际关系。

五、专业引领——教师专业成长的重要条件

随着国际教师教育标准本位主义思潮的发展，教育发达国家纷纷制定了一系列的专业标准以运用于教师的资格认定、职级晋升、表现评价等领域，引领教师的专业发展。国外实践证明，教师专业标准的实施确实在规范、引导教师的专业伦理、专业知识、专业表现、专业自律等方面发挥着重要作用。经过 20 多年的发展，一系列教师专业标准的制订、实施和完善，已成为促进教师发展的一种制度和推动力。我国在借鉴国外教师专业标准的基础上，于 2011 年底颁布了《幼儿园、中学、小学教师专业标准（试行）》，但尚未针对某 学科研制具体的教师专业标准。体育教师专业标准的缺失无疑已经成为体育教师专业化发展的瓶颈。一方面，国家宏观的教师认证标准难以涵盖体育教师的专业特点；另一方面，体育教师的专业发展也缺乏可资参考的目标依据。这种双重缺失直接导致的是体育教师教育领域的双重无序——体育教师岗位聘任无序及体育教师专业发展无序。体育教师专业标准研究正是对体育教师专业性的深度探求。它既是提高体育教育质量的需要，也是体育教师职业可持续发展的制度保证。在这样的背景下，构建我国体育教师专业标准已显得迫在眉睫。

第五章
构建我国体育教师专业标准的理论基础

目前，国外教育发达国家对体育教师专业标准的研究已开始关注相关理论研究的影响，并将它们逐步作为体育教师专业标准进一步改革和发展的理论基础和依据。构建我国体育教师专业标准，涉及教师专业发展阶段如何划分、不同发展阶段体育教师的具体目标或任务如何确定等方面的问题。本章针对上述问题进行了系统的分析和梳理，提出了构建我国体育教师专业标准的相关理论基础、价值取向、主要依据、指导思想、原则和程序等。

第一节　构建我国体育教师专业标准的价值取向

一、为引领体育教师的专业发展服务

教师专业化的根本路径在于教师能够进行专业自主发展，而自主发展需要有正确的专业发展方向、合理和切实可行的专业发展设计以及自我评价的依据。好的教师专业标准可以满足上述需求。体育教师专业标准能够实现对体育教师教学的专业引领，为体育教师专业自主发展提供可能；体育教师专业标准可以为体育教师如何才能胜任体育教师实践工作提供一个清晰的表达；体育教师专业标准亦可指导体育教师的教学实践，而且体育教师可以根据标准的要求对自己的专业发展进行短期规划，为自身的专业发展设立短期目标，从而成为自身专业发展的主体。

二、为体育教师行为提供规范

体育教师专业标准是涵盖多个不同发展阶段教师的专业标准，也是一种

质量标准，并且是一种作为不同发展阶段体育教师的底线或起码的标准，即最低的标准，体现不同发展阶段体育教师应该具备的知识、能力与品质等方面的基本要求。在专业化思想引领下，将专业内涵渗透到体育教师教育课程中，并通过体育教师入职资格制度选拔合格的候选人进入体育教师队伍，为体育教师专业设定更为明确、具体的准入门槛，改变当前体育教师资格认定因缺乏明确、具体的考核指标而简单化和形式化的状况，从"入口"为体育教师队伍质量的提高提供保障。

三、为体育教师的教学提供指导

体育教师专业标准是一种为体育教师的教学提供指导的标准，为体育教师教学的各个环节提供指导，其中包括教学计划、教学组织、教学评价、教学反思等环节。标准应对体育教师在各个教学环节的行为提供规范，并为教师反思自身教学实践提供依据。教学反思是教师发展的内在动力。自身教学实践有什么优点或缺点，教学水平应该达到何种程度，这一系列问题均需要教师专业标准为其提供依据。因此，体育教师专业标准应为体育教师的教学实践提供服务，为高质量的体育课堂教学提供保障。

四、为体育教师专业地位的提升和公共形象的改变服务

我国中小学体育教师的社会地位一直以来都较低，整体职业的公共形象表现得相对缺乏挑战性和吸引力。因此，从事体育教师工作的往往是学业不优秀的人，并且许多父母都不鼓励成绩优秀的学生从事体育教师工作。通过构建我国体育教师专业标准，对体育教师的学历、知识、技能、品质等均进行严格规定，改变以往体育教师可以随意替代的现象，严格把好体育教师的入口关，减少不合格体育教师进入教师队伍。

从专业角度提升中小学体育教师职业素质和资格标准，进而加强体育教师的社会地位和职业竞争能力，构建起体育教师就业市场规范运行的核心机制，改变人们对于体育教师传统角色和价值的观点，树立一种新的体育教师形象。

五、为体育教师培养机构和培训组织提供必要的参照

在高等教育大众化背景下，许多高校在获得一定学科自主设置权限时，盲目向综合性大学靠拢而设置了体育教育专业，但由于缺乏体育教师培养的

依据，即缺乏体育教师专业标准。培养标准的缺失必然导致专业培养乏力。因此，建立体育教师专业标准，通过一系列目标明确、具体可行的指标勾勒出对合格的未来体育教师的要求，可为教育机构的人才培养、体育教师资格认定以及聘任提供参考依据，从入职源头保证了体育教师的质量和专业化水平。

第二节　构建我国体育教师专业标准的主要依据

一、政策法规依据

新中国成立以来，为了规范教师队伍建设，我国颁布了若干关于教师的法律法规和政策，如《中华人民共和国教育法》《中华人民共和国教师法》《中华人民共和国义务教育法》《教师资格条例》《中小学教师职业道德规范》《国家中长期教育改革和发展规划纲要（2010—2020）》《幼儿园教师专业标准（试行）》《小学教师专业标准（试行）》《中学教师专业标准（试行）》等。其中《中华人民共和国教师法》对教师的定位、资格、权利、义务作出了明确的规定，《中小学教师职业道德规范》对教师的职业道德提出了明确的要求，《教师专业标准（试行）》对教师的基本规范和应具备的素质提出了明确要求。这一系列法规和政策为制定体育教师专业标准提供了较为全面的政策依据。

二、理论依据

当前，制定教师专业标准既是国际教育改革与发展的趋势，也是促进教师发展的重要举措。本文针对美国、英国、澳大利亚、日本、新西兰五国的（体育）教师专业标准进行了系统的分析，寻找可资借鉴的依据。总体来看，各国教师专业标准均依据教师专业发展论、全面质量管理理论、教师素能理论等相关理论。

（一）教师专业发展论与体育教师专业标准

1. 教师专业发展理论概述

教师专业发展是一种包括教师职前教育、教师入职教育与教师在职教育的持续历程。职前教育是未来教师为从事教育专业的准备阶段，一般在教师教育机构完成，着重学术知识的吸收准备与专业的形成。入职阶段是未来教师从事教育专业前的进修与实习导入活动。在职阶段是教师从事教育专业期间进修成长的活动，旨在更新教师的专业知识、技能。

教师专业发展内容主要包括系统化的专业学术理论、专业自我的建构与形塑、实践经验分享与实践智慧的培养。在职前教育阶段，专业发展的内容偏重于学习系统化学术理论的准备，并强调个人专业自我的建构与形塑。在入职阶段，专业发展内容强调系统化学术理论的准备、专业自我的建构与实践智慧的培养。此阶段，学术理论将被实践、检视与考察，由于教育场所的环境与组织文化各不相同，所以选择良好的实习场所，提供经验与热忱的导师，并鼓励学习者对理论温故知新，通过行动反思强化个人专业认同，这样能降低理论与实践的落差，并协助学习者建构自我，培养实践智慧。在职阶段，专业发展内容则强调实践经验的分享与体验，问题的解决与传统实践智慧的培养，强调个人专业自我的建构与形塑，重视学术理论的介入与引导，从而有效协助教师的专业发展。

教师专业发展是一种多元化的内容与历程。多元化的专业发展包括下列几项意义：第一，活动与方式的多元化。正式与非正式的活动，包括讲授、读书会、沟通对话、分组讨论、独立研究、行动研究、学习学分学位等方式。第二，课程内容的多元化，包括学术理论、实践学习与个人专业生涯发展三大结构。第三，专业发展结果的多元化。个人知识技能的增长与更新以及实践智慧的丰厚与圆熟，间接促使学校进步发展等。第四，专业发展评价模式与方式的多元化。可使用目标导向模式的评价、CIPP 模式评价、对抗模式评价（adversary evaluation）、历程模式评价、量的评价、质的评价等。

总之，教师专业发展是一条迈向高质量教学的重要途径，也是确保教师专业权利得以充分发挥的必然选择。

2. 教师专业发展论与体育教师专业标准

"教师专业发展"这一概念，把教师工作视为一种持续发展的过程，教师通过持续的学习与探究，不断发展其专业内涵，逐渐迈向专业圆熟的境界。美国学者伯克（P. J. Burke）认为"教师专业发展"这个概念的基本假设是教师需要持续的发展。加强教师专业化发展的理论研究与实践探索主要有三方面的内容：第一，专业机构的教师教育；第二，教师资格认证制度；第三，在职教师培训与专业发展。这三个环节构成了保障教师专业化发展和教师质量的重要机制。

20 世纪 90 年代以来，人们逐渐达成共识，教师资格的评价标准必须以教师专业素质为基础。至于教师专业素质的内容，应该强调教师的专业范畴、专业角色与专业职责。以教师专业素质为基础来制定教师专业标准，就会更加注重标准的人性化与全面性，注重教师专业成长的价值取向，从而体现出标准之间的相互关联与系统性和整体性。

（二）全面质量管理理论与体育教师专业标准

1. 全面质量管理理论概述

全面质量管理是标准的美国产物，是促进组织变革的一套原理原则，在高层管理者的领导之下，通过组织中所有成员、部门和系统的全面参与，以及对卓越质量的承诺，利用管理技术、科学的统计方法与数据，持续不断改进质量，以满足或符合内外部顾客的需求，建立不断改进组织文化与结构，共同促进并达成组织的变革。因此，全面质量管理可谓是一种通过组织内成员的共同参与，持续改善并满足顾客需求的质量管理机制。全面质量管理理论主要观点如下：

第一，全过程的管理。全面质量管理要求对产品生产过程进行全面控制。

第二，全员参与的管理。全面质量管理理论强调质量管理工作不局限于质量管理部门，要求所有部门都要参与质量管理工作，共同对产品质量负责。管理从一个上对下的金字塔结构转变为扁平式结构，鼓励人人参与不同层次的决定。

第三，顾客至上。顾客至上、以客为尊是全面质量管理的首要任务。由于质量的良莠，顾客的感触最深，所以顾客应是质量的最后决定者。在学校教育过程中，应该以学生质量为核心，关注该群体的需求和期望。

第四，以预防为主。以预防为主，就是对产品质量进行事前控制，把事故消灭在发生之前，使每一道工序都处于控制状态。

第五，事实管理。科学的质量管理，必须依据正确的数据资料进行加工、分析和处理，并找出规律，再结合专业技术和实际情况，对存在问题作出正确判断并采取正确措施。

2. 全面质量管理理论与体育教师专业标准

全面质量管理理论应用在学校教育中，是指学校组织中所有成员对于学校教育的文化变革领导、持续改进系统、全员承诺参与、确保顾客满意表现上的一种认知、情感和行为的倾向。

（1）评价需建立集体共识及需求

为了推动体育教师资格认证制度，体育教师对此政策的了解是首要任务，所有体育教师应有教学工作专业化的共识。既是专业，则必须有相应的专业规范。因此，所有的体育教师必须有接受教师评价的共识，并对相关资格认证有所认同，以适应教学工作专业化的需求，并推动整个认证过程的顺利开展。

（2）以提升教育质量，促进学生身心健康为最终目的

全面质量管理理论认为，教育整体质量水平依赖于各个局部环节的共同努力去提高。因此，体育教师对学生的学习活动，也有其责任与期望，构建体育教师专业标准，保障学生体育学习的权利与教学质量。体育教师的资格评价不是单一的教师个人的行业准入或获得相关专业凭据，而是最终通过合理的认证，达到提升体育教学质量，进一步促进学生身心健康的目的。

（3）专业标准应富有弹性

全面质量管理要求对产品生产过程进行全面控制。因此，体育教师资格认证的过程应该是一个持续的过程。体育教师专业标准应有良好的动态评价指标和规则，构建适合不同层级体育教师发展需求的标准体系，为体育教师职业可持续发展提供制度上的保证。

（4）强调评价的反馈机制

根据全面质量管理理论，体育教师专业标准的评价结果应具备反馈机制，不限定于人事奖惩或聘任，如教师分级进阶等激励教师的事项。体育教师专业标准的推动有赖于体育教师对自我专业价值的认知，进而获取体育教师的普遍的认同与支持。此外，体育教师专业标准应兼顾体育教师的发展需求，并适时给予回馈激励的措施，以发挥体育教师评价的效益。

（三）教师素能理论与体育教师专业标准

1. 教学知识论与体育教师专业标准

教师应该具备哪些教学能力才能达成理想的教学成效，这一直是教育家关注的问题。舒尔曼曾批评美国部分州级的教师资格认证历程，认为其仅考虑教师应具备的学科知识与教学知识两部分，忽略了教学内容知识（pedagogical content knowledge，PCK）。舒尔曼指出，完整的教师教学知识应包括：其一，学科内容知识（subject matter content knowledge），即理解学科内容架构知识与不同组织的教材方式；其二，教学内容知识（pedagogical content knowledge），即理解学科内容教学方法与技巧；其三，课程知识（curricular content knowledge），即理解教学材料、教科书、软件、教学方案（Shulman，2000）。他认为，教师需具备的知识体系包含学科知识、学科教学知识、一般教学知识、课程知识、学习者知识、教育的历史与哲学及教育行政的知识。

作为一名体育教师，首要任务应是将体育领域的知识传递给学生，使学生在该领域得到较好的发展。因此，在体育教师专业标准的构架中，就应该将教学知识的重要性考虑在其中，使教学知识作为教学前的准备、教学中的依据、教学后的反省。

2. 教师反思论与体育教师专业标准

教师反思理论是指教师个体能够从工作中自我检讨与自我矫正，保持持续进步的能力，即教师对于本身教学工作的反思，并加以修正教学方式，使教学能够维持稳定水平，使教学工作形成"教学—反思—修正—教学"的循环历程。反思是建构取向教学的重要特质之一，建构主义者认为，有意义的学习必须要学习者通过反思、辩论、解释及评估的过程来建构自己的知识。反思能提供教师强化专业知能的机会，使教师能反省自己每日的教学情况而获得专业成长（Montgomery，1997）。

目前，在美国的教师资格认证过程中，学者、专家已开始探索在认证过程中如何体现出教师反思历程的三个阶段：其一，描述阶段，以较为粗略分析和缺乏洞察去描述师生行为；其二，批评阶段，从单一观点而不考虑多重因素提出有力的批评；其三，分析和肯定阶段，从多重观点分析教与学，并肯定教师活动对于教学所产生的广泛影响（Ross，1989）。因此，在构建我国体育教师专业标准时，应该重视教师的这种素养——教师首先必须具备自我反思的能力，再参酌他人给予的意见与反馈，修正自我教学的内容与方式，如此反复，教学工作即成为一种专业。此外，持续性反思的进行，能够保障教师教学不为时代潮流所淹没，确保教师的教学内容与质量，能增进教师教学专业化的塑造。

3. 教师效能论与体育教师专业标准

教师效能论是指一位教师能使学生在学习或行为上有优良的表现，以达到特定的教学目标（吴清山，2002）。教学效能研究最早可溯至 20 世纪 30 年代，最初，是将有效教学视为教师某种人格特质的表现，所用的方法多用以调查各类教师人格特质，并以此作为师资培养及提高教学效能的重要依据。直至 1960 年，学者逐渐探讨教师个人信念及所衍生的教学行为的过程变量与教学效能的关系，并认为教师人格特质、教师信念、教师知能、外在环境因素、教学过程、教学成果等，均具有重要影响因素。此外，艾莫（E. Emmer）提出了九个界定教师效能的基本教学原则，即建立规则、期望与行为一致性、预防学生不适当行为、检查学生功课、交互式教学、学习时间投入、适切的教学进度、教学活动的转换、澄清内容。教师能够掌握这些原则，有助于提高其教学表现和学生的学业成就（Lunenburg & Ornstein, 2000）。

教师效能的衡量可以从教师特质、行为与思考等领域着手，采取多元方式，针对不同的评价目的和评价对象（实习教师、初任教师、资深教师等）进行考虑，以符合实际的需要。教师效能论的研究提供了教师特质、教学行为与信念、影响教师教学的因素及学生学习成就变因等相关信息，而在教师专业标准中，这些内容成为评价教师效能的重要因素。因此，在体育教师专业标准的构建中，应该充分考虑如何体现体育教师效能问题。

4. 教师增权赋能论与体育教师专业标准

教师增权赋能论（teacher empowerment）是指任何能够增加教师专业地位的活动或手段。部分学者认为，教师增权赋能论的目的是增加教师参与校务、课程计划、教科书选择及组织与执行教师资格认证制度等方面的权力。此外，还有学者认为，教师增权赋能论的目的应包括以下三项：其一，提升教师地位，使教师拥有专业尊严；其二，增进教师知识，以有助于教学，增进学生学习效果；其三，增加教师参与学校决策的权力（Maeroff, 1989）。

教师增权赋能论在体育教师专业标准中的体现主要表现在以下四个方面：

第一，体育教师参与决定权。体育教师有权利参与学校较为关键、重要性的决策，因为这类事项决策质量的优劣，将会直接影响到体育教师教学工作的进行。

第二，体育教师的教学自主权。体育教师享有教学方面的专业自主权利和机会，能决定体育教学的目标、教材、教法、评价、辅导管教等。

第三，体育教师的专业成长权。体育教师有权力和机会去促进自我及其他教师的研究、进修与教学的成长，这被视为教师增权赋能的重要内涵。

第四，体育教师的专业尊严。体育教师拥有专业尊严与权威，享有专业地位，能够受到学校行政人员、其他学科教师、学生的尊重与肯定。

三、实践和事实依据

制定体育教师专业标准需要根据体育教师的实际发展需求进行分析研究，使标准能真正发挥其作用。首先，本研究制订了《我国中小学体育教师专业发展现状调查问卷》，对全国大部分省（市、区）的体育教师进行了问卷调查，了解其专业发展现状和发展需求；其次，本研究制订了《我国体育教师专业标准构建指标体系调查问卷》，对全国知名专家进行了问卷调查，寻求长期从事体育工作研究者的理念，为制定体育教师专业标准奠定正确的方向；第三，笔者在调研的过程中，对部分优秀体育教师进行了访谈，切实了解其专业发展现状及发展需求；第四，笔者观摩了首届、第二届全国中小学体育教师教学技能大赛，并对全国以及各省（市、区）的体育教师教学技能比赛的赛程进行了详细的分析，总结了各省（市、区）对参赛体育教师的素质的要求。

综合问卷调查结果和访谈结果，为制定体育教师专业标准提供了真实客观的事实依据。

第三节　构建我国体育教师专业标准的指导思想

一、宗旨上，体现以生为本的思想

教师的发展是高效课堂的关键，是促进学生全面发展的有力保障。构建体育教师专业标准不仅是为了提高我国体育教师的专业化水平，最根本的目的还是为了给学生的发展提供良好的外部条件，为学生体质健康水平的提升提供基础保障。因此，在构建我国体育教师专业标准时，应始终贯彻促进全体学生全面发展的理念，紧密围绕学生的实际情况，为学生的学习营造良好的氛围，并针对不同的学生因材施教，充分尊重学生的认知规律，为所有学生的全面发展服务，充分体现以生为本的教育理念倾向。

二、内容上，体现时代的要求，注重教师能力的提升

体育教师专业标准，是对体育教师专业素质和行为要求的规定。不同地

区和时代的教师素质要求，既有共性，又有区别。共性就是要保持教师基本素质要求的稳定性，各个时代强调的共同素质要继续并加以保持；区别就是要体现我国当代社会发展对体育教育、对体育教师的要求。

体育教师专业标准是为促进体育教师专业发展服务的，其构建的对象是体育教师。因此，在构建我国体育教师专业标准时，应结合新时期体育教师的特征而构建，体现国际教育改革与发展趋势、国家教育政策方针、教师自身发展等对体育教师提出的新要求（如第一章、第二章所述）。

三、层次上，体现分阶段的原则

终身学习是教师专业发展中最突出的特点。教师专业标准是为全体教师服务的，而根据教师职业生涯的特征，可分为多个阶段。因此，构建体育教师专业标准时，应该根据不同阶段教师专业发展的不同特征，分阶段进行描述，体现不同阶段的不同要求，然后通过递进式培训、自主学习和实践等途径，帮助教师向更高阶段发展，使标准更具指导性。

目前，以教师个体内在专业性提升的教师专业发展成为教师教育重点关注的论题。[1] 体育教师的专业发展是个体内在的专业知识、专业技能、专业品质等要素由不成熟到成熟的过程。换而言之，体育教师的专业发展是由新手教师至专家型教师的成长过程。在体育教师专业发展过程中，教师的成长具有阶段性的特征，且各阶段的发展任务和关注内容既有衔接性又有差异性。因此，深入分析体育教师专业发展的不同阶段及其特点，既是提高其实践教学能力的现实要求，也是客观评价处在不同阶段教师专业发展水平的需要，也可为研制我国体育教师专业标准提供有力的依据。

纵观国内外有关教师专业发展阶段的划分，主要有以下两种观点：一种观点是以教师的个人属性（如年龄特征）来划分教师的专业发展阶段；另一种观点是以教师在不同阶段的职业特征来划分教师的专业发展阶段。这两种观点也就是理论界强调的周期论或专业发展阶段论。周期论的观点源自于以年龄作为划分人类生长阶段指标的发展生理学，认为个体的发展任务和年龄相一致，发展任务随年龄的不同而改变，教育的目的在于帮助个体顺利完成各时期的任务。专业发展阶段论者认为，教师生涯发展的顺序虽然大致相同，但是教师自身的发展速率却有显著的个别差异，因而针对年龄发展论的

---

① Burden, P. R. Teacher Development. In W. R. Houston (Ed.) Handbook of Research on Teacher Education: A Project of the Association of Teacher Educators. New York: Macmillan. 1990: 311 – 328.

限制，发展阶段论者提出了以阶段划分生涯发展的架构。

本文根据国内外相关学者的观点，结合国外教师专业标准中教师发展阶段的划分，并参考我国体育教师专业发展的现状，将体育教师的专业发展阶段划分为：转变—适应阶段、稳定—成熟阶段、胜任—专家阶段，分别将三个阶段的教师命名为新手型教师、成熟型教师、专家型教师。

（一）新手型教师

《教师的成长与发展》一书中对新手教师的界定为："缺乏良好的教学效能感和教学监控能力，在教学中存在着较多的无效行为、低效行为或无关行为，不能根据教学情境的变化灵活地采取恰当的教学行为的教师。"① 因此，本文将新手型体育教师定义为：经过系统的高等师范院校（系）教育和学习，刚刚踏上工作岗位，从事体育教学工作的体育教师，其教学工作年限一般在 0 ~ 5 年内。新手型体育教师往往缺乏良好的教学效能感和教学监控能力，在教学中存在着较多的无效行为、低效行为或无关行为，且不能根据教育教学情境的变化灵活地采取恰当的教学行为的教师。

（二）成熟型教师

成熟型教师是指通过多年工作经验的积累，完全适应了教师工作，融入了学校组织，并具有了良好的人际环境，熟练掌握了教育教学技术，具有了较强的工作能力，基本功扎实娴熟、教学经验丰富、教学效果明显，在学生中有了一定威信的教师。② 因此，本文将成熟型体育教师定义为：经过多年的体育教育工作，具有了较强的工作能力，完全适应了体育教师的工作，融入了学校组织，并具有了良好的人际环境的体育教师，其工作年限一般在 10 ~ 15 年。成熟型体育教师的教学经验丰富、教学效果明显，在学生中具有一定的威信。

（三）专家型教师

专家型教师是教师自我发展设计的顶峰。专家型教师是指那些不仅通晓所教学科的专业知识，具备多年的教学实践经验，而且在培养学生良好的道德品质、调动学生学习积极性、使之学会学习、学会创造等方面教学艺术高超，教学效果显著，有自己一套成熟的教学理论，并被社会公认的高质量的教师，且在整个教师队伍中充当领导角色。

---

① 傅道春．教师的成长与发展［M］，北京：教育科学出版社，2001：10.
② 方健华．名师成功人生的解读［J］，教育理论与实践，2008（29）：65 – 67.

四、运用上，体现操作性的原则

体育教师专业标准最终将用于实践，指导体育教师的专业发展。因此，在构建我国体育教师专业标准时，应力图体现可操作性原则，即以实践应用为重点，坚持实用性和可操作性的原则，对体育教师的教学计划、教学组织、教学评价、教学反思、专业发展等方面均用简明准确的文字进行描述和说明，以便于使用。

第四节　构建我国体育教师专业标准的原则

通过分析国外教育发达国家教师专业标准践行的特征，可归纳为以下几点：

第一，具有某一机构规定的关于教师质量的统一定义。

第二，教师评估应该包括教师在课堂中实际工作表现的相关数据资料（教学录像或课堂观摩等）。

第三，应该有一整套系统的关于教师评估的体系，这个评价体系应该包括对教师各个方面的能力和素养的考察，能够收集到教师基本技能、学科知识、教育学知识、学科表现等。这套评估体系应该涵盖教师的入职准备阶段到新进教师的授课阶段。

第四，在评估的过程中，应该关注师范生以及新进教师的专业发展，并把这些整合到评估中所包含的教师质量和教学实践中。这种支持性的制度应该与经验丰富的教师进行合作，以促进经验型教师和新进教师的专业发展。

第五，任何正在实施的教师评估方案在使用的同时，应该进行关于考试有效性的研究，并允许来自其他专业的评估。

综上所述，为了使构建的体育教师专业标准能真正发挥其效能，在构建时，应遵循以下四个原则：

一、规准性

教师作为一个特殊的职业，其发展固然需要来自国家力量的干预以保证国家对教育的控制，实现国家培养公民的教育目的。同时，教师作为一个具有自身独立性的职业，其专业的发展更多的需要是其自身的自主、自律、自省、自我批评、自我成长及自我超越的精神。在评定过程中，在认证标准、认证目的、认证内容和项目的制定和实施方面都应该有教师的参与，而非被动地接受来自教育行政部门单方面的一致性规范。

二、效用性

效用性要求教师专业标准应能够提供有用的信息，并且这些信息要有时效性和影响力。从绩效的观点来看，教师资格认证制度应该能够确保提供有关教师资格认证的申请者足够的有用的信息，来供其决定是否接受和批准申请者的申请。教师专业标准除了作为教师聘任和晋职的评判依据外，还应建立一套明确的流程，将评价结果清楚而有效地让教师了解并获取反馈而加以改进。标准本身不是作消极的筛选，同时也应该能够成为积极帮助改进的机制。

三、合法合理性

教师专业标准应该确保其审查过程的合法性乃至整个审查制度的合法性并合乎伦理，同时能够兼顾和保障评判者和申请者的权利和利益。具体而言，教师资格评审委员会的组成应该能够兼顾民主和专业的精神。在审核流程方面，应该建立一套明确的评价规则，让受评者对审查的结果有充分了解和表达意见的机会。此外，在审核流程中，还应建立健全列席与回避制度以及合理的申诉制度，从而真正保障教师专业标准最终的实效。

四、精确性

精确性要求教师专业标准必须确保在认证过程中能够收集正确的信息。从评价的角度来看，教师资格的审核应该能够确保收集到最适当且正确的关于受评者的信息，来确定其优缺点以作出适当的决定。应注重从受审者的整体素质来进行评价，不宜偏重研究成果或者考试成绩；信息收集技术应该尽可能地全面，兼顾多样性和多元性；结论与资料的关系必须合乎逻辑，避免过多的主观因素的介入；评价的方法亦应多元化，除了教师自我评价，还应包括同事评价、学生评价、行政评价甚至校外人员参与评价。

第五节　构建我国体育教师专业标准的基本思路

在制定我国体育教师专业标准时，不仅需要结合国外的先进经验，还应以我国已颁布的《中小学教师专业标准（试行）》为出发点，并结合体育教师的特殊性，构建具有中国特色的体育教师专业标准。

体育教师与其他学科教师相比，其具备的素质有特殊性，如体育教师除了具备各方面理论知识外，还需具备较强的运动技术能力，为课堂的教学示范奠定基础。因此，在制定体育教师专业标准时，应在各方面指标中突显体育教师的特殊性。

一、修订体育教师专业标准的相关法律法规，不断完善体育教师专业标准

在国家高度重视学生体质健康状况的背景下，体育教师肩负的使命前所未有。培养高质量的体育教师是解决这一问题的关键。然而我国现有的相关法律条例对体育教师的准入、晋级、绩效考核等要求均较低，不能起到促进教师专业发展的作用。在这样的背景下，国家以及省（市、区）为了促进体育教师专业的发展，开展了各类体育教师教学技能大赛，但大多数比赛主要以精英教师为主，很难覆盖所有的教师。因此，政府部门可根据当前的形势，针对体育学科，制定《体育教师专业标准》等相关条例，为体育教师的准入、晋级、绩效考核等环节提供指导，并强化体育教师教育教学能力要求。此外，实行国家统一的体育教师专业标准考试，考核内容以体育教师应具备的专业知识和专业技能为主，重点突出与教学活动有关的相关技能，如对学生的认知水平、制定教学方案、组织课堂教学、教学效果自我评估、教师自我发展及与其他教师协作的能力等。

二、借鉴国外教师资格制度的经验，合理划分体育教师专业标准的等级

目前，我国的体育教师资格证书仅是体育教师职业准入标准，主要以遴选合格体育教师为目标，而入职后的教师专业发展主要以教师的职称级别为参考，缺乏合理的参考标准。因此，在构建我国体育教师专业标准时，应根据体育教师专业发展阶段的不同特征，在遴选合格体育教师的基础上，加强

对不同阶段体育教师专业发展状况的审视，为其制定合理的目标或专业发展的参考标准，为体育教师的专业发展指明方面，促进其自我反思，自我评价，自我激励，不断提升个体内在专业特性。

在划分体育教师专业标准的等级时，可借鉴国外教师资格制度的先进经验，合理划分等级。例如，美国的四大机构针对不同专业发展阶段的教师制定了四大标准；英国将教师的专业等级划分为五个；日本教师资格证书划分为专修、一种、二种三个等级；澳大利亚将教师的专业发展分为新任教师、熟练教师、娴熟教师和主导教师四个阶段；新西兰教师的资格分为三级，即新教师、注册教师和有经验的教师。

三、体育教师专业标准应为教师和学生的全面发展服务

制定体育教师专业标准，明确体育教师专业素质要求，是健全体育教师管理制度的一项重要内容，必将大力促进我国体育教师专业水平的提高。在国外的教师专业标准中，部分国家注重教师的主体性，规定教师应该具备什么；而部分国家重视学生的主体性，规定教师应该做什么，怎么样做。这两种做法均有利有弊，注重教师的主体性，关注教师的发展，对于教师的教学没有直接的引导作用；而过分地强调学生的发展，忽略了教师的发展，则使标准丧失了其理想功能。因此，在构建我国体育教师专业标准时，应充分考虑体育课堂中教师的主导性和学生的主体性，在关注教师专业成长的同时，应通过标准的引导，让体育教师通过体育课堂教学促进学生的健康发展。因此，在构建我国体育教师专业标准时，既要规定教师应具备的知识、技能、品质，还要规定教师如何教学、如何促进学生的发展等，并根据上述内容，制定适合不同阶段教师学习的课程体系，通过课程的学习，掌握前沿的理论知识、技能，达到标准的要求。

四、体育教师专业标准的内容应与时俱进

时代对教师专业性的要求始终是教师专业标准的重要依据，信息时代的到来，对教师的知识和能力有了新的要求。在美、英、澳等国的教师专业标准中，要求教师应了解计算机通信技术，并能够运用该技术进行教学。这一举措充分体现了国外教师专业标准的构建，充分考虑了时代变迁对教师知识、能力的影响。因此，在构建我国体育教师专业标准时，应根据时代的发展需求，制定符合现实的具有可行性的标准。

五、体育教师专业标准中应规定体育教师的运动技能水平

在构建体育教师专业标准时，应结合体育课堂的特殊性，对体育教师应具备的运动技能水平作出相应的规定。作为一位年轻体育教师，其完美的技术展示，能激发学生的学习热情，并可以使学生对教师产生敬佩之情，从而吸引学生参与到体育学习中来。此外，体育教师运动技术的水平直接关系到体育教学的各个环节，如教学手段与教学组织，动作难点、重点的把握与讲解示范方法等。因此，在体育教师专业标准中规定体育教师的运动技能水平，可以更好地引领体育教师专业技术知识的学习与发展。在此基础上，按照体育教师专业标准的等级划分，将体育教师专业技术的等级进行规定，初任体育教师要求具有一项或多项突出的运动技能，其他运动技能的掌握程度能够满足体育课堂教学，并对其运动技能的掌握情况进行考核。随着教师年龄的增长，身体素质的下降，体育教师可以用娴熟的体育教学方法和教学手段弥补其运动技能的退化。因此，优秀体育教师要求具有多项运动技能的体育课堂教学手段和教学方法，对其运动技能的考核不作硬性规定。

六、明确体育教师资格有效期限，严格执行体育教师资格更新制度

目前，我国部分省（市、区）已开始试行五年一周期的教师资格定期登记制度，要求教师每隔五年就要参加一次资格认证考试，不通过考试则无法继续担任教师。因此，构建我国体育教师专业标准时，也应明确体育教师资格的有效期限，并严格执行体育教师资格更新制度。

在体育教师资格证书的有效期问题上，应在现行教师资格相关法律法规的基础上，明确不同发展阶段体育教师资格证书的有效期限。美国教师资格证书的有效期划分值得我们借鉴，新教师的短期教师资格证书，有效期为1—5年；合格教师的专业教师资格证书，有效期为6—10年；在教学与科研方面成绩突出、有志终身从教的教师的长期教师资格证书，终身有效。

此外，在体育教师资格证书的更新上，也可结合国内会计资格证书、律师资格证书等证书的更新举措，推行体育教师资格证书注册、年检以及档案管理制度，规定持证体育教师定期到相关部门注册登记，并且建立体育教师资格信息档案和年检制度，以此规范体育教师资格证书管理，督促持证教师定期接受继续教育，及时更新教师资格证书。

第六章
构建我国体育教师专业标准的域外经验

当前，制定教师专业标准既是国际教育改革与发展的趋势，也是促进教师发展的重要举措。国外实践证明，教师专业标准的实施确实在规范、引导教师的专业伦理、专业知识、专业表现、专业自律等方面发挥着重要作用。一系列教师专业标准的制订、实施和完善，经过 20 多年的发展，已成为促进教师专业发展的一种制度和推动力。而我国教师入职资格制度和学校绩效考核标准无法体现教师专业发展的全面内容和进阶发展特征，我国中小学教师专业标准尚处于起步阶段，体育教师专业标准的相关研究处于零星状态。因此，本文针对美国、英国、澳大利亚、日本、新西兰五国的（体育）教师专业标准进行了系统的分析，寻找可资借鉴的依据。

第一节　美国教师专业标准研究

1966 年，联合国教科文组织和国际劳工组织在《关于教师地位的建议》① 中倡导教师专业化之后，伴随着国际教师专业化运动的发展，美国在教师专业标准的制定方面加快了步伐，一些全国性的学科专业委员会开始制定各自学科教师专业标准。

1983 年 4 月，美国国家优质教育委员会（National Commission on Excellence in Education）发表教育报告——《国家在危急中：教育改革势在必

---

① 筑波大学教育学研究会编，钟启泉译. 现代教育学基础［M］. 上海：上海教育出版社，1986.

行》① （A Nation at Risk：The Imperative For Educational Reform），揭示了美国基础教育中存在的诸多问题，掀起了美国教育改革的第一次浪潮，揭开了教师教育改革的序幕。凡讨论或研究今日美国教育改革的报告或文献，无不提及 1983 年教育优质委员会的《国家在危急中：教育改革势在必行》报告。这一划时代的教育报告在改革美国教育的建议中，专列教学建议，从 7 个方面试图改进培养师资的工作或把教学变为更值得从事的和受人尊敬的职业。

1986 年，卡内基在报告《准备就绪的国家》中建议建立全国专业教职标准委员会（National Board for Professional Teaching Standards），负责制定专业教学的标准，并为达到标准的教师颁发资格证书。1987 年，该委员会成立，这一专业教职标准委员会及其认可教师的标准，在今天美国的教师教育及教师资格的认可方面正发挥着十分重要的作用，经其认可的教师称作"全国委员会资格教师"（National Board Certified Teachers，简称 NBCTs），广泛受到中小学的青睐。1989 年，美国通过了里程碑意义的文件《教师应当及能够做什么》。②

1990 年，霍姆斯小组在《明日之教师》中承认不同的教师在知识、技能等方面，以及在教育、专业证书、工作和就业机会中存在差异性，提出要明确划分教师的专业级别。按不同的职能、胜任工作能力等划分为三个级别，并分别提出不同的教育或培训要求，给予不同的专业职称和不同级别的待遇，此为专业生涯阶梯（professional career ladder）。这三个级别依次为：①教员（Instructors），指初入社会的文理学院毕业生，没有或很少经过教育专业训练但愿意从教的人士；②专业教师（Professional Teachers），他们拥有硕士学位，不仅是学科专家，同时也是本学科的教学理论专家，他们是中小学教师队伍中的主要力量；③终身专业教师（Career Professional Teachers），凡专业教师在教学中取得了优异成绩，积累了丰富教学经验，在实际工作中证明是合格的专业教师并获得博士学位者，可以授予他们以最高级别的教师职称和证书。在《明日之学校》中提出了专业发展学校的设计原则，在《明日之教育学院》中则明确提出要重新设计教师教育课程，要充分考虑年轻教师的学习需要和教师整个专业生活过程中的专业发展需要；创建专

---

① 吕达，周满生. 当代外国教育改革著名文献（美国卷，第一册）[M]. 北京：人民教育出版社，2004.

② National Board for Professional Teaching Standards［EB/OL］. http：//www.nbpts.org/.

业发展学校，改变过去教师培养主要是在大学校园、很少到中小学的局面，大学和中小学合作共同提高教师专业学习的质量。

1996 年，全美教学与美国未来委员会（National Commission on Teaching & America's Future，NCTAF）又发表了《什么最重要：为美国未来而教》报告，勾画了美国 21 世纪新型的卓越教师的形象，强调重新设计教师的专业发展，重建学校使之成为学生和教师的真正的学习型组织，为制定和加强教师准备、初始资格和继续发展方面的严格标准提出相关建议：①成立州专业标准委员会；②坚持对所有教育学院进行专业认可；③关闭不适当的教育学院；④根据教师在学科知识、教学知识和教学技能考试中的成绩向他们颁发执教证书；⑤运用全美专业教职标准委员会的标准作为衡量成功教学的基准。

总之，美国政府的推动以及教育理论的不断发展为 20 世纪 80 年代以来美国教师专业发展国家标准的酝酿、制订和完善奠定了基础，同时为美国体育教师专业标准的制定提供了参考和依据。

美国教师专业标准的历史可追溯到 19 世纪。1858 年，美国师范学校协会（American Normal School Association，ANSA）提出了师范学校的教学标准。1899 年，全美教育协会（National Education Association，NEA）也对教师教育课程的最低限度提出了要求。1923 年，美国教师教育院校联合会（American Association of Colleges for Teacher Education，AACTE）首次正式实施师范院校办学的 9 项最低标准。1954 年，全美教师教育评估委员会（National Council for the Accreditation of Teacher Education，NCATE）正式成立，并由其委员会制定教师教育专业标准，根据美国的时代发展及教育发展的需求，每 5 年修订一次，对标准进行适当的调整和修改。纵观美国的教师教育发展历程，其中有四大全国性的教师专业标准制定机构，为保障美国的教师质量制定了相应的保障机制，主要包括：全美教师教育评估委员会（National Council for the Accreditation of Teacher Education，NCATE）、美国州际新教师评估与支持联合会（Interstate New Teacher Assessment and Support Consortium，INTASC）、美国国家教师专业教学标准委员会（National Board for Professional Teaching Standards，NBPTS）和美国优质教师证书委员会（American Board for Certification of Teacher Excellence，ABCTE）。

一、全美教师教育评估委员会

全国教师教育认定委员会（National Council for the Accreditation of

Teacher Education, NCATE）是美国教育部和美国高等教育评估委员会认可的第一个全国性教师教育评估认证机构，1951 年成立，1954 年得到正式认可。全美教师教育评估委员会（NCATE）作为一个独立机构成立后，取代了美国教师教育院校联合会（American Association of Colleges for Teacher Education，AACTE）的功能。全美教师教育评估委员会（NCATE）的主要目标是帮助美国建立高质量的教师、专家和管理者培训。①

接受全美教师教育评估委员会（NCATE）评估的教师教育机构包括所有负责培养各类教师的综合大学、高等教育学校、教育学院、教育系或者其他行政管理部门。这些教师教育机构主要有本科阶段培养的"基础培养"和研究生阶段培养的"高级培养"。培养对象既包括职前的未来教师，亦包括已经工作的在职教师。

（一）全美教师教育评估委员会（NCATE）产生的背景

1. 社会对教师质量的诉求

20 世纪 60 年代以来，建立优质教育始终贯穿在美国的教育改革之中。80 年代以后，这一指导思想表现得尤为突出，并且更加注重贯彻落实的实效。因此，如何培养和提高教师的质量成为这一时期的焦点问题，公众对教师的质量与责任也越来越关注。美国教育学者 C. E. Beeby 在《发展中国家的教育质量》（The Quality of Education in the Developing Countries）中指出："教育的质量是教师素质的反映；没有好的教师，不会有好的教育；只有教育专业的质量提高，教育才会有进步。"②

2. 基于标准的教育改革运动

近年来，美国教育领域非常重视"标准"（standard）一词。美国国内把目前持续进行的教育改革界定为基于标准的教育运动（standard-based education movement）。美国的基础教育改革中一个非常重要的特色就是标准本位，主要以提高学生学业成绩为核心目标，也是整个改革运动的核心和最终动力。在这样的背景下，教师标准问题的研究得到了社会各界的广泛关注。与此同时，美国联邦政府和专业团体越来越意识到，促进教师长期的专业发展对建立一支高质量的教师队伍的重要性。

---

① National Council for the Accreditation of Teacher Education ［EB/OL］. http：//www. ncate. org/.

② C. E. Beeby. The Quality of Education in the Developing Countries ［M］. Harvard University Press, 1966：139.

（二）全美教师教育评估委员会（NCATE）的基本评价理念和内涵

2000 年 3 月，《2000 年标准》通过了 NCATE 下属机构 Unit Accreditation Board 的批准，2000 年 5 月予以正式公布。这一标准是在参考了美国州际新教师评估和支持联合体（Interstate New Teacher Assessment and Support Consortium）为初任教师（beginning teachers）制定的教师证书标准和全美专业教职标准委员会为称职教师（accomplished teachers）制定的专业标准的基础上，经过 2 年多时间的修订而完成的。标准在 2001 年秋季正式启用，2008年标准经过进一步修订，新标准将先前标准中 20 类的要求简化为现在的六个标准项目：候选人的知识、技能和意向；评价系统和机构评价；教学实习和临床实践；多样性；教师的资格、成绩和专业发展；机构的管理与资源等。六个标准具体如下①：

标准一，候选人的知识、技能和意向。准备在中小学聘任教师或其他专业人员的候选人熟悉并展示那些帮助所有学生进行学习所必需的学科内容、教育学知识、专业知识、教学技能和意向。评估应表明候选人符合专业标准、州级标准和教育机构的标准。

标准二，评估系统和机构评价。要求教育学院拥有一种评估系统，它能收集和分析有关候选人的资格、候选人和毕业生的成绩以及学校运行的数据和资料，以便对教育学院自身及其课程计划进行评价和改进。

标准三，教学实习和临床实践。要求教育机构及其中小学合作伙伴共同设计、实施和评价教学实习和临床实践，以便教师候选人和其他学校人员发展并展示帮助所有学生进行学习所必需的知识、技能和意向。

标准四，多样性。要求教育机构设计、实施和评价适用于候选人获得并应用帮助所有学生进行学习所必需的知识、技能和意向的课程和实践经验。这些经验包括与不同的高等教育机构、中小学的教师、不同的候选人以及K-12 学校中不同学生之间一起工作的经历。

标准五，教师的资格、成绩和专业发展。要求教育机构的教师必须是合格的并能在学术、服务和教学方面展示最佳的专业实践；他们还应与其他学科及中小学的同事进行合作；教育机构要系统地评价教师的业绩并促进专业发展。

标准六，机构的管理与资源。要求教师教育机构提供领导、权威、预

---

① National Council for the Accreditation of Teacher Education［EB/OL］. http：//www. ncate. org/.

算、人员、设施和资源（包括信息技术资源）。这样，对候选人的培训能符合专业标准、州级标准和教师教育机构的标准。

二、州际新教师评估与支持联合会

地方分权的教师资格认证制度使得美国的教师资格认证缺乏全国统一标准，既影响了标准的权威性，也妨碍了美国教师州际间的流动。为了克服这一弊端，美国成立了专门的州际组织。

1987 年，在州立学校行政主管委员会（CCSSO）的支持下，美国成立了州际新教师评估与支持联合会（Interstate New Teacher Assessment and Support Consortium，INTASC），它是美国制定新教师资格标准的全国性专业组织，其主要目标是通过开发新教师评价的模式标准（model standards），使之成为各州开发教师标准的依据，从而促使美国教师政策走向和谐统一，促进标准化的教师教育改革，提高美国教师的整体质量。[1]

1991 年，INTASC 成立了教师执照任务小组，研发了美国新教师任职的全国统一标准，着手制定了新教师执照的模范标准。在 1992 年发表的《新教师认证、评估与发展的模型标准：一份州际交流的资料》报告书中，明确提出了新教师必备的十大核心原则。[2]

第一，教师应掌握任教学科的核心概念、研究方法和学科结构，为学生创设适于理解和学习的情境与方法。

第二，教师应理解儿童学习和发展的特征，为学生智力、社会和个性方面的发展提供学习的机会。

第三，教师应理解学生学习的差异性，对不同的学习者采用不同的教学方法。

第四，教师了解并使用多种教学策略鼓励学生发展批判性思维、解决问题的能力及操作技能。

第五，教师应善于利用个人或群体的动机及行为，创设鼓励学生进行积极社会交往、主动参与学习和自我激励的学习环境。

第六，教师应能够有效地运用言语、非语言和媒介交流技术方面的知

---

① Interstate New Teacher Assessment and Support Consortium，Model Standards for Beginning Teacher Licensing，Assessment and Development：A Resource for State Dialogue，Developed by Interstate New Teacher Assessment and Support Consortium，1992：14 – 34.

② Interstate New Teacher Assessment and Support Consortium［EB/OL］. http：//www. ccsso. org/resources/programs/interstate_ teacher_ assessment_ consortium_ （intasc）. html.

识，来促进学生在课堂中主动探究、积极合作和互助交往。

第七，教师应基于有关学科、学生和社会方面的知识和课程目标来开展教学。

第八，教师应采用正式和非正式的评价策略对学生进行评估，以确保学生在智力、社会和身体方面的持续发展。

第九，教师应成为反思型实践者，对自己的行为及这些行为对他人的影响和作用进行连续的评估，积极寻求专业成长的机会。

第十，教师应与同事、家长和社会各机构保持良好的关系，以支持学生的学习，促进学生健康成长。

INTASC 主要从教学内容、学生发展、学习风格、教学策略、动机和行为、信息技术、教学安排、评估、专业发展及人际关系等 10 个方面来界定教师应该知道什么和能够做什么，而不再像以往对未来教师应该学习什么课程作出规定。

三、全国专业教学标准委员会

在 20 世纪 80—90 年代，美国教育学界的一系列促进教师专业发展的报告《国家处于危急之中——教育改革势在必行》（1983）、《准备就绪的国家》（1986）、霍姆斯小组的《明日之教师》（1986）、《明日之学校》（1990）、《明日之教育学院》（1995）、全美教学与美国未来委员会（National Commission on Teaching & America's Future，NCTAF）的《什么最重要》（1996）和《做什么最重要》（1997）呼吁成立国家专业标准委员会。1987 年，国家专业教学标准委员会（National Board for Professional Teaching Standards，NBPTS）成立。NBPTS 机构中的大多数人是有实践经验的教师，其最主要的目标是为 36 个单独的教学领域设立优秀教学的标准。期望通过收集并归纳优秀教师的教学特点，制定优秀教学的标准，提高体育教师的体育教学质量。

1989 年，NBPTS 通过了具有里程碑意义的文件《教师应当及能够做什么》。1996 年，全美教学与美国未来委员会又发表了《什么最重要：为美国未来而教》报告，勾画了美国 21 世纪新型的卓越教师的形象，强调重新设计教师的专业发展，重建学校使之成为学生和教师的真正的学习型组织。

（一）全国专业教学标准委员会（NBPTS）产生的背景

1. 教师角色的转变

20 世纪 80 年代，社会各界将学校教育失败的原因归咎于教师的教学不力。因此，加强教师工作的监督，制定标准化的门槛来增进教学效率已成为共识。此外，随着教育行政权力结构的重组和教师专业化理论与实践的日益发展，教师的角色由以往的被改革者转变为实际参与改革的行动者。

2. 教师专业分级理念的倡导

自 20 世纪 80 年代以来，教育学者开始关注中小学教师结构问题，建立专业阶梯制度，可以促进教师行业的吸引力及竞争力，还可以提升教师的素质。霍姆斯小组的《明日的教师》报告中，主张将教师分为三个等级：教师（instructor）、专业教师（professional teacher）、高级专业教师（career professional teacher）。教师（instructor）的证书是暂时性的，一般不超过 5 年，而且其教学必须在高级专业教师（career professional teacher）的辅导及监督下进行；专业教师（professional teacher）可以进行独立的教学；教师和专业教师必须参加相关的进修并且表现杰出，方能成为高级专业教师（career professional teacher）。

3. 教育国家化趋势的推动

在 20 世纪 80 年代，美国在国内的经济危机和国际竞争的加剧以及提高质量为核心的基础教育改革的影响下，里根政府开始了国家对基础教育的干预。美国教育出现了国家化的趋势，在基础教育领域出现了以国家课程标准的制定和推广以及一系列基于标准的改革的实施为主要内容的课程改革运动。因此，面向和服务于基础教育的教师教育也开始制定教师应该教什么和应该怎么教的标准，并进行全国统一。

（二）全国专业教学标准委员会（NBPTS）的基本目标

1987 年，全国专业教学标准委员会力求发展一套以教师实际表现为基本的评价系统，以确认有经验的教师有更进一步的能力。在建构主义理念的影响下，NBPTS 认为，学生的学习是在先前的认知上去建构新的知识。在新的教师观、教育观、评价观的影响下，全国专业教学标准委员会的主要任务表现为：

第一，让成就教师（accomplished teachers）所应知与应行之事保持在既高既严的水平上。

第二，提供全国性的教师认证系统，以检查符合委员会标准的教师。

第三，致力于教育改革，整合有关教育的全国性认证委员会，发挥全国教学专业认证教师的专业引领作用，以促进学校教育发展。

（三）全国专业教学标准委员会（NBPTS）的基本评价理念和内涵①

美国全国专业教学标准委员会（NBPTS）提出的全美教学专业标准是由什么是教师应该知道的和能够做到的、五项核心命题、四类知识构成评价标准的基础。

1. 什么是教师应该知道的和能够做到的

1989 年，国家教师资格评审委员会出版了《什么是教师应该知道的和能够做到的》（What Teachers Should Know and Be Able to Do）的报告，作为其 11 项评审标准的基本原则，指导美国全国专业教学标准委员会（NBPTS）开展工作。国家教师资格评审委员确信关于"什么是教师应该知道的和能够做到的"的阐述在教学实践和教学理念方面的重要价值，并据此确立了评定标准和评审程序。其提出的有关教师进行有效教学必须的要求有：

第一，具有广博的文学艺术修养和科学文化知识。

第二，具有对教材涉及的内容、技能的发展、课程安排、相关资料内容的组织安排和具体化等方面的知识。

第三，具有基本的教学知识及对学生学习方法进行指导等的专业知识。

第四，懂得关于学生个体的发展和人的发展的知识。

第五，具有针对学生不同的种族、民族、社会经济背景，开展有效教学的能力。

第六，能合理有效地利用各种知识调动并激发学生兴趣的技能技巧。

2. 五项核心命题

在美国全国教学标准委员会（NBPTS）提出《什么是教师应该知道的和能够做到的》的基础上，根据 NBPTS 的相关政策方针及对教学的愿景，建立了五项核心主张，以详细描述优秀教师应具备的知识、技能及特质。

第一，教师应效力于学生及其学习。合格的教师致力于让教学易于为所有的学生接受，并相信所有的学生都具有学习能力，应被平等对待。另外，承认学生的个别差异性，对不同学生应予以区别对待，因材施教，并通过观察，根据了解到的学生兴趣、能力、知识等方面来调试其教学实践活动。

第二，教师熟悉他们所教学科的内容并懂得如何将这些学科知识教授给学生。合格的教师熟悉其所教学科，能领会其学科知识的产生、组织安排及

① National Board for Professional Teaching Standards［EB/OL］. http：//www. nbpts. org/.

其与相关规律的联系和在现实社会背景下的可适性等。能掌握我国传统文化知识，并积极摄取各学科知识的精华；具有向学生传递并揭示学科实质的专业知识；能准确预测到由于学生个体的差异性而对教学产生的影响，并能准确地运用合适的教学策略和辅助教材；知道在什么样场合下的教学活动会遇到困境并受到相应的约束，能针对所教学科，创造性地利用多种途径开展教学，制订教学计划；擅长引导学生如何独立提出并解决问题；能够发展学生的分析评价能力。

第三，教师负有管理和监控学生学习的责任。合格的教师能通过对教学氛围的丰富、创新、调控和适度改变，来激发学生的兴趣，提高教学效率；善于鼓励学生参与到他们的教学活动中来，辅助教学活动的开展；能对其同事的知识和独到见解加以吸收利用，充实自己的教学能力；能轻松地运用一些基本的教学技巧，根据需要，因地制宜，采用适宜的教学方法；能够清楚地分辨出那些无益于教学和对教学有害的行为，并加以摒弃，追求完美的师表形象。

第四，教师能够系统地思考其教学实践并从经验中学习。合格的教师是受教育者的楷模，应该用自身的美德去感化和激发学生，让他们养成强烈的求知欲望，具有宽容、诚实、尊重他人、正确看待不同的文化差异的优秀道德品质；发展学生的推理能力、多角度观察分析问题的能力和创新能力。

第五，教师是学习共同体的成员。合格教师在教学方针、课程开发和师资队伍建设方面与其他专家共同协作，致力于有效地对学校资源进行开发利用；能够通过贯彻州和当地政府的教育目的，对学校发展及校本资源配置予以评价；具有丰富的专门学校知识和社区资源知识，并能够在必要时把这些资源引进学校工作当中，加以合理利用，从而使学生受益。

3. 四类基本知识

全国专业教学标准委员会（NBPTS）在认证过程中要求教师应具备的四类知识包括，核心专业知识（core professional knowledge）、个别知能发展的知识（developmental specific knowledge）、学科内容和教学领域的广度和深度知识（depth and breadth of content and discipline area knowledge）、教育学科内容知识（pedagogical content knowledge）。

四、全美优秀教师证书委员会

全美优秀教师证书委员会（American Board for Certification of Teacher Excellence，ABCTE）是在美国教育部的资助下，于 2001 年由全美教师质量委员会（National Council on Teacher Quality，NCTQ）和教育指导委员会（Education leaders Council，ELC）联合成立的一个全新的教师资格认证组织。其被定义为："一个旨在通过衡量教师提升学生学业成绩的成功与否来促进公众对教师质量的'常识'途径的理解和接受的非营利性机构。"①

（一）全美优秀教师证书委员会（ABCTE）产生的背景

全美优秀教师证书委员会（ABCTE）是在州级新教师评估与支持联合会（INTASC）和全国专业教学标准委员会（NBPTS）成立 14 年之后建立的，其建成和运作得到了美国联邦政府的大力支持。ABCTE 的产生主要基于以下几方面的背景：

第一，由于传统教师资格证书制度阻碍了优秀人才进入教师职业。

第二，缺乏奖励优秀教师的机制使得学校无法留任高质量的教师。

第三，要求小学教师获得教育硕士学位造成了有限公共资源的浪费。

在这样的背景下，NCTQ 发起组织了全美优秀教师证书委员会。

（二）全美优秀教师证书委员会（ABCTE）的基本目标②

ABCTE 试图通过提供快捷、便利、卓有成效的高质量教学证书，达到以下几个目标：

第一，为各州提供连续不断、高质量的教师储备来满足全国的教师需求。

第二，创设全国性的教师认证制度，辨识和奖励高绩效的优秀教师。

第三，将教育团体的注意力吸引到提高学生学业成绩的实践中来，鼓励美国各个社区的教师委员会为实现每一间教室都有优秀教师的目标和改善所有学生的学业成绩而努力。

（三）全美优秀教师证书委员会（ABCTE）的基本评价理念和内涵

全美优秀教师证书委员会（ABCTE）主要颁布两种教师资格证书：一类是教学证书通行证（Passport for Teaching Certification）；另一类是熟练教师证书（Master Teacher Certification）。前者可被理解为获得教师入职资格证

① Paul Shark，Elizabeth E. Heilman，The New Common Sense of Education：Advocacy Research Versus Academic Authority［J］. Teachers College Record（6）：1444 – 1465.

② National Board for Professional Teaching Standards，What Teachers Should Know and Be Able to Do：The Five Core Propositions of the National Board［EB/OL］. http：//nbpts. org/about/coreprops. cfm，2006 – 05 – 09.

书的通行证，是一种可通过花费较少、灵活便当的方式获取的选择性教师入职资格证书，可在全美范围内使用，主要面向的是新教师。后者相当于高级证书或优秀教师资格证书，亦可在全国范围内使用。本研究着重描述熟练教师证书。通过分析、获取熟练教师证书，需要达到以下几个方面的要求：

第一，牢固掌握学科知识。

第二，能够进行高质量的教学（主要由公正客观的课堂观察者作出评价）。

第三，能对学生的学习进步产生有意义的影响。

第四，愿意支持并参与校长和学区安排的工作。

ABCTE 坚信，持有熟练教师证书的教师应当是那些已证明获得成功、堪称模范的优秀教师。高级证书应是优秀教师专业教学和课程知识水平的质量证明，同时也代表专业教学的一种荣誉。

五、NCATE、INTASC、NBPTS、ABCTE 的关系分析

1992 年，INTASC 开发的新教师评价模式标准的 10 项原则有意识地体现了 NBPTS 的 5 项核心主张。此外，通过州际新教师评估与支持联合会的努力，实现了新教师执照标准和优秀教师资格证书标准的结盟，而且在评价方面都采用了表现本位的评估方法，在标准体系和评价体系上都达成了一致。

新教师如果通过了 INTASC 评估而获得教学执照的，表明其达到了教师入职的最低标准；经过若干年的教学实践，通过 NBPTS 的评估而获得优秀教师资格证书的，则表明其教学达到了更高的教学专业层次；通过 ABCTE 的认证而获得杰出教师资格证书的，表明其成为了高绩效的优秀教师。

INTASC、NBPTS、ABCTE 的标准自然给 NCATE 带来了巨大的压力，因为 NCATE 必须考虑其认证工作是否有利于教育学院培养高质量的教师，其培养的教师是否能够通过 INTASC、NBPTS、ABCTE 标准的评估。但同时，这也给 NCATE 的发展带来了新的机遇，于 1993 年提出了"教师培养和发展的连续统一体"（a continuum of teacher preparation and development）的概念，即认为教师的职前、入职和在职教育这三个过程应当是紧密联系的，应当将其视为一体化的过程，并且在实践过程中对这四个过程的标准和认证进行相互协调，以确保教学专业的质量。

六、美国教师专业标准的特征

美国是教师教育发展较早、水平和层次均较高的国家，其在教师专业标准的研究、制定和实施上都走在世界前列，综合分析以上四大机构及其颁布的标准的特征，主要体现在以下几个方面（见表6-1）：

表6-1 美国四大全国性教师标准

标准制定对象	标准适用范围	标准制定机构	标准制定时间
候选教师 （candidate teacher）	职前	全美教师教育评估委员会 （National Council for the Accreditation of Teacher Education，NCATE）	1954 年
新教师 （beginning teacher）	入职	州际新教师评估与支持联合会 （Interstate New Teacher Assessment and Support Consortium，INTASC）	1992 年
优秀教师 （accomplished teacher）	在职	国家教师专业教学标准委员会 （National Board for Professional Teaching Standards，NBPTS）	1987 年
杰出教师 （distinguished teacher）	在职	全美优秀教师证书委员会 （American Board for Certification of Teacher Excellence，ABCTE）	2001 年

1. 从结构上看，标准既能显现独立性，又能显现整体性

美国国家层面的各类教师专业标准是由不同的机构针对教师的不同职业生涯发展需求而研制的，每个标准都具有其独立性。而把这些标准融合在一起，又构成了一个标准体系。四大标准构成了当前美国教师教育职前、入职和职后三位一体的质量认证体系。它们就像是教师的"职业阶梯"（career ladder）贯穿于每一个教师的职业生涯，教师要达到这四大标准就需进行终身学习。

2. 从内容上看，标准具有综合性和动态性

美国教师专业标准中除了规定教师应具备较为核心的学科专业知识、专业技能外，还对教师的人际关系、教学策略、教学内容、教师的专业发展等方面作出了规定，界定教师应该知道什么和能够做什么，体现了标准内容的综合性。

另外，美国教师专业标准的内容是随着社会发展需求、教师发展需求不断变化的。如全美教师教育评估委员会（NCATE）制定的教师教育专业标

准，根据美国的时代发展及教育发展的需求，每 5 年修订一次，对标准进行适当的调整和修改。因此，其内容体现了动态性。

3. 从功能上看，标准具有针对性

美国国家层面的各类教师专业标准是由不同的机构针对教师的不同职业生涯发展需求而研制的。因此，其功能也具有一定的针对性。例如，全美教师教育评估委员会（NCATE）所制定的六大标准对教师候选人的知识、技能和专业品质、专业发展等方面作出了扼要规定；而全美优秀教师证书委员会（ABCTE）试图通过提供快捷、便利、卓有成效的高质量教学证书为评选杰出教师提供依据。

七、美国教师专业标准对教育实践的影响

本文所叙述的美国四大国家层面的教师专业标准体系得到了社会各界的广泛认同，且已被广泛地应用于教学实践当中，对教学实践产生了一定的影响。

1. NCATE 标准对教育实践的影响

美国各州均把 NCATE 视为解决标准发展与标准实施的一个重要措施，就目前的 50 个州（包括华盛顿特区和波多黎各）而言，都与 NCATE 建立了合作伙伴关系。其中 17 个州的所有公立教师教育学院都得到了 NCATE 的认证，39 个州已经在实践中采用或部分采用了 NCATE 的教育单元标准（unit standards）。尽管有些州没有选用 NCATE 的专业认证，但是 NCATE 的专业标准已经成为这些州的标准制定的框架，且这些州的教育机构在获得州政府批准后，力图通过 NCATE 的标准认证。美国 50 个州已作出决定，要么采用 NCATE 制定的全国专业项目标准，要么尽量使州标准向 NCATE 标准靠拢。许多州都签订了互惠协议，互相承认从 NCATE 认证过的学校毕业的教师，所以毕业于 NCATE 认证过的学校的人，即使到其他州工作，他们也很容易申请到教师执照。目前，美国有 2/3 的新教师毕业于 NCATE 认证过的学校。

2. INTASC 标准对教育实践的影响

据统计，美国每年需要大约 24 万的新教师，INTASC 制定的教师资格标准（teacher licensing standards）已经成为新教师发展的驱动力。现有 20 多个州采用了 INTASC 新教师评价标准。

INTASC 已取得的成绩包括为所有新教师开发了模范核心标准，即新教

师该知道什么、该干什么、如何规范自己的言行举止；把这些核心标准延伸到如下具体科目的模范入职标准（model licensing standards），即数学、英语、科学、特殊教育、外语、艺术等学科；首创了新的入职考试——按照核心标准检查新教师所教学科的知识和技能；以档案袋的形式对数学、英语、科学、特殊教育、外语、艺术等学科进行了模范业绩性评价的开发；制定了高质量教师培训项目的原则；主持一年一度的教师专业发展学术会议；为各州在实施入职标准时提供技术帮助；使有关教师资格的评价工具和基于标准的教师资格的合法含义的文件开始生效。

3. NBTPS 标准对教育实践的影响

优秀教师认定项目的认可度较高。委员会为每一个评价领域规定详尽的标准和评价方法，有相应的工具书作为指导，有分别负责发展、测试和实施的不同部门，各部门运作规范，构成一个完善的体系。美国各州的情况不同，所以一般的教师资格证书很难得到互相承认，但是优秀教师资格证书却基本上得到了全国各州的认可。

评价依据着眼于实践，强调"业绩为本"。该委员会使用适当的技术进行评价，保证其评价具有广泛性和代表性，并与各州教育部门、学术机构以及独立的研究和教育组织密切联系。从评价的标准、内容和方式来看，NBTPS 注重优秀教师在认知、技能和教学能力方面的表现，对优秀教师的评价并没有空泛的标准和内容，处处着眼于实践，着眼于学生，注重教学情境，依据情境设计教学和课程，并通过录像等方法来呈现，体现了"业绩为本"的理念，这符合现代教学和评价的发展趋势。

评价程序公开，效果显著，影响深远。NBTPS 优秀教师评定的程序是公开、公平和公正的。它对教师及其教学产生了积极的影响。获得过证书的人更安心工作，所教学生的分数更高。经历过的教师都认为评价的过程就是一个学习的过程。[①]

4. ABCTE 标准对教育实践的影响

美国 ABCTE 的杰出教师资格证书项目是教师资格证书制度的重要改革。它不仅为美国高素质的教师提出了严格的、高质量的标准，而且证明了该证书项目有助于促进教师的专业发展。该证书不同于一般教学证书纯粹的入职证明的作用，它是专业教学人员的卓越象征，是由同行判断的有效证明。

---

① Jay, J. K. Quality Teaching：Reflection as the Heart of Practice ［M］. Lanham，MD：The Scarecrow Press，Inc. 2003：112.

ABCTE 的杰出教师资格证书项目在美国深受欢迎。

此外，ABCTE 的杰出教师资格证书项目是自愿性的学习计划，与各州的入职许可证不同，它没有强迫性。且杰出教师资格证书不是终身的，有效期为 10 年，在有效期满之前必须更新。否则，就失去效用。杰出教师证书的更新同样是以教师专业发展为条件的。

第二节　英国教师专业标准研究

英国教育与科学部（Department of Education and Science，简称 DES）于 1983 年和 1985 年两次提交了《教学质量》和《把学校办得更好》白皮书，均提到了教师素质问题。以此为契机，提高教师从业标准，制定并实施合格教师资格标准成了英国政府的当务之急。1988 年，DES 公布了《合格教师身份》（Qualified Teacher Status，简称 QTS）的咨询文件。1989 年，DES 首次确立了合格教师和实习教师标准。1998 年，英国教育就业部（Department for Education and Employment，简称 DFEE）颁布了第四号文件《教学：高地位、高标准——教师职前培训课程的要求》。2002 年，英国教师标准局（OFSTED）和英国师资培训署（TTA）颁布了《英国合格教师专业标准与教师职前培训要求》，该文件对合格教师资格标准进行了重新修订。自《合格教师资格标准》颁布以来，英国政府就不断出台了一系列针对教师职业生涯发展不同阶段的资格标准，如合格教师资格标准、入职教师标准、资深教师标准、校长标准等，为英国教师的素质提升和教师教育及培训机构有序发展提供了重要的法律保障。但是，各类资格标准名目繁多，且相互之间在逻辑关系和概念表述上缺乏系统的规范。这一因素也致使政府部门不断修订英国教师专业标准。2005 年，英国教学总协会（GTC）颁布了《教师行为与实践准则》（Code of Conduct and Practice for Registered Teachers），规定合格教师需持续保持适当的专业行为与能力标准。2007 年 1 月，英国学校培训与发展署（TDA）颁布了《英国教师专业标准修正案（草案）》（Draft Revised Professional Standards for Teachers in England），此文件构建了一个较为完整的教师专业标准体系，对不同职业阶段的教师应达到的专业标准进行了规定。该文件由合格教师资格标准（Qualified Teacher Status）、普通教师核心标准（Core）、资深教师标准（Post Threshold）、优秀教师标准（Excellent Teacher）和高级技能教师标准（Advanced Skills Teacher）5 个逐级递进的模块构成。

一、英国教师专业标准的产生背景

（一）师资方面存在的问题

在 20 世纪末期，英国教师队伍整体质量偏低，呈现出部分教师学科领域准备不足，知识老化；实践能力差，不能胜任教学工作的特征。[①] 为了改变这一现象，政府认为应该培养更多的合格教师，而不是降低教师标准。因此，建立一支符合时代需求的合格教师队伍，就必须改革和发展职前教师培养，不断提高在职教师的水平与能力。

（二）教师专业化的影响

20 世纪 80 年代，旨在大幅度提高教师专业化水平的教师专业化运动已经成为世界众多国家教师质量提高的主导运动。1966 年，联合国教科文组织（UNESCO）与国际劳工组织（ILO）在《关于教师地位的建议》中提出，教师应被视为一种专业。《世界教育年鉴》于 1963 年将"教育与教师培训"作为主题；1980 年的《世界教育年鉴》则以"教师专业发展"为主题并指出，在提高教师地位的整体政策中，专业化是最有前途的中长期策略。再次将教师专业化提到了显而易见的重要位置。在英国，英国政府于 1972 年颁布的《詹姆斯报告》奠定了现代英国教师教育体系的基础。1984 年，英国建立了教师教育课程鉴定委员会（CATE），旨在加强中央对教师教育的管理。1994 年，该委员会更名为师资培训署（Teacher Training Agency，TTA），该组织致力于建立一个全国范围内的教师教育质量标准体系，为教师专业化提供保障。英国 1998 年颁布的《教师迎接变化之挑战》使教师专业化问题成为英国真正关注的焦点之一。20 世纪 80 年代末至 90 年代初的以中小学为基地的教师教育改革更是直接指向了教师专业发展。在这样的背景下，英国政府开始建立教师专业标准，以期为提高教师队伍的整体素质和教师专业地位服务。随着社会的发展，英国对教师标准进行了调整和修订，使之更加符合教育改革和社会的发展。

（三）标准本位的专业化发展

在教师专业化发展的进程中，教育发达国家纷纷以制定和完善教师专业

---

① 徐学莹，黄忠敬. 当代英国中等教育的课程改革与存在的问题［J］. 外国教育研究，1998（4）：13 - 16.

标准作为师资培养的具体措施，并将其作为甄选和鉴定教师专业发展的主要依据。20 世纪 80 年代之前，美国已经着手制订自己的教师专业标准。1996 年，澳大利亚教学委员会也发布了由国家教学质量规划部开发的初任教师能力框架。除此之外，日本、新西兰等国也开始制定了本国的教师专业标准，以促进教师的专业化发展，提高教师的质量。在这样的背景下，英国政府为了保证自己的教师质量不落后于其他国家，也加快了制定本国教师专业标准的步伐。

（四） 英国基础教育危机

英国自 20 世纪 80 年代以来，教育改革的呼声不断高涨。尽管英国政府对教育给予了很大的关注，并进行了一系列的改革，但与世界其他国家相比，英国的基础教育质量仍存在着很大的问题。英国由于过分注重学生的自由和个性，过分强调减轻中小学生的负担、倡导学生在学校中的"快乐教育"，使基础教育质量出现了很大的滑坡。这导致了英国学生在国际数学和自然科学的成绩调查中，处于落后状态。1996 年的一项调查显示，英国近一半的小学、2/5 的初中生不符合标准，1/6 的课程教学质量令人失望。基础教育关系到整个国家国民综合素质的高低，而且直接关联到劳动力的素质。英国落后的基础教育是很难适应 21 世纪的发展的，因此，如何切实提高英国基础教育质量就成为英国政府关注的焦点问题。

二、英国教师专业标准的基本目标

2007 年，英国师资培训署颁布的《英国教师专业标准框架》基本目标主要有以下几个方面：

第一，《英国教师专业标准框架》提供了教师的职业生涯框架，阐述了教师的职业生涯框架。将教师的整个职业生涯划分为五个阶段，即合格教师（Qualified Teacher）、核心教师（Core Teacher）、熟练教师（Post-threshold Teacher）、优秀教师（Excellent Teacher）、高级技能教师（Advanced skills Teacher）。五个阶段为阶梯发展，后面的发展阶段需包括前面所有阶段的所有标准。《英国教师专业标准框架》的颁布与实施为教师的专业发展指引了方向。

第二，《英国教师专业标准框架》为教师绩效考核提供了可操作性的依据，而绩效考核也是促进教师专业发展、推行教育改革的动力。因此，《英国教师专业标准框架》是为促进教师专业发展、推行教育改革服务的。

三、英国教师专业标准的文本解读

2007 年 1 月，英国学校培训与发展署（Training and Development Agency for Schools，TDA）颁布的《英国教师专业标准》主要分为以下三部分：专业品质（Professional Attributes）、专业知识和理解（Professinal Knowledge and Understanding）、专业技能（Professional Skills）。

专业品质包含四个部分：与儿童和青少年的关系（Relationships with Children and Young People）、职责与规章（Frameworks）、交流与合作（Communication and Working with Others）、个体专业发展（Personal Professional Development）。

专业知识和理解包含六个部分：教与学（Teaching and Learning）、评价与监控（Assessment and Monitoring）、学科与课程（Subject and Curriculum）、读写算和 ICT（Literacy Numeracy & ICT）、成绩与多样化（Achievement and Diversity）、健康和福利（Health & Well-being）。

专业技能包含五个部分：计划（Planning）、教学（Teaching）、评价、监控和反馈（Assessing，Monitoring & Feedback）、反思与改进（Reviewing，Teaching & Learning）、学习环境（Learning Environment）、团队协作（Team Working & Collaboration）。

四、英国教师专业标准的特征

教师教育不仅是为了提高教师的专业化水平，最根本目的还是为了给学生的发展提供良好的外部条件，以往的研究注重发挥教师的主导作用，而对学生学习的主体地位有所忽视，使得教和学并没有更好地结合，致使教学计划没能在课堂上得到落实。以教师专业标准为指导的英国体育课堂教学，从学生的实际出发，因材施教，充分尊重学生的认知规律，告知体育教师在课堂中"该教什么，如何去教，为什么这样去教"。[①] 在英国教师专业标准中，充分体现了以生为本的教育理念倾向。

（一）为学生的学习创造良好的环境

良好的教学环境是有效开展教学活动的前提，是教学活动顺利开展的基本保证。在教学过程中，良好的教学环境具有积极的导向、陶冶、激励和健康等作用，对学生身心和谐发展均有着积极的作用。行为主义心理学创始人

[①]　TDA. Who Are We and What Do We Do？［EB/OL］. http：//www.tda.gov.uk/about/recruitment/whoarewe.aspx，2010 - 09 - 12.

美国心理学家华生认为，除极少数的简单反射外，一切复杂行为都取决于环境影响，而这种影响是通过条件反射实现的。因此，构建一种有利于学习的环境对学习者成绩的提高起着至关重要的作用。在英国合格教师专业标准中，明确指出教师需建立一种有目的性的、安全的、有益于学习的学习环境。

（二）营造良好的师生关系

1977年，美国人教育协会（National Consortium for Humanizing Education）进行了一项为期3年的调查，发现教师的交往能力影响学生的学习。卡顿（Gordon, 1974）在《优秀教师的培训》一书中指出，学生在一种"奇特的关系（教师与学生之间的关系）"存在时学习成绩最佳。近年来，有关师生关系的研究也证实了这一假设——良好的师生关系会影响学生的道德和学习（Birch&Ladd, 1996; Wentzel, 1997）。在教育学界，已达成"师生关系对学生的动机和学习至关重要"的共识。小威廉姆·E·多尔认为，教师是"平等者中的首席（First among equals）"。① "作为平等者中的首席，教师的作用没有被抛弃，而是得到重新建构，从外在于学生情景转化为与这一情景共存。"② 如果教师在教育中外在于教育情景，无论他表现出多么和蔼，也还是会以一种居高临下的专制者出现。著名教育家苏霍姆林斯基曾说过："对学生来讲，最好的教师是在教学活动中忘记自己是教师，而把自己的学生视为朋友，志同道合的那种教师。"③ 课堂教学是师生双向信息沟通的过程，是师生在平等基础上展开的特殊人际交往活动。在师生关系方面，人本主义学者认为，首先，教师应该为促进者，要信任、无条件地接受学生，认识到学生能够发展自己的潜能；其次，要真诚地对待学生，要表里如一，不会把自己的意志强加于学生；再次，要尊重学生的个人经验，重视他们的感情和意见；最后，要对学生进行移情的理解，深入理解学生的内心世界，并设身处地为学生着想。在英国教师专业标准的规定中，多次提及"与青少年平等相处""为青少年的成长创设平等的环境"等，④ 反映了其

---

① ［美］小威廉姆·E·多尔. 后现代课程观［M］. 王红宇译. 北京：教育科学出版社，2000：188.

② ［美］小威廉姆·E·多尔. 后现代课程观［M］. 王红宇译. 北京：教育科学出版社，2000：238.

③ Raining and Development Agency for Schools Qualifying to Teach Handbook of Guidance. ［EB/OL］http：//www. tda. gov. uk.

④ TDA. Professional Standards for Teacher ［R/OL］. http：// www. tda. gov. uk/upload/resources/pdf/s/standards_ a4. pdf, 2007 – 09 – 12.

对平等师生关系的关注。

（三）为学生的学习做足充分的准备

教师在学校里扮演多种角色，但最基本的角色就是教学。有效的教师不断地运用多种方法来进行教学。而学生在教学过程中的身份类似于剧中的一名观众，作为观众，最关注的是结果，而很少私下去了解幕后的情况。然而剧在上演前就有许多的计划和准备，而上课之前也要有许多的排练。人本主义学者强调教育应以人为本，尊重人的个性发展，这意味着在进行备课和授课时，教师会考虑到学生生活中的各个方面（如身体、心理、社会、认知和精神等）。人本主义学者反对以教师为中心的教学模式，摒弃灌输式的教学方式，极力倡导以学生为中心的教学。在英国合格教师专业标准中，明确规定教师应对他们所教的学科、课程有正确的理解和了解，为不同年龄、不同能力的准教学对象制定进步计划。

（四）注重发展学生个性，发掘创造潜质

教育必须关注人的发展，实际上是关注人性的发展，关注人的个性的发展。正如巴班斯基所言："教育与个性发展相统一和相互联系是教育过程的规律。""个性"应是一个人所特有的各种素质和个性特征的综合表现，是一个人整体精神面貌的反映。个性化教育是针对忽视学生的个性差异的划一性、程式化的教育而言的。传统教育中统一的课程、统一的进度和要求、统一的考试，特别是僵化的应试教育，阻碍着个性化教育的发展。而主体的多样性要求我们尊重每一个学生的个性，提供不同的学习经验，帮助学生发展个人的价值观、知识和能力。卓越的教育就是人尽其才，就是使每个人都能最大限度地发挥自己的潜能和特长。在英国合格教师专业标准中，要求教师须对教学及行为管理策略有所了解，知道如何运用这些策略促使学生进行个性化的学习，另所有的学习者提供机会，发挥他们的潜能。另外，还要求教师应懂得怎样为所教的对象作出有效的个性化安排，这些对象包括母语为非英语的学习者、有特殊教育需要的学习者或是残疾的学习者，同时知道怎样在教学中实际考虑到学生的多样性，促进平等和包容。这一系列举措充分体现了以生为本的倾向。

（五）促使学生追求自我完善，获得全面发展

以生为本，其实质就是要以学生为中心，促进学生的全面发展。在英国合格教师专业标准中，为了促进学生的全面发展，对教师作出了以下规定：

第一，为学习者制造机会发展他们的读写能力、计算能力和信息技术能力。

第二，为学习者设计家庭作业或课外作业以促进学习者的持续进步，巩固他们的学习。

第三，有效地使用一系列的评价、监控和记录策略；评估学习者的学习需要，制定具有挑战性的学习目标。

第四，及时、精确、有建设性地提供关于学习者的成就、进步和发展领域等方面的反馈。

第五，支持并指导学习者反思他们的学习，鉴别他们所取得的进步和新出现的学习需要。

第六，对教学及行为管理策略有所了解，并且知道如何运用这些策略促使学生进行个性化的学习，并为所有的学习者提供机会，发挥他们的潜能。

（六）不断反思、总结，优化教学过程

美国学者 D. A. 舍恩（Donald A. Schon）于 1983 年在其著作《反思实践者：专业人员在行动中如何思考》一书中正式提出了"反思性教学"。其根本目的不是教学问题的解决、教学过程的最优化和教师教育智慧的形成，而是促进师生共同发展。教师的教学是为了学生的发展。反思性教学促进了教师的发展，就必然会促进和推动学生的发展。在英国合格教师专业标准中，明确规定教师需及时评价自己的教学对所有学习者进步的影响，并在必要时调整自己的教学和课堂实践，充分体现出了以生为本的教育理念。

（七）促进所有学生的发展

英国的文化多元化，促进了教育系统内部的变化，人们经历从原来的抵制到后来同化和融合的过程。新工党宣称政府的核心义务是为了所有人的机会平等和高水平，这种理念在英国合格教师专业标准中得到了很好的体现。该标准要求每位教师能够与来自不同文化背景的学生沟通，要关注每一个学生，促进所有学生的发展。还要求教师应懂得怎样为所教的对象作出有效的个性化安排，这些对象包括母语为非英语的学习者、有特殊教育需要的学习者或是残疾的学习者，同时知道怎样在教学中实际考虑到学生的多样性，促进平等和包容；还要求教师应为不同年龄、不同能力的准教学对象制定进步计划，设计课堂或课堂系列的有效学习顺序，讲解正确的学科或课程知识。这种做法对广大中小学教师提出新的要求和挑战，它需要教师具备相关的特

殊教育的知识与技能。此外，英国教育与技能部还呼吁重视每个孩子。① 强调要关注和研究每个孩子，缩小儿童之间的差距，促进每个儿童的健康成长。这充分反映了英国合格教师专业标准中的"全纳教育"，促进所有学生发展的理念。

第三节　澳大利亚体育教师专业标准研究

一、澳大利亚教师专业标准产生的背景

从 20 世纪 90 年代中期起，澳大利亚联邦教育部门便投入了大量的人力、物力、财力用于开发及实施针对教育专业人员的相关标准，力求通过相关教育标准提高教育从业人员的整体素质。与此同时，澳大利亚各州及学科协会也正积极研发、推广他们研制的教育标准，如新南威尔士州通过了《新南威尔士学校专业标准鉴定》报告书。这一趋势有力地推动了澳大利亚国家教师专业标准的制定进程，从而有效引领各州及学科的专业标准，推进教师专业发展。

基于国际竞争越来越激烈，教师专业化日趋重要，而澳大利亚教师质量又有待改善的现实，在澳大利亚教育专业标准运动的推动下，从 20 世纪 90 年代中期起，澳大利亚联邦教育部门便开始着手从制度层面确立全国通用的教师专业标准。1996 年，澳大利亚教学委员会（ATC）发布了由国家教学质量规划部（NPQTL）研制的《初任教师能力框架》（*Publication of the National Competency Framework for Beginning Teachers*），用以考察新任教师的教育教学能力。此后，社会各界对教师能力进行了广泛讨论，在讨论过程中，有专家指出仅仅依靠能力来定义教师工作，容易使教师工作被分割，缺乏整体性，反而影响教师的专业成长，并有人主张用标准来取代能力。由于标准比能力更注重教育教学的整个过程，"标准"这一概念被社会各界所接受。

1998 年，澳大利亚教育部长委员会（ACDE）出台了《全国入职教师教育标准指南》的建议书，试图在全国范围内建立一套入职教师教育标准。

---

① Hood, Suzanne. Home-school Agreements: A True Partnership [J]. School Leadership & Management, 1999 (4).

虽然该建议书最终未能实行，但对国家教师专业标准的最终确立还是具有一定的指导意义。为了进一步明确教师专业标准的方向，2000 年，澳大利亚教育研究协会（AARE）、澳大利亚教育学院（ACE）和澳大利亚课程研究协会（ACSA）联合举办了"教师专业标准：问题、挑战与机遇"的论坛，对教师专业标准进行了广泛讨论。此后，这些组织针对教师专业标准又召开了数次研讨会，最终形成《澳大利亚教学专业实践标准讨论稿》（Standards of Professional Practice for Accomplished Teaching in Australian Classrooms：A National Discussion Paper）。这些文件为教师专业标准的制定奠定了基础。①

二、澳大利亚国家教师专业标准的目标

澳大利亚《全国教师专业标准》的基本目标包括：促成高质量的教学；为教师质量提供全国性基准；提升教师的职业期望和专业成就；促进统一的教师认证与注册体系建立等。

（一）促成高质量的教学

标准的制定对于一个职业来说是质量保证的必需条件。澳大利亚各州以《全国教师专业标准》作为制定教师发展规划和教师展开教学设计的基准。《全国教师专业标准》从专业知识、专业实践及专业发展等相关方面为教师发展提供总体结构，以提高学生的学业成就，统一各地对有效教学实践的认识，正确理解何谓高质量的教学。

（二）为教师质量提供全国性基准

针对不同地区对教师质量有着不同的衡量标准的现状，该标准试图有效地解决这些差异，以排除地区间教师流动的障碍，促进国内教师朝着高质量、高素质的方向发展。

（三）提升教师的职业期望和专业成就

考虑到全球化时代职业的灵活性和终身学习的趋势，该标准设立了能够激励教师成就动机的专业发展阶段体系以及灵活出入教师行业的体系，以吸收优秀人才加入教师行业。同时，新标准也为澳大利亚中小学教师职业晋升提供了一个全国统一框架，使教师能够不断反思工作的有效性，明确自身专业学习需求，规划自身的职业生涯。

---

① Ministerial Council on Education，Employment，Training and Youth Affairs（MCEETYA）. Teacher Quality and Educational Leadership Taskforce：A National Framework for Processional Standards for Teaching［S］. Canberra：MCEETYA，2003：1.

（四）促进统一的教师认证和注册体系建立

澳大利亚《全国教师专业标准》为教师、教师教育者、教师培养机构、专业协会及公众之间展开专业对话提供了统一语言，也为职前教师教育课程认证、初任教师注册、教师绩效奖励、教师职业生涯的更高等级专业技能认证提供了透明、客观的全国统一标准。当前，澳大利亚由各州和地区来负责教师的认证和注册，需要一个全国的评估体系来加强联邦与各州和地区在教师质量方面的合作。

总体来看，澳大利亚《全国教师专业标准》为教师专业发展提供了可参照的依据，它以比较权威、公开、客观的方式来叙述好的教师的基本元素。

三、澳大利亚国家教师专业标准的文本解读

《全国教师专业标准》将教师的专业发展分为新任教师（Graduate Teachers）、熟练教师（Professionally Competent Teachers）、娴熟教师（Professional Accomplishment Teachers）和主导教师（Professional Leadership Teachers）四个阶段。四个专业等级围绕三项专业要素——专业知识、专业实践和专业发展，共形成七大标准。

（一）该标准明确了对各等级教师的知识、技能和道德要求

1. 专业知识

教师必须利用自身专业知识对教育环境和学生个体需求的变化作出回应；教师必须非常了解学生，包括学生的社会、文化、种族、宗教背景和特殊学习需求；教师必须理解并尊重在学校、家庭和社区之间建立密切关系的重要性；教师必须熟悉学生各发展阶段的身体、智力和情绪特征；教师还必须了解并掌握所教学科的基本思想、原则和结构，并与其他内容建立联系；教师必须掌握有效传授所教内容的教学方法，懂得如何应用信息技术来支持和促进学生的学习。

2. 专业实践

教师必须能够创造一种尊重学习的氛围；教师要为学生创设一个安全、富有吸引力和挑战性的学习环境；在整个教学周期的各阶段做到游刃有余——制订学习与评估规划、制定学习计划、教学、评估、提供学生学习反馈、向家长或监护人汇报学生学习情况等；要擅长使用多种教学策略和资源，使学生的学习成果最大化；必须能够对学生学习成绩作出分析，并使用

成绩来评估和改进教学实践；教师应该是拥有大量技巧的高效沟通者，能与学生、同行和家长建立密切关系。

3. 专业发展

教师必须能够不断反思、评估和提高自身的专业知识及实践能力；教师必须积极投身于个体和同行组织的各项专业学习中，以支持、提高自身的专业知识与实践能力；教师必须为学校、社区和教师职业作出贡献，为学生和同行的学习与幸福提供支持。

（二）《全国教师专业标准》将教师水平划分为四个等级

新标准规定了教师需要达到的四种专业技能水平，教师可以此为基础，规划、评估自身的专业学习与实践。按照要求，所有教师都必须达到新任教师和熟练教师等级，而经过努力，他们还可以达到娴熟教师和主导教师水平。

1. 新任教师（Graduate Teachers）

新任教师拥有经过认可的资格证书，拥有规划和管理成功学习的知识、技能、价值观和特质，能够达到注册教师的所有要求；他们具有成为专业学习者的愿望，并以学习者的姿态来对待学生；他们拥有奉献精神、热情和人际沟通能力，在学校及社区中能够发挥专业作用，并能为学校整体运行作出贡献。

2. 熟练教师（Professionally Competent Teachers）

熟练教师能够展示过硬的专业知识、成功的教学实践及有效的专业发展。他们能够达到基本专业标准，他们是专业团体的成员，能够与同行、学生及家长有效互动。

3. 娴熟教师（Professional Accomplishment Teachers）

娴熟教师拥有并不断完善教学内容、教学法和有关学生方面的知识，并能将这些知识应用于实践使学生的学习成果最大化。他们知道如何与同行、家长及社区团体合作，如何吸引他们参与并支持学生的学习及健康；他们能够对专业团体作出积极贡献。

4. 主导教师（Professional Leadership Teachers）

主导教师是掌握所教学科的知识内容、教学法，了解影响学生学习的各项因素，并应用这些知识来改进教学与学习质量的杰出教师。他们拥有影响他人改进教学实践的专业和个体特质；他们能够成功开展一些有助于教学与学习质量提高、学校和专业团体健康发展的创新计划；他们能够促进建立并保持富有成效的专业关系。澳大利亚《全国教师职业标准》见表6-2。

表6－2　澳大利亚《全国教师职业标准》

	新任教师	熟练教师	娴熟教师	主导教师
了解学生及学生如何学习	1. 熟悉并理解学生（包括原住民学生）社会及文化背景的多样性；知道其对学生学习的影响	1. 熟悉并理解学生（包括原住民学生）社会及文化背景的多样性；知道如何使教学适应学生的多样性	1. 从理论和实践上都知道学生（包括原住民学生）社会及文化背景对学生学习的影响；知道如何在教学中考虑学生的背景因素；能够将这些知识与同行交流并分享	1. 知道如何收集学生（包括原住民学生）的社会及文化背景知识，并将它们有效应用于实践；知道推动校内外同行全面了解学生背景对学习影响的重要性，并支持同行将它们应用于教学中
	2. 熟悉并掌握当前学生发展及学习的相关研究	2. 熟悉并掌握学生学习的相关研究；积极提升相关知识；知道如何将这些知识应用在教学中	2. 知道如何对当前有关学生学习的研究进行分析；将研究中有用的部分应用于教学中	2. 知道如何对当前有关学生学习的研究作出评价；知道在教学中应用相关研究；知道帮助校内外同行将相关研究应用于实践
	3. 熟悉并理解学生发展特征（如认知、社交、身体和精神方面等），了解掌握这些知识对于教学与学习的重要性	3. 了解学生发展特征及它们对教学与学生学习的重要性	3. 了解不同教育阶段学生的发展特征；知道如何发现并满足不同发展阶段学生的学习需求	3. 知道学生发展的典型特点；知道如何甄别学生处于不同发展阶段，并将这些知识应用于实践；知道将这些知识与同行有效分享
	4. 掌握一些策略，可以确定学生已有的知识、技能水平、兴趣及阻碍学习的因素；在制订教学计划时知道如何应用这些知识	4. 了解当前所有学生对所教学科内容的熟悉程度，以及阅读、算术及ICT熟练水平；知道这些知识对于教学计划的重要意义	4. 掌握了一些有效而可靠的策略，可以确定当前所有学生对所教学科内容的熟悉程度，以及阅读、算术及ICT熟练水平；知道如何将这些知识整合纳入专业实践中	4. 掌握了一些有效而可靠的策略，可以确定当前所有学生对所教学科内容的熟悉程度，以及阅读、算术及ICT熟练水平；知道如何将这些知识整合纳入专业实践中；能够发起一些活动，召集校内外同行分析学生的熟练程度并思考这些知识对于实践的意义
	5. 熟悉并理解学生读写与算术技能培养的理论基础；了解阅读与算术技能在为学生学习打基础方面的积极意义	5. 熟悉并理解学生读写与算术技能培养的理论基础；知道应用这些知识来为学生学习提供支持	5. 熟悉并理解学生读写与算术技能培养的理论基础；知道应用这些知识来促进学习；知道如何支持同行扩大相关知识及应用这些知识来促进学生学习	5. 非常熟悉学生读写与算术技能培养的理论和实践基础；知道如何将这些知识整合纳入实践中，为学生创造更加有效的学习方法；知道如何与校内外同行一起，引领相关领域的改革

（续表）

	新任教师	熟练教师	娴熟教师	主导教师
了解学生及学生如何学习	6. 意识到并能够满足不同学生（包括有天赋的学生和那些残疾学生及境遇不利的学生）的学习需求	6. 熟悉并掌握个体学生（包括有天赋的学生和那些残疾学生及境遇不利的学生）的兴趣与学习需求；知道如何利用所掌握的知识来选择不同教学活动，吸引学生积极参与学习	6. 熟悉并掌握确定所有学生（包括有天赋的学生和那些残疾学生及境遇不利的学生）的兴趣与学习需要的办法；知道如何应用这些知识建构相关课程，吸引并支持学生学习	6. 熟悉并掌握大量策略，能够确定学生（包括有天赋的学生和那些残疾学生及境遇不利的学生）的兴趣及学习需求；知道如何应用这些知识建构相关课程，吸引并支持学生学习；知道如何促进校内外同行理解掌握这些知识的重要性
了解所教内容并知道如何教	1. 熟悉并掌握所教课程的内容、该门学科专门的读写和语言技能以及难点	1. 熟悉并掌握所教课程的内容、教学法、该门学科专门的读写和语言技能以及难点	1. 全面掌握所教课程的关键概念、内容、技能、教学法、该门学科专门的读写和语言技能以及热点问题；知道如何与其他教师分享这些知识	1. 全面掌握所教课程的关键概念、内容、技能、教学法、该门学科专门的读写和语言技能以及热点问题；知道如何影响并指导校内外同行在实践中应用这些知识
	2. 熟悉并掌握如何选择适合学生不同发展阶段和读写与算术熟练水平的教学内容	2. 熟悉并掌握如何选择适合学生不同发展阶段和读写与算术熟练水平的教学内容；知道如何将这些知识应用在教学计划中	2. 知道在选择关键概念、内容、技能和教学法时，考虑学生不同发展阶段及读写与算术的不同熟练程度；知道如何应用这些知识推动学生进步	2. 知道在选择关键概念、内容、技能和教学法时，考虑学生不同发展阶段及读写与算术的不同熟练程度；知道如何应用这些知识推动学生进步；知道如何影响并指导同行在教学计划中选择一些重要概念、内容、技能和教学法
	3. 熟悉并掌握当前有关特定内容有效教学法的研究；知道学生在学习这些内容时可能会遇到的各种困难	3. 熟悉并掌握当前有关特定内容有效教学法的研究；应用相关研究成果甄别并消除学生在学习这些内容时可能会遇到的困难	3. 掌握并利用一些有效教学法的研究成果，并应用这些成果来甄别和解决学生可能遇到的困难；知道如何与同行分享这些知识。	3. 掌握当前一些有关所教内容教学法的研究成果，以及一些来自实践的案例，应用这些知识来甄别并解决学生遇到的困难；知道如何领导相关改革来解决校内外其他教师遇到的困难。
	4. 熟悉并掌握与学生有效沟通的策略，以吸引学生学习所教内容	4. 熟悉并掌握与学生有效沟通的策略，以促进学生对所教内容的理解	4. 熟悉并掌握大量沟通策略，如提问、解释、讨论等，以促进学生对所教内容的理解；能够向同行示范如何与学生沟通所教内容	4. 熟悉并掌握大量沟通策略，如提问、解释、讨论等，以促进学生对所教内容的理解；知道如何推动同行掌握相关的沟通策略

（续表）

	新任教师	熟练教师	娴熟教师	主导教师
了解所教内容并知道如何教	5. 熟悉并掌握如何组织安排内容，以促进学生学习	5. 熟悉并掌握如何组织安排内容，以促进学生学习	5. 知道如何选择和组织安排内容，以促进学生学习，并将这些知识与其他课程建立联系	5. 知道如何选择和组织安排内容，以促进学生学习，并将这些知识与其他课程建立联系；知道如何应用这些知识来领导相应改革，帮助同行在教学中应用这些联系
	6. 熟悉并掌握大量评估策略，知道如何选择有效而可靠的方法来评估和分析学生的学习	6. 知道如何选择、制定并使用各种有效而可靠的策略，来评估和分析学生的学习，并向学生提供反馈	6. 知道如何对学生进行有效而可靠的学习评估，并将各种评估策略整合纳入教与学各环节中；知道如何分析与评价学生的学习；知道一些反馈策略	6. 知道如何对学生进行有效而可靠的学习评估，并将各种评估策略整合纳入教与学各环节中；知道如何分析与评价学生的学习；知道一些反馈策略；知道如何与同行一起提高评估知识及实践能力
	7. 知道哪些资源和策略可以用来支持教学与学习；知道如何应用ICT来加强并促进学生学习	7. 知道如何选择和使用合适资源及策略来支持教学与学习；知道如何应用ICT来建构、展示和丰富知识	7. 知道如何选择、开发并使用优质资源和相关策略来促进教与学；知道如何应用ICT来建构、展示、丰富和评价支持教与学的知识；知道如何与同行分享这些技能和资源	7. 知道并带领同行一起批判性选择或开发一些创新资源及战略来增强教学与学习；知道如何支持同行将ICT融入教学中帮助学生掌握相关知识和技能
	8. 了解目前与所教内容及学生不同教育阶段相关的课程、评估及汇报要求	8. 了解目前与所教内容及学生不同教育阶段相关的课程、评估及汇报要求	8. 了解目前与所教内容及学生不同教育阶段相关的课程、评估及汇报要求；知道如何帮助同行理解并达到这些要求	8. 全面掌握目前与所教内容及学生不同教育阶段相关的课程、评估及汇报要求；知道如何指导同行达到这些要求，并帮助学校社区其他成员理解这些要求
	9. 了解澳大利亚，包括历史、环境、人民（尤其是原住民）和文化。了解国内外社会的变革如何对教学与学习产生影响	9. 了解澳大利亚，包括历史、环境、人民（尤其是原住民）和文化。了解国内外社会的变革如何对教学与学习产生影响；知道在教学中考虑这些因素	9. 了解澳大利亚，包括历史、环境、人民（尤其是原住民）和文化。了解国内外社会的变革如何对教学与学习产生影响；知道在教学中如何应用相关知识	9. 了解澳大利亚，包括历史、环境、人民（尤其是原住民）和文化。了解国内外社会的变革如何对教学与学习产生影响；知道在教学中如何应用相关知识，并支持同行应用这些知识

（续表）

	新任教师	熟练教师	娴熟教师	主导教师
计划并实施有效教学与学习	1. 能清楚表达适合不同发展阶段的学生的明确、富有挑战和可行性的学习目标	1. 制定并向学生传达清晰、富有挑战性和可行性的学习目标	1. 能够为个体学生制定明确、富有挑战性和可行性的学习目标；并通过各种途径向学生传达这些目标；与同行合作制定适合学生的学习目标	1. 通过与学生协商，为个体学生制定明确、富有挑战性和可行性的学习目标；指导同行将以上实践整合于教学中
	2. 充分考虑学生先前的学习兴趣及其他影响学习的因素，选择和传授那些能有利于学生读写和算术技能培养及学习目标实现的教学内容和技能	2. 充分考虑学生先前的学习兴趣及其他影响学习的因素，选择和传授那些支持学生读写和算术技能培养及学习目标实现的教学内容	2. 充分考虑学生先前的学习兴趣及其他影响学习的因素，选择和传授那些支持学生读写和算术技能培养及学习目标实现的教学内容；在这方面向同行示范，帮助他们改进教学计划与教学	2. 就所教内容与学生进行协商，以满足不同的个体需求，培养相关的阅读与算术技能并实现学习目标；领导一些创新计划，在上述方面帮助同行
	3. 应用相关研究成果来设计教学内容并安排教学顺序	3. 根据相关研究成果，设计并实施富有挑战性、包容性的学习内容	3. 根据相关研究成果，设计诸如创新而差异化的活动，让学生通过不同途径来展示学习成果；设计并实施富有挑战性的学习内容	3. 应用相关研究成果设计内在一致的学习内容；在与学生协商后，安排差异化学习内容，允许每个学生通过不同途径展示自己的学习成果；指导同行改进课程设计及教学实践
	4. 选择和使用一些教学策略，如问题解决、批判与创造思维，以及一些资源，吸引学生学习并实现学习目标；通过一些虚拟及真实的手段，充实有关各国家、各地区及全球的知识内容	4. 选择和使用大量教学策略和资源，来吸引学生学习并实现学习目标；通过一些虚拟及真实的手段，充实有关各国家、各地区及全球的知识内容	4. 开发并使用大量教学策略和资源，来吸引学生学习并实现学习目标；根据环境变化，灵活选择策略和资源；支持学生通过虚拟和真实环境参与当地、全国和全球互动；帮助同行在教学中使用以上策略和资源	4. 开发并使用大量教学策略和资源，来吸引学生学习并实现学习目标；对环境变化非常敏感并积极回应，灵活选择相应策略和资源；指导同行支持学生通过虚拟和真实环境参与当地、全国和全球互动；帮助同行在教学中使用上述策略和资源
	5. 有计划地使用各种策略来评估学生实现学习目标的情况	5. 选择各种策略来评估学生学习目标实现的进展	5. 选择各种有效策略来评估个体学生的学习目标实现进展；帮助同行选择一些有效的评估策略	5. 向同行示范如何选择和使用大量与学习目标一致的有效评估策略；并在未来教学计划中应用这些策略
	6. 评价并调整学习活动	6. 使用大量资源来评价课程内容；将这些数据应用于未来的教学计划中	6. 使用大量资源，如学生数据和当前研究成果，来对课程内容进行评价，以判断当前课程的有效性，并将这些信息应用于未来教学计划中；在这一过程中为同行作出示范	6. 使用大量资源，如学生数据和当前研究成果，来对课程内容进行评价，以判断当前课程的有效性，并将这些信息应用于未来教学计划中；帮助同行批判评价课程的有效性

（续表）

	新任教师	熟练教师	娴熟教师	主导教师
创造并维持一个安全而富有支持性的学习环境	1. 应用相关策略，来支持营造一个文明有礼、相互尊重、诚实、公正、充满同情心和自尊的学习环境	1. 营造和维持一个文明有礼、相互尊重、诚实、公正、充满同情心和自尊的学习环境	1. 与学生一起营造并维持一个文明有礼、相互尊重、诚实、公正、充满同情心和自尊的学习环境；在这方面向同行作出示范	1. 通过与学生协商，营造一个文明有礼，相互尊重、诚实、公正、充满同情心和自尊的学习环境；指导同行在各自学校营造这样的环境
	2. 为学生建立一个充满吸引力的、虚拟的、真实的、可信的学习环境	2. 为学生建立一个充满吸引力的、虚拟的、真实的、可信的学习环境，并对它进行管理	2. 为学生建立一个充满吸引力的、虚拟的、真实的、可信的学习环境；并向同行作出示范	2. 为学生建立一个充满吸引力的、虚拟的、真实的、可信的学习环境；指导同行为学生营造支持性的学习环境
	3. 向学生传达明确的方向和期望，并向学生提供有关行为的反馈，为学生学习提供支持	3. 通过与学生沟通建立对学生行为的预期，以支持学生学习；通过倾听和积极回应，与学生建立和谐关系	3. 通过与学生沟通，与学生一起建立对学生行为的预期，以支持学生学习；与同行合作实施一些策略，以帮助学生监控并反思自身的行为	3. 通过与学生沟通，与学生一起建立对学生行为的预期，以支持学生学习；指导同行实施一些策略，以帮助学生监控并反思自身的行为
	4. 形成一些管理学生、资源、真实空间和虚拟空间的惯例，使学生学习效率最大化	4. 形成一些管理学生、资源、真实空间和虚拟空间的惯例，使学生学习效率最大化；与家长及教辅人员一起帮助有特殊需求的学生	4. 形成一些管理学生、资源、真实空间和虚拟空间的惯例，使学生学习效率最大化；与家长及教辅人员一起帮助有特殊需求的学生；预先想到一些可能的破坏行为，并实施相应策略维持一个安全的学习环境；与同行一起对学生的破坏行为作出回应	4. 形成一些管理学生、资源、真实空间和虚拟空间的惯例，使学生学习效率最大化；与家长及教辅人员一起帮助有特殊需求的学生；建立一个学生对自己的行为和学习负责的课堂氛围；对学校政策的制定和实施提出建议；与同行和家长一起积极支持相关改革；支持管理学生行为方面的创新策略
	5. 根据学校、教育系统及法律的相关要求，对学生的健康、幸福和安全负责	5. 根据学校、教育系统及法律的相关要求，保证学生幸福和安全	5. 根据学校、教育系统及法律的相关要求，保证学生幸福和安全；与同行合作形成一些保证校园安全的策略	5. 根据学校、教育系统及法律的相关要求，保证学生的幸福和安全；为政策的制定、实施、各种实践作出贡献，并把这些政策和实践向同行推介

（续表）

	新任教师	熟练教师	娴熟教师	主导教师
对学生学习情况进行评估、反馈和汇报	1. 选择并使用各种评估策略，包括正式、非正式的、形成性和总结性评估等，评价学生的学习	1. 选择、开发并使用各种评估策略，包括正式、非正式的、形成性和总结性评估等，评价学生学习	1. 选择、开发并使用各种评估策略，包括正式、非正式的、形成性和总结性评估等，评价学生学习；与同行一起开发并检验评估策略	1. 选择、开发并使用各种评估策略，包括正式、非正式的、形成性和总结性评估等，评价学生学习；作为同事的顾问，帮助他们开发和检验评估策略
	2. 开发基于学生学习目标的评估标准，并将标准传达给学生	2. 开发并使用基于学生学习目标的评估标准，并将标准传达给学生，在适当的时候，也传达给家长	2. 开发并使用基于学生学习目标的评估标准，并将标准传达给学生，在适当的时候，也传达给家长；与同事一起开发和检验标准	2. 与学生一起制定并使用基于学生学习目标的评估标准，在适当的时候将标准传达给家长；指导同事开发并检验标准
	3. 对学生评估数据进行分析和解释，以便规划未来学生学习，明确干预措施并调整教学实践	3. 对大量正式和非正式的学生评估数据进行分析和解释，明确干预措施，并调整教学实践以促进学生学习	3. 与同事一起对纵向学生评估数据进行解释和评价，明确干预措施并调整教学实践以促进学生学习	3. 向同事演示如何解释和评价学生纵向评估数据，明确干预措施并调整教学实践以促进学生学习
	4. 向学生提供及时有效的、有关学习目标实现情况的口头或书面反馈意见，促进学生未来学习	4. 向学生提供及时有效的、有关学习目标实现情况的口头或书面反馈意见，并提出有助于未来学习的改进意见	4. 向学生提供及时有效的、有关学习目标实现情况的口头或书面反馈意见，并提出有助于未来学习的改进意见；为学生提供机会，让他们利用教师和同龄人的反馈意见对自身成绩及需要改进的方面进行反思	4. 向学生提供及时有效的、有关学习目标实现情况的口头或书面反馈意见，并提出有助于未来学习的改进意见；不断为学生提供机会，让他们利用教师和同龄人的反馈意见对自身成绩及需要改进的方面进行反思；向同事示范对学生进行反馈及促进学生反思的各种策略
	5. 保留准确而有效的学生成绩记录	5. 选择和使用各种策略（如 ICT）收集、组织并储存学生成绩数据，使这些数据容易为他人获取并符合问责制要求	5. 帮助同事使用各种策略（如 ICT）收集、组织并储存学生成绩数据，使这些数据容易为他人获取并符合问责制要求	5. 与同事一起选择、评估并开发能够收集、组织并储存学生成绩数据的系统，使这些数据容易为他人获取并符合问责制要求

（续表）

	新任教师	熟练教师	娴熟教师	主导教师
对学生学习情况进行评估、反馈和汇报	6. 能够以易懂的、尊重对方的方式向家长有效公布成绩	6. 建立能够准确反映学生成绩的报告单，并以易懂的、尊重对方的方式将这些信息传达给学生、家长和同事	6. 建立能够准确反映学生成绩的报告单，并以易懂的、尊重对方的方式将这些信息传达给学生、家长和同事；及时向家长公布学生成绩以促进学生学习；帮助同事建立准确的、信息量大的、及时的成绩报告单	6. 建立能够准确反映学生成绩的报告单，并以易懂的、尊重对方的方式将这些信息传达给学生、家长和同事；及时向家长公布学生成绩以促进学生学习；能就成绩公布策略向同事提供建议；能够对整个学校的成绩公布办法提供建议
	7. 理解并积极参与评估现代化过程	7. 参与评估现代化过程，保证评估结果的质量、可比性及一致性最大化	7. 在评估现代化过程中，为同事提供帮助，确保评估结果的质量、可比性及一致性最大化	7. 与同事一起参与并推动评估现代化
积极投入专业学习与反思	1. 使用专业教学标准来定期评估自身的专业知识、实践和发展水平，为自身专业学习提供指导	1. 使用专业教学标准和相关教育文件来定期评估自身的专业知识、实践和发展水平，并据此制定自身长期和短期的专业学习目标	1. 使用专业教学标准和相关教育文件定期评估自身的专业知识、实践和发展水平，并据此制定自身长期和短期的专业学习目标；用标准作为框架来对同事发展提供支持	1. 使用专业教学标准和相关教育文件来定期评估自身的专业知识、实践和发展水平，并据此制定自身长期和短期的专业学习目标；使用标准对同事作出评价并为同事提供支持
	2. 寻求提高自身专业知识和实践的建议，并接受建设性意见改进教学与学习	2. 从同行和学生那里寻求提高自身专业知识和实践的建议，并接受建设性意见，改进自身专业知识和实践，提高学生成绩，明确自身需要加强的专业学习领域	2. 寻求并批评性评价来自各方的反馈意见，以改进自身专业知识和实践、提高学生成绩，明确自身需要加强的专业学习领域	2. 寻求并批评性评价来自各方的反馈意见，以改进自身专业知识和实践、提高学生成绩，明确自身需要加强的专业学习领域；提出各种创新策略，以营造一种能够接受并提供建设性意见的氛围
	3. 不断参与专业学习，如基于证据的教育研究和重要教育文件的应用；与同事一起探索当代教育难点并从事相关研究	3. 根据个体的专业学习需求、学校及系统的优先发展战略，参与各种基于研究的专业学习，以提升自身专业知识和实践	3. 根据个体的专业学习需求、学校及系统的优先发展战略，参与各种基于研究的专业学习，提升自身专业知识和实践；能够在实践中应用所学新知识和技能，改进学生学习	3. 根据个体的专业学习需求、学校及系统的优先发展战略，参与各种基于研究的专业学习，以提升自身专业知识和实践；能够应用所学新知识和技能，改进课堂内外学生的学习

（续表）

	新任教师	熟练教师	娴熟教师	主导教师
为学校和专业团体作出贡献	1. 理解并遵守由监管机构、教育系统及学校建立的各种道德和行为规范，以便与学生、同事和家长维持一种和谐而专业的关系	1. 理解并遵守由监管机构、教育系统及学校建立的各种道德和行为规范，以便与学生、同事和家长维持一种和谐而专业的关系	1. 帮助同事理解并遵守由监管机构、教育系统及学校建立的各种道德和行为规范，以便与学生、同事和家长维持一种和谐而专业的关系	1. 解释并履行专业学习团体的道德规范和行为，参与面向学校社区成员的政策制定
	2. 理解并遵守各项政策法规与有关教师、学生权利和责任的相关规定，如职业健康与安全管理体系、尊重多样性、儿童保护、风险管理及企业协议，等等	2. 理解并遵守关系自身及学生权利与责任的相关规定，如职业健康与安全管理体系、尊重多样性、儿童保护、风险管理及企业协议，等等	2. 支持同事理解并遵守关系自身及学生权利与责任的相关规定，如职业健康与安全管理体系、尊重多样性、儿童保护、风险管理及企业协议，等等	2. 指导同事理解并遵守关系自身及学生权利与责任的相关规定，如职业健康与安全管理体系、尊重多样性、儿童保护、风险管理及企业协议，等等
	3. 理解如何与同事、学校支持人员、其他专业人士及社区人员合作，共同促进学生学习和健康	3. 与同事和学校支持人员合作，共同促进学生学习和健康	3. 与同事、学校支持人员、其他专业人士、社区工作人员合作，共同促进学生学习和健康	3. 创新开发各种合作实践，促进学生学习和健康；促进崇尚创新、实验、问责和团队合作的专业文化氛围的形成
	4. 理解并积极承担各种行政、组织及专业职责，如参与学校管理、宗教关怀和制定辅助课程计划	4. 理解并积极承担各种行政、组织及专业职责，如参与学校的政策、规划、评估和检讨，设计并实施宗教关怀，制定辅助课程计划	4. 理解并积极承担各种行政、组织及专业职责；收集、分析并向同事提供相关信息，支持他们制定和实施与行政、组织及专业相关的职责	4. 理解并积极承担各种行政、组织及专业职责；积极参与对以上职责的审视；就行政、组织和专业职责的修改和有效实施提供建议
	5. 理解家长参与儿童学习过程的重要性	5. 与家长之间形成并维持一种尊重与合作的关系；寻找各种机会，让家长参与到孩子学习	5. 与家长之间形成并维持一种尊重与合作的关系；寻找各种机会，让家长参与；向同事示范吸引家长参与学生学习的方法	5. 提出各种与家长之间形成并维持尊重与合作的关系，促进家长参与学生学习的创新办法；指导同事更好地了解当地社区，以提高教师效率并促进学生学习
	6. 积极参与专业教学团体的各项工作	6. 为了交流当代教育热点问题和相关研究，积极参与专业教学团体的各项工作，以拓宽专业知识并改进教学实践；向学生和同事呈现一个积极向上的学校及教师形象	6. 通过积极参与各项工作，为专业学习团体作出重要贡献；为改进学校教学，与更广泛的教育团体建立富有成效的联系；为新任教师、回归教师、职前教师及所有需要专业支持的教师提供支持；在与学校和当地社区交往中，表现出一个积极向上的教师形象	6. 通过积极参与各项工作，积极培育专业学习团体；为了改进学校教学，与更广泛的教育团体建立并维持各种联系；开发和支持各项针对新教师、回归教师、职前教师和所有需要专业支持的教师的指导计划的实施；向同事示范，如何在与利益相关者的交往中，表现出所在学校及教师的积极向上的形象

四、澳大利亚国家教师专业标准的特征

1. 从结构上看，标准呈现出较强的系统性

澳大利亚教师专业标准的内容结构由纵向的四个教师专业发展阶段构成，即新任教师阶段、熟练教师阶段、娴熟教师阶段和主导教师阶段，横向又围绕专业知识、专业实践和专业发展三个维度进行了详细阐述。整个教师专业标准框架针对不同专业发展阶段的教师应该具备的专业素养均进行了详细的要求，各项要求均随着专业发展阶段的上升而提高，呈现出较强的系统性。

2. 从内容上看，标准以促进学生发展为核心

从澳大利亚教师专业标准的具体内容中可以看出，其标准充分体现了"以生为本"的教育理念，如在标准中指出："教师在整个教学实践活动中需对学生富有更大的责任和更加主动全面的关心。"在不同等级的标准中均要求："教师需尊重和理解土著学生、托雷斯海峡学生以及残疾学生的发展需求。"这些规定均充分说明了澳大利亚教师专业标准的出发点是以学生为根本的，促进不同个体之间、不同文化背景学生之间的和谐交往，尊重学生的全面发展。

3. 从功能上看，标准以提高教师素质为目标

澳大利亚政府非常重视教师质量体系，从而制定了全国教师专业标准，给国内不同地区的教师认证提供了全国性基准。不同地区和不同学科的教师可以根据实际情况在全国教师专业标准的基础上构建适合本地区或本学科教师专业发展的标准。这一举措解决了地区间教师质量衡量标准的差异性，为各地区教师之间的流动提供了便利，从整体上提高了教师的社会地位，确保了教师整体素质的提高。标准的构建为教师的发展预设了标杆，树立了形象，使教师的专业发展有资可鉴，对提升教师的专业素养具有较大的作用。

第四节　日本教师专业标准研究

教师专业标准是规范和指导教师专业化发展的尺度，并为教师的职业发展和规划提供参照性指导，更好地帮助教师在职业生涯中实现自我发展价值。因此，在欧美国家教师专业标准的研究基础上，日本教育界也一直不断

探究本国的教师专业标准。

在专业化发展的背景下，教师职业的专业性受到了教育学界的高度关注。日本学界认为，自律、高等教育、广泛的视野、不可取代、较高的威信和公共责任是界定教师职业与其他职业的根本区别。教师专业标准的构建正是体现教师特殊性的重要举措，因此，日本政府于 1949 年开始教师专业标准的研制。随着社会的进步和教育的改革，日本教育部门对已颁布的教师专业标准进行了 20 多次的修订。

一、日本教师专业标准的产生背景

进入 21 世纪后，由于日本社会老龄化的加剧，战后出生的在职教师即将步入退休年龄。因此，日本传统的教师文化的继承可能出现断层，学校教学实践研究也会面临困境。在这样的情况下，如何把学校的骨干教师培养成为教学中流砥柱成为现今日本政府的迫切问题。与此同时，衡量教师的教学能力和资格的教师专业标准的研发也成为迫在眉睫的问题。

在教师专业化发展的现实背景下，日本社会早期对于教师专业性的认识仅局限于"对于自己的专职有着热爱和自豪，并且集知识和技能于一体"①的范畴。随着日本教育制度的进一步发展，教育公平被视为日本战后教育改革的重要标志之一。学生的个体差异及个人学习需求在教学过程中被重新重视起来，这对习惯于传统同步性课堂教学的教师形成了新的挑战。教师应该根据孩子的个体差异实施教学指导（大村滨，1973），仅仅传授正确的学问并非教师的工作，教师应当对孩子身心发展进行循循善诱的教学实践（大田尧，1977）。在这样的背景下，日本开始着手制定教师专业标准。

日本现行的与不同类别学校、不同学科相对应的教师专业标准，其主旨在于强调教师职业的专业性。教育的本质是促进学生人格的形成，而教师作为教育的直接承担者，对其人格形成有着巨大的影响。同时，教师通过学科指导，使学生掌握必备的基础知识以及基本技能，以使学生成为能够支撑日本未来社会发展的社会人、职业人。这种专业性，决定了针对学生发展的不同阶段，各类学校的教师应各不相同。因此，随着日本学校教育的发展，适合于不同科目、不同学年段的教师专业标准相继出台。

---

① 浅井和行等. 教师の力量形成のための試み. ［J］京都教育大学教育实践研究纪要. 2007，第 7 号，134.

二、日本教师专业标准的基本目标

（一）确保教师的专业性

教师需要经过严格的专门训练，掌握系统的教育专业知识和特定的专业技能，方可从事相关教育教学工作。因此，教师专业标准应当具有明确的专业导向。教师专业标准不仅要严格规定从事教育教学工作的专业准入标准，更应体现教师的专业属性，明确教师从事相关教育教学工作所必须达到的基本专业素养要求，从而使教师与其他职业区别开来。具有明确专业导向的教师专业标准的制定和实施，不仅"可以给本专业的成员建立一套专业行为准则，作为成员在遇到和处理事情时的指引，从而维持一定的专业水准"，而且必将有利于提高教师的社会地位，引导教师的专业学习与实践，促进教师专业水平的提升。

（二）全面提升教师的专业素质

日本教师专业标准的开发和研究一直伴随着日本教育体制变革、教学改革、课程方案的调整等逐步充实和完善。在国际化、信息化的社会背景下，教师专业标准的颁布与实施为教师的专业发展指引了方向。要求教师在这个急剧变幻的时代应不断进行自我思考，并根据时代的需求及时更新自身的知识和能力，进而促进自己的专业成长。

三、日本教师专业标准的文本解读

日本现行的教师专业标准将教师资格证书分为普通资格证书、特别资格证书和临时资格证书三个种类。普通资格证书根据学校类别的不同（小学、初中、高中、幼儿园、盲校、聋哑学校、特殊学校）进行分类。与此同时，初中和高中还需根据学科类别（国语、数学、理科等）进行分类。各类学校的资格证书分为专修资格证书、一级资格证书、二级资格证书（其中高中无二级资格证书）。特别资格证书，是除中等教育学校、幼儿园以外的各类学校教师的资格证书，主要是为了吸引社会人才，通过教育职员审定而获得。临时资格证书是各类学校（除中等教育学校外）的助教、特殊助教的资格证书。要获得各类学校普通资格证书，须达到《教育职员许可法》规定的基本标准。无论哪类学校，要获得专修资格证书，都必须达到硕士毕业程度；获得一级资格证书，必须达到四年大学本科毕业程度；获得二级资格证书，必须达到两年短期大学毕业程度。修完规定课程，获得相应学分，只是获得了担任教师的基础资格，毕业生还要经过对大学时提交的毕业论文以及是否修完规定学分的审查后，向都道府县教育委员会提出申请，都道府县教育委员会颁发教师资格证书（见表 6-3）。①

表 6-3 取得教师许可证最低的必要条件

许可证种类	所需资格	基础资格	大学必修教育专业科目最低学分数			
			关于学科的	关于教职的	关于学科或教职的	关于特殊教育的
小学教谕	专修许可证	有硕士学位	18	41	24	
	一级许可证	有学士学位	18	41		
	二级许可证	在大学两年以上，取得 62 以上学分	10	27		
初中教谕	专修许可证	有硕士学位	40	19	24	
	一级许可证	有学士学位	40	19		
	二级许可证	在大学两年以上，取得 62 以上学分	20	15		
高中教谕	专修许可证	有硕士学位	40	19	24	
	一级许可证	有学士学位	40	19		
盲人学校、聋哑学校、养护学校教谕	专修许可证	有硕士学位及有中小学或幼稚园教谕的普通许可证				47
	一级许可证	有学士学位及有中小学或幼稚园教谕的普通许可证				23
	二级许可证	有中小学或幼稚园教谕的普通许可证				13
幼稚园教谕	专修许可证	有硕士学位	16	35	24	
	一级许可证	有学士学位	16	35		
	二级许可证	在大学两年以上，取得 62 以上学分	8	23		

四、日本教师专业标准的特征

（一） 从结构上看，标准呈现出多级化的特点

从日本教师专业标准的结构上看，其标准按照不同的学年段进行了分类，且每个学年段的标准又分为专修、一级、二级等三种级别，划分较为详细。其中，专修资格证是以取得硕士学位作为基本资格；一级资格证是以大

---

① 曹薇.综合化与弹性化——日本教师资格证书制度发展的新动向［J］.首都师范大学学报，2002（4）：71-74.

学本科毕业取得学士学位作为基本资格；二级资格证是以短期大学取得准学士学位作为基本资格。但是，同时又规定短期大学毕业生持有二级资格证的教师，必须在 15 年内经过努力取得一级资格证书。其多极化的特征为不同职业生涯的教师专业发展树立了标杆，指引了方向。

（二）从内容上看，标准的可操作性较强

从内容上看，日本教师专业标准规定了不同标准教师所需的基础资格、大学必修教育专业科目最低学分数，包括学科科目、教职科目、特殊教育科目等。在标准的具体规定中，设定最低限度的科目领域的学分比例作为行动指南，即修满相应标准规定的关于学科的、关于教职的、学科或教职的、关于特殊教育的学分，即可获得相应的证书，为不同级别教师的专业发展提供参考，其实践操作性较强。

（三）从功能上看，标准是教师专业化发展的重要保障

随着日本教师专业标准的颁布实施，日本教师的专业地位得以全面提升。日本教师专业标准对不同级别的教师应达到的必要条件进行了详细的规定，即教师应修完所有规定的课程，并获得相应的学分，方能获得与之相应的教师资格。从标准中可以看出，该标准贯彻了教师教育一体化的方针，为教师的职前、入职和职后教育均设立了相应的标准。此外，日本教师专业标准的研发为其教师教育课程的发展提供了参考。因此，日本体育教师专业标准为教师的专业化发展提供了重要保障。

总体来看，日本现行的与不同类别学校、不同学科相对应的教师专业标准，其主旨在于强调教师职业的专业性。

第五节　新西兰教师专业标准研究

一、新西兰国家教师专业标准的产生背景

（一）政府层面教育战略的动因

《教育发展战略（1997—1999）》强调教师专业发展目标，主要是为了提升专业教师队伍的建设质量；确保教师培养培训与资格保证；教学专业服务与工资体系有机统一；学校问责制度与学生教育成就密切相关。[1] 1996

---

① Elizabeth Kleinhenz, Lawrence Ingvarson. Standards for Teaching: Thevretical underpinning and Applications [J]. New Zealand Teachers Council, 2007.

年，教师注册委员会（Teacher Registration Board）发布合格教师标准作为教师获取从业资格或证书更新的合法标准。1997年，新西兰发布《未来的资格政策》，强化了教师从业资格的考试政策。2001年，新西兰颁布《教育标准法》，成立教师委员会（Teacher Council），取代了教师注册委员会的职能，并发挥以下功能：为幼儿教师、中小学教师提供专业领导；鼓励教学实践创新；注册教师；确定教师注册标准及其他从业标准；协同认证教师教育课程；制定教师伦理准则；对于教师的不当行为和过错行为予以训诫；促进教师教育的研究并进行鉴定。① 2009年，新西兰教师委员会发布完全注册执业教师新标准，取代现有的合格教师标准，目的是提升教师专业发展的标准。

（二）学校层面绩效管理的动因

1997年，新西兰中小学开始实行绩效管理制度，规定教师、校长的工作绩效与其工资、职务晋升等方面相关。教师专业标准作为绩效管理的有机组成部分，具有以下几方面的意义：第一，教师专业标准是确保中小学教育质量的一种测量工具；第二，教师专业标准是识别和鼓励优质教学的一种手段，同时也是识别教师需求的一种方式；第三，专业标准为教师从"新教师"到"熟练教师"的发展提供了一种职业成长阶梯。在这样的背景下，新西兰教师委员会开始研制国家层面的教师专业标准。

（三）教师专业发展的动因

新西兰重视教师专业标准的直接动因是提高教师的教学效能。新西兰教育部对教师专业发展进行了一系列研究，主张有效的教师专业发展具有八大特征：（1）教师的专业发展就是教师的专业期待、专业知识、专业技能与学习情境的有机结合；（2）教师专业发展囊括了理论知识、学科知识与专业实践知识；（3）职前教育实习是教师专业发展的重要组成部分；（4）教师在实践中研究、获取并处理信息资料；（5）批判性反思是促进教师教育观念更新的前提；（6）教师专业发展包括支持多元化儿童、家庭和社区的教育实践；（7）教师专业发展有助于教师变革自己的教育实践、更新教育信念和教育态度；（8）教师专业发展有助于教师反思自己的思维方式、教育行动及其影响。

---

① Martin Thrupp. Professional Standards for Teachers and Teacher Education: Awiding the Pitfalls [J]. New Zealand Teachers Council, 2006: 17 – 18.

二、新西兰国家教师专业标准的基本目标

新西兰国家教师专业标准的基本目标在于：首先，促进教师专业发展；其次，为学生提供积极有效的学习环境；第三，教师专业标准能确保全国教师行业绩效管理的一致性，有助于教师和管理者确定绩效期望，为专业和个人发展确定目标。总之，新西兰教育部颁布的教师专业标准总目标是鼓励和支持教师的发展。

三、新西兰国家教师专业标准的文本解读

新西兰教师的资格分为三级，即新教师（beginning classroom teachers）、注册教师（classroom teachers）和有经验的教师（experienced classroom teachers）。新教师是指那些尚未通过完全注册的教师，他们必须在学校的指导和建议下工作。他们所在的学校会根据国家教育部的要求，针对新教师的情况开展建议和指导计划（Advice and Guidance Programme），帮助新教师获得注册教师所需要的知识、技能，并向合格教师维度（Satisfactory Teacher Dimension）发展，成为完全注册教师。注册教师是指能胜任日常教学任务、至少有两年教学经验并已通过完全注册的教师。有经验的教师是具有高度熟练技能的实践者和课堂管理者，他们对教与学有深刻的理解和认识，能创造高效的课堂环境，能为同事提供支持和帮助。从 1997 年开始，新西兰所有学校都强制实行绩效管理制度（PMS）。1999 年之后，新西兰先后颁布多个教师专业标准，将绩效管理制度与教师专业发展策略结合起来。例如，1999年，教育部颁布小学和中学教师专业标准；2004 年，颁布幼儿园教师专业标准；2007 年，新西兰教师协会公布教师教育毕业生标准等。政府认为，引进专业标准可以加强绩效管理制度，因为专业标准为教师绩效评价提供了一个框架，它使得绩效管理的维度得到更为清晰的说明，使每个学校的雇主和管理期望清晰而一致，便于人们清楚地确定需要优先发展的事项，同时加强绩效与报酬之间的联系。新西兰教育部于 1999 年颁布的《专业标准：优质教学标准——中学教师与学校所有者标准》（*Professional Standards：Criteria for Quality Teaching—Secondary School Teachers and Unit Holders*）（见表6-4）。①

---

① New Zealand Ministry of Education. Professional Standards：Criteria for Quality Teaching—Secondary School Teachers and Unit Holders［S］. Ministry of Education，1999.

表6-4　新西兰教师专业标准框架①

	新教师	注册教师	有经验的教师
1. 专业知识与发展（professional knowledge and development）	（1）接受建议与指导计划的培养以逐步拓展知识，包括教学大纲、学习和评估的理论知识和实际应用	（1）胜任相关课程的教学，并熟悉相关学习和评价的理论，熟悉当今教育，包括毛利教育中的问题和行动	（1）具有深厚的相关理论及其实际应用理论的知识：与教学专业相关的课程，学习和评价的理论，当前教育包括毛利教育中的问题和行动
	（2）对现行教育问题的争论和规定；在专业指导和鼓励下，能参与到适合个人和学校需求的专业发展活动中	（2）投入到自己的学习中，参与个体和集体的专业发展活动	（2）积极拓展自己的知识和技能，积极鼓励和帮助同事的专业发展
2. 教学技能（teaching techniques）	（3）在专业教师的指导下，发展相关教学策略，包括教学安排以及评估设计、教学技能、教学资源的开发和利用、现有教学技术的运用、对教学技能和策略的评价和反思	（3）规划和采用适当的教学计划、策略、学习活动和评价，能灵活使用一系列有效的教学技巧，利用适当的技术和资源，有效地传授学科知识，以改善的眼光反思并评价教学技巧和策略	（3）展示以下方面的专门技术和熟练策略：开发和实施教学计划、学习活动和评价制度、高效教学技巧，评价、评估和反思自己及他人教学实践，且富有成效
3. 学生管理和激励（student management and motivation）	（4）在现有资源的范围内，深刻理解并发展相关策略，如学生行为的管理、学生个体学习需求的认识、积极而安全的身心环境的塑造、学生多样性的认识等	（4）有效地管理学生的行为，与学生建立起良好的关系，能响应学生个性化的需要，形成和维持积极安全的身心环境，创造鼓励、尊重与理解的氛围，维持有意义的工作环境	（4）通过认识并迎合学生多样化的学习需要，建立和维持促进学习的环境，有效管理学生行为
	（5）在专业指导下，逐步提高教学期待的能力，逐步掌握激励学生的有效技能	（5）使学生积极投入到学习中，建立重视和促进学习的期待	（5）高效地鼓励学校范围的学习，促进实践学习和成就文化

① New Zealand Teaehers Council. Registered Teacher Criteria. ［EB/OL］. http：//www. toeherscounci govt. nz/policy.

（续表）

	新教师	注册教师	有经验的教师
4. 沟通、合作与贡献（communication, co-operation and contribution）	（6）在资深同事的专业支持与鼓励下，努力提高自己与学生、家长等相关人士有效沟通的能力，汇报学生状况，与同事共享资源信息等	（6）能用一种或两种新西兰官方语言清楚有效地交流，适当对学生的情况进行反馈，与学生家庭、学生照顾者有效沟通，与同事分享信息	（6）具有与学生有效沟通的能力，向学生、学生家庭或学生照顾者汇报学生学习情况的能力，与学校员工间有效沟通的能力
	（7）逐步建立与同事间的工作关系，学习并初步为专业发展活动作贡献	（7）与同事维持有效的工作关系，支持和帮助同事改进教与学的行为	（7）积极鼓励和促进与他人之间有效工作关系的形成，为同事提供适当支持和帮助
	（8）愿意参与到有利于学校发展的活动中	（8）积极为学校及其社区作贡献	（8）为整个学校的有效运作作贡献，包括学校与家长及更广泛的社区的关系
毛利教育（Te reo Maori education）	（9）能够使用毛利语进行教学	（9）继续加深对毛利语用法和准确发音的理解和技能，需要的时候能表现出对毛利人交往基本礼仪的理解	（9）促进毛利语的适当与准确使用，促进在适当的场合采用毛利族礼仪

四、新西兰国家教师专业标准的特征

（一）从结构上看，标准服务于不同发展阶段的教师

在新西兰教师专业标准内容结构中，纵向由三个教师专业发展阶段构成，横向由五个内容标准构成。不同的指标内容均对教师的专业发展作出了扼要的规定，其指标内容也涉及了不同的领域，包括专业知识与发展（professional knowledge and development）、教学技能（teaching techniques）、学生管理和激励（student management and motivation）、沟通、合作与贡献（communication, co-operation and contribution）、毛利教育（Te reo Maori education）等。标准为不同发展阶段的教师的专业发展提供了扼要的规定和参考，能够较好地引领教师的专业化发展。

（二）从内容上看，标准表现出多元文化性

从内容上看，新西兰教师专业标准主要从以下维度对三个阶段的教师应

具备的素质进行了扼要的阐述，包括专业知识、专业发展、教学技巧、学生管理、学生激励、有效沟通、合作与贡献、毛利语教育（Te reo Maori education）等。新西兰教师专业标准与其他国家的教师专业标准相比，除了规定教师应具备的专业知识、能力等方面素质外，还特别强调了教师要了解、尊重和包容毛利人的文化，这也正是新西兰教师专业标准的特色之处。

（三）从功能上看，标准以鼓励和支持教师发展为目标

综合分析新西兰国家教师专业标准框架中各指标内容的具体内涵，标准的主要功能体现在以下几个方面：首先，标准以促进教师专业发展为主要目标；其次，标准的实施为学生创立了积极有效的学习环境；第三，全国教师专业标准的实施为全国教师行业的遴选、评价、考核提供了统一基准，有助于教师和管理者确定绩效期望，为专业和个人发展确定目标。总体来看，新西兰全国教师专业标准是以鼓励和支持教师的发展为主要目标。

第六节　国外教师专业标准的比较研究

发达国家在制定教师专业标准时，虽然框架内容各不相同，发展的模式也不尽相同，但在某些根本性的方面却是相通的。通过对美国、英国、日本、澳大利亚、新西兰五国教师专业标准进行比较研究，发现其主要存在以下几方面的共同特征：

第一，从功能上看，教师专业标准均为促进教师的专业发展服务。教师职业的特征要求教师的知识与技能在教师的整个职业生涯中需不断提升，持续发展。在知识经济时代，随着信息量的突增及传播途径的多样化，教师不断更新知识与技能显得更为重要。在教师专业化发展的道路上，也要求教师的综合素质不断地提升。综合分析美国、英国、日本、澳大利亚、新西兰五国的教师专业标准，它们均是按照教师专业发展的不同阶段，并针对不同阶段教师的特征，为教师的专业发展提供可资参考的目标或依据，指导教师在教学实践中不断地获得发展。

第二，从结构上看，教师专业标准在普适性的基础上兼具较强的灵活性。通过全面、系统地查阅美国、英国、日本、澳大利亚、新西兰五国的教

师专业标准，它们均有全国性的教师专业标准、也有各地区或各州的教师专业标准，此外，部分国家还针对不同学科制定了具体学科的教师专业标准。全国性的教师专业标准均为州或地区的标准提供了基准，各地区或州可根据实际情况制定适合本地区教师专业发展的标准。其中，普适性主要体现在全国性教师专业标准可以适用于不同地区或不同学科；灵活性主要体现在不同地区或不同学科可以根据自身情况，以全国标准为基准，制定相应的标准。

第三，从内容上看，教师专业标准均强调教师的专业知识、技能和品质。教师专业品质、专业知识、专业技能是教师专业素养的主要组成部分，这三方面的发展水平决定了教师专业发展水平的高低。如果专业知识和专业技能是教师专业素养构成中的"硬件"，那么专业态度就是构成教师专业素养的"软件"，是一种内隐的发展。教师专业品质、专业知识、专业技能三者是互相影响，不可分割的。综合分析美国、英国、日本、澳大利亚、新西兰五国的教师专业标准，教师的专业知识和技能是标准框架的核心内容，教师的专业品质是教师专业标准的重要组成部分。

此外，通过对美国、英国、日本、澳大利亚、新西兰五国教师专业标准进行比较研究，发现各国教师专业标准的主要特色在于：

第一，美国、澳大利亚教师专业标准强调教师的主体性。综合分析美国四大教师专业标准以及澳大利亚教师专业标准，呈现出的共同特征是规定了教师应该具备的知识、能力、品质等。因为标准的主体是教师，其制定的初衷即为教师的专业发展服务。因此，两国的教师专业标准紧密围绕教师描述各项指标内容，为教师的专业发展和自我实现提供了直观参考。

第二，英国教师专业标准凸显较强的实践性。英国教师专业标准规定教师的活动主要从学生的角度出发，如对学生的学习环境、师生之间的关系、学生的个性发展及全面发展等方面作了较好的规定，为教师的实践和操守提供了基准。大部分指标内容均与学生的活动息息相关。例如，在教与学（见表6-5）中，要求教师掌握教、学及行为管理策略，其目的是为了促使学生个性化学习，为所有学生提供指导，发挥学生的潜能。由此可见，英国教师专业标准主要是以学生的行为准则来约束或规范教师的行为，规定教师应该做什么，如何去做，而不是直接规定教师应该具备什么样的知识、技能和品质。

表6-5 英国教师专业标准框架内容——教与学

	合格教师专业标准	普通教师专业标准	资深教师专业标准	优秀教师专业标准	高级技能教师专业标准
教与学	对教学、学习及行为管理策略有所了解，并且知道如何运用这些策略促使学生进行个性化的学习，并为所有的学习者提供机会，发挥他们的潜能	对教学、学习及行为管理策略有较好的、最新的知识和理解，并且知道如何运用这些策略促使学生进行个性化的学习，并为所有的学习者提供机会，发挥他们的潜能	对如何运用教学、学习和行为管理策略具有广博的知识和理解，并且知道如何运用这些策略促使学生进行个性化的学习，并为所有的学习者提供机会，发挥他们的潜能	对绝大多数有效的教学、学习和行为管理策略具有批判性的理解，并且知道如何运用这些策略促使学生进行个性化的学习，并为所有的学习者提供机会，发挥他们的潜能	略

第三，日本教师专业标准突出课程化特征。与其他各国相比，日本教师专业标准最突出的特色体现在未来教师应修习规定的课程及获得相应的学分方能获得教师资格，即修满相应标准规定的关于学科的、教职的、学科或教职的、特殊教育的学分，即可获得相应的证书，为不同级别教师的专业发展提供参考，其实践操作性较强。其核心思想体现在，课程的修习并获得学分能为教师的教学应具备的知识、能力、品质提供充足的保障，即认为教师通过修习相应的课程即可掌握为教学服务的知识、能力、品质。因此，日本教师专业标准的最突出特征体现在将教师应具备的知识、能力、品质融入课程中，呈现出课程化的特征。

第四，新西兰教师专业标准凸显多元文化性。通过比较分析，新西兰教师专业标准除了规定教师应具备的知识、能力、品质等方面的素质外，还规定教师应掌握和了解毛利人的文化（见表6-6）。在这方面，即使是以多元文化著称的美国，在教师专业标准中也没有体现得如此具体。而英国、日本、澳大利亚的教师专业标准中则完全没有考虑到此方面的内容。新西兰的毛利人多已接受了西方生活方式，但仍保留着自己独特的文化传统和习俗，这在教师专业标准中也得到很好的体现。

表 6-6　新西兰教师专业标准框架内容——毛利教育

	新教师	注册教师	有经验的教师
毛利教育（Te Reo Maori education）	能够使用毛利语进行教学	继续加深对毛利语用法和准确发音的理解和技能，需要的时候能表现出对毛利人交往基本礼仪的理解	促进毛利语的适当与准确使用，促进在适当的场合采用毛利族礼仪

　　总之，国外教师专业标准均结合各国的实情，凸显了各国的特色，但各国的教师专业标准均是以促进教师专业发展为本质目标的，为教师的专业发展从职前、入职到职后均描绘了蓝图，预设了标杆，有助于处于不同发展阶段的教师明确各个阶段专业发展的重点，实现教师专业发展的持续性及终身化。同时，教师专业标准也为处于不同发展水平的教师的专业发展提供了参照。标准为处于不同阶段的教师明确自身为达到该阶段或更高层次境界需要在哪些领域不断学习、反思、探究提供了参照，对引领教师专业发展具有针对性和实效性。

第七节　国外教师专业标准对构建我国体育教师专业标准的启示

　　从上述国外教师专业标准的范例来看，各国在研制教师专业标准时，均以教师的发展为最终目标，并凸显了各国的特色。综合分析各国教师专业标准的融合之处与特色，主要得出以下几点启示：

一、制定全国性的体育教师专业标准势在必行

　　国外实践证明，教师专业标准的实施确实在规范、引导教师的专业伦理、专业知识、专业表现、专业自律等方面发挥着重要作用。一系列教师专业标准的制订、实施和完善，已成为促进教师发展的一种制度和推动力。因此，为了促进我国中小学体育教师的专业发展，制订全国性的体育教师专业标准已势在必行。同时，在制订体育教师专业标准时，应体现国际性和本土性的有效融合。国际性是指在教师专业标准的制定时，需要比较、借鉴大量

不同类型和不同发展程度国家已经建立的教师专业标准，以引导和建立一个高质量的教师专业标准或者标准的框架。而本土性则强调在构建标准时应结合我国体育教师的实际情况，在充分调查基层一线体育教师有关体育教师专业标准的认识、理想和建议等问题的基础上，以扎根实际的工作方式来构建适合我国体育教师发展的专业标准体系。

二、突出教师专业标准的完整性、层次性

发达国家在制定（体育）教师专业标准时，均针对不同专业发展阶段的教师制定了不同层次或不同级别的教师专业标准，一些国家（如美国和日本等）还专门制订了体育教师的专业标准。而我国目前只有一个无层次之分的、笼统的教师专业标准（中学、小学），尚未出台分科、分层的专业标准；现行的（体育）教师资格标准（相当于初任教师标准），对本科、硕士毕业生都采用统一标准，并无区别，而就教师专业发展来看，对不同学历层次的毕业生实行统一标准，不利于体育教师的专业发展。因此，我国在制订体育教师专业标准时，应根据不同的专业发展阶段和不同的学历制订动态的等级标准，以体现标准的针对性及引领性。

三、注重不同层次体育教师专业标准的侧重点

综观国外（体育）教师专业标准，不同层级的专业标准的内容均有所差异。例如，美国 NASPE 制定的初始教师专业标准比较重视师范生应掌握的与教学相关的知识和技能，更专注于教学。在整个初任标准中，体育教师应具备的教学能力占据较大的比例，包括初任体育教师应具备科学的理论知识、体能与运动技能基础、计划并实施合适的教学大纲和目标以及对学生的影响。而高级教师专业标准更加侧重体育教师的研究能力和应用能力。对于体育教师而言，研究生对于本科生的优势可能并不在于运动技能，而在于其注重反思和开展研究的能力。因此，美国 2001 版的《高级体育教师教育标准》中规定，硕士学位获得者可直接申请高级教师资格，而对高级教师则要求"能够了解、理解研究工作，能对研究工作进行解释、评判，并且能够一直应用研究来改进实践"。在 2008 年版的《高级体育教师教育标准》中规定："进行专业知识和实践的调查并把调查结果传达给行业和团体；通过对他人专业成就和学习的贡献继续个人的发展。"从 NASPE 制定的初级和高级体育教师教育标准可以看出，初始体育教师专业标准强调教师的基础

性，对体育教师的体能和技能基础有所要求，而高级体育教师标准则强调体育教师的研究能力与领导能力。

四、专业标准应体现以生为本的宗旨

当今的教师教育强调提高教师的专业化水平，其根本目的还在于为学生的发展提供专业的教师资源。在国外教师专业标准的各要素中，对教师的要求都以促进学生的全面发展而展开的。例如，英国的教师专业标准规定，教师应为学生的学习创造良好的环境，营造良好的师生关系，并为学生的学习做好充分的准备，促使学生追求自我完善，获得全面发展。这些都充分说明了教师专业标准的所有出发点是以学生为根本的，尊重学生的全面发展。在我国现行的《中小学教师专业标准（试行）》中，也强调"学生为本"的理念，提出"尊重学生权益，以学生为主体，充分调动和发挥学生的主动性；遵循学生身心发展特点和教育教学规律，提供适合的教育，促进学生生动活泼学习、健康快乐成长，全面而有个性地发展"。因此，在构建我国体育教师专业标准时，应充分考虑国外教师专业标准的特征及我国教师专业标准的理念，将"以生为本"的理念贯彻其中。

五、专业标准应以专业品质、专业知识、专业技能为主要内容

强调专业品质、专业知识、专业技能是国外教师专业标准框架内容的共同特征。一般来说，教师的专业知识和专业技能，关系到教师的教学；而教师的专业品质，则关系到的是教师的自我成长。这两方面的发展是教师专业发展的核心要素。《我国中小学教师专业标准（试行）》的基本理念也强调师德为先、能力为重。[1][2] 因此，在构建我国体育教师专业标准时，应结合体育教师的特殊性，专业品质、专业知识和专业技能应作为标准的主要内容。这不仅是对国际教师教育潮流的顺应，更是教师教育以及教师专业发展的本质要求，也与当前教师核心素养发展的要求吻合。

---

[1] 小学教师专业标准（试行）［EB/OL］. http：//www. moe. gov. cn/publicfiles/html-files/moe/s6127/201112/127836. html.

[2] 中学教师专业标准（试行）［EB/OL］. http：//www. moe. edu. cn/publicfiles/business/html-files/moe/s6127/201112/127830. html.

第八节　美国国家体育教师专业标准研究

如果要真正实现体育教师专业发展，就必须要以体育教师专业标准作为基本保障。1997 年，美国全国专业教学标准委员会建立了一支由在职优秀体育教师及学校体育领域中的专家组成的体育专业教学标准制定工作小组，开始着手构建美国基础教育体育教师资格认证标准。

一、美国国家体育教师专业标准产生的背景

几十年来，肥胖问题一直是制约美国中小学生健康成长的重要因素之一，且近年来有愈演愈烈之势。① 除了生活质量的提高、父辈遗传等原因之外，中小学生缺少身体活动是关键原因。之所以中小学生普遍不愿参与体育活动，与美国中小学体育教师的质量不高有着很大的关系。与中国一样，美国很多中小学体育教师都由其他学科的教师兼任，且待遇相比文化课教师要偏低。在这种情况下，体育教师也没有将太多心思放在学生的体育课堂教学上，其自身的专业发展也不容乐观。

为了改变这种不良的现状，培养高质量的体育教师进而为中小学生提供高质量的体育课程就显得非常关键，而培养高质量体育教师的前提就是要有高质量的培养标准，因此，由 NCATE（National Council for the Accreditation of Teacher Education）制定的新体育教师专业标准就应运而生。

二、美国国家体育教师专业标准的制定

国家运动和身体教育协会（National Association for Sport and Physical Education，NASPE）是美国健康、身体教育、休闲和舞蹈联盟（AAHPERD）中的一个协会，由其制订的体育教师教育标准于 2001 年颁行，分为初始体育教师教育标准（Standards for Initial Programs in Physical Education Teacher Education）和高级体育教师教育标准（Standards for Advanced Programs in Physical Education Teacher Education）。在 2008 年，NASPE 又发布了新的初

---

① Cunningsworth, A. Evaluating and Selecting EFL Teaching Materials [M], London：Heinemann, 1984.

始体育教师教育标准和高级体育教师教育标准,① 并于 2010 年开始执行。初始标准用于对体育教育专业本科毕业生进行评价,高级标准用于评价具有硕士学位的体育教师。

(一)初始体育教师教育标准(Standards for Initial Programs in Physical Education Teacher Education)

NASPE 制定的有关初始体育教师专业标准,主要用于对体育教育专业本科毕业生进行评价,体现了对体育教育专业教育的一个整合,更加强调了预备教师应有的行为表现。2001 年颁行的《初始体育教师教育标准》主要从 10 个一级指标和 44 个二级指标来对体育教师进行标准界定,从内容知识、成长与发展、学生的多样性、管理和激励、交流、计划与教学、学生评价、反省、技术、合作等 10 个方面对体育教师提出了具体要求。

2008 年,NASPE 对原有《初始体育教师教育标准》的部分指标进行了调整,将之前的 10 个一级指标调整为 6 个,44 个二级指标调整为 28 个(见表 6 - 7)。新颁布的《初始体育教师教育标准》主要从科学的和理论的知识、基于运动技能和体适能的能力、计划编制和实施、教学的传递和管理、影响学生的学习、专业化等六个方面对体育教师提出了具体要求。调整修改后的标准于 2010 年正式实施。

表 6 - 7 美国初始体育教师教育标准(2001)②

一级指标	一级指标的阐释	二级指标
内容知识	身体教育教师能够理解与人发展相关的身体教育的内容和学科概念	1. 确定动作技能表现中的关键要素,并能够把动作技能组合为适当的序列,以达到促进学习的目的 2. 熟练示范多种身体活动的动作技能 3. 描述与熟练动作和身体活动相关的行为概念和策略(如体能原理、比赛策略、技能提高的原理等) 4. 描述并应用生物科学(如解剖学、生理学、生物力学)和心理学的概念以发展熟练的动作技能、身体活动和体能 5. 基于历史的、哲学的和社会学的视角,理解并讨论当前身体教育或活动领域的问题和规律 6. 了解和认识州和国家制定的内容标准以及地方的课程目标

---

① Standards for Initial Programs in Physical Education Teacher Education [EB/ OL]. http://www. ncate. org/ public/ standards. Asp.

② Standards for Initial Programs in Physical Education Teacher Education [EB/ OL]. http://www. ncate. org/ public/ standards. Asp.

（续表）

一级指标	一级指标的阐释	二级指标
成长和发展	身体教育教师理解个体是如何学习和发展的，并能够提供机会来支持个体在身体、认知、社会性和情感等方面的发展	1. 把握个体和小组的行为表现，以便设计能满足学生身体、认知、社会或情感领域发展需要的、安全的教学 2. 理解那些与个体学习和改善动作技能发展相关的生物学、心理学、社会学以及经验和环境等因素的影响（如神经系统的发展、体格、性别、社会经济状况等） 3. 根据学生、学习环境和任务的理解来确定、选择和运用适当的学习（练习）机会
学生的多样性	身体教育教师理解个体在学习方式上存在的差异，并且创造出针对这些差异的适宜的教学	1. 确认、选择和运用适当的教学，这种教学敏锐地针对学生的优势或劣势、多种需要、学习方式和先前的经验（如文化的、个人的、家庭的、社区的） 2. 运用适当的服务和资源来满足学生多样的学习需要
管理和激励	身体教育教师运用其对个体和团体动机与行为的理解，创造一种安全的学习环境，这种环境鼓励学生进行正向的社会互动、积极参与学习和自我激励	1. 运用管理常规，以创造良好的学习体验和环境 2. 能够组织、分配、管理资源（如学生人数、时间、空间、器材、活动、教师的注意力等），为学生提供积极且平等的学习体验 3. 运用各种适合学生发展的练习形式，来激励学生在校内外参与身体活动 4. 运用策略帮助学生展现出负责任的个人和社会行为（如相互尊重、支持他人、安全、合作等），这些行为将促进形成正向的相互关系和有效率的学习环境 5. 设计一种有效的行为管理计划
交流	身体教育教师运用有效的言语、非言语以及媒体交流技术等知识，来强化学生在身体活动环境中的学习与参与	1. 描述并表现出有效的交流技能（如使用明确、简洁、抑扬顿挫的语言表达，使用符合学生年龄特点的语言给予和接受反馈，能进行非言语的交流等） 2. 运用多种方式交流管理和教学信息（如公告板、音乐、任务卡片、海报、网络、录像等形式） 3. 对每位学生的特点和需要具有敏感性，并采取多种方式进行沟通（如考虑到种族、文化、社会经济、能力、性别等方面的差异） 4. 描述且应用策略，来促进学生在身体活动中的交流

（续表）

一级指标	一级指标的阐释	二级指标
计划和教学	身体教育教师依据州和国家制定的标准，计划并实施多种适合于学生发展阶段的教学策略，以培养出受过良好身体教育的人	1. 确定、发展和采用适宜的课程以及教学目标 2. 提出与课程、教学目标以及学生需要相联系的长期和短期计划 3. 根据选定的内容、学生需要和安全问题，选择并应用教学策略，以促进学生在身体活动中的学习 4. 设计和实施安全、适宜、相关并基于有效教学原理的学习体验 5. 应用学科和教学法的知识，设计和实施有效的学习环境和体验 6. 为学生提供整合多个学科领域的知识和技能的学习体验 7. 选择和实施适宜的（如可理解的、准确的、有用和安全的）教学资源和课程材料 8. 使用有效的示范和讲解，将身体活动的概念和适当的学习体验联系起来 9. 发展和使用适当的教学短语和提示，来促进学生形成熟练的动作技能表现 10. 发展一套直接和间接的教学形式，来促进学生学习（如提出问题、形成方案、促进问题解决和批判性思维、促进事实性回忆等）
学生评价	身体教育教师理解并使用评价方法，来促进学生在身体活动过程中的身体、认知、社会和情感方面的发展	1. 能够识别各种类型的评价方法的关键成分，描述出使用各类方法的适宜和不适宜的方面，并关注效度、信度和偏差的问题 2. 采用各种适当的真实评价技术和传统评价技术来衡量学生的理解和表现情况，提供反馈，并与学生交流其进步情况（既有形成性评价，也有总结性评价） 3. 让学生参与自我评价和同伴评价 4. 解释并使用学生学习和表现的数据，为课程和教学决策提供信息
反省	身体教育教师是善于反思的实践者，他们评价自己的行动对他人（如学生、父母或监护人、同行专家等）的影响，也寻找机会使自己获得专业发展	1. 采用一个循环的程序进行自我反省，这一程序包括描述教学、对教学表现进行论证、指正教学表现、设定教学目的、实施改变等 2. 利用可能的资源（如同事、文献、专业协会等），来使自己成为一个善于反省的专业人员 3. 基于对个人教学表现的评价，制订一个持续促进个人专业发展的计划

（续表）

一级指标	一级指标的阐释	二级指标
技术	身体教育教师使用信息技术来增强学生的学习效率，并促进个人的和专业的发展	1. 了解现代信息技术以及拥有在身体教育中应用这些信息技术的知识 2. 设计、发展和实施那些整合了信息技术的学生学习活动 3. 使用信息技术进行沟通、建立网络、寻找资源，持续地增进专业发展
合作	身体教育教师需要培养和同事、学生父母（监护人）以及社会机构的关系，以支持学生的成长和健康	1. 确定策略，使自己成为一个在学校和社区呼吁增加多种身体活动机会的倡导者 2. 积极参与身体教育的专业团体（如本地的、州的、地区的、国家的），也包括更广泛的教育领域的专业团体 3. 确认并积极寻找社区资源来增加学生参与身体活动的机会 4. 与学生父母（监护人）和学校同时建立富有成效的关系，来支持学生的成长和健康

表 6 - 8　美国初始体育教师教育标准（2008）①

一级指标	一级指标的阐释	二级指标
学科基础理论知识	预备体育教师知晓和运用对于成长为受过身体教育的个人必不可少的学科专门的科学和理论的概念	1. 描述和运用与运动技能、身体活动和体适能有关的生理学和生物力学知识 2. 描述和运用与运动技能、身体活动和体适能有关的动作技能学习、心理、行为理论 3. 描述和运用与运动技能、身体活动和体适能有关的动作技能发展理论和原则 4. 从历史学、哲学和社会学的视角，鉴识与体育教育有关的法律法规 5. 分析和纠正运动技能和体能概念的核心要素
运动技能和体适能	预备体育教师是受过身体教育的人，具有证明能够胜任 NASPE 制订的 K-12 标准所列出的完成运动和增进健康所必需的知识和技能	1. 通过多种身体活动和多种运动方式展示个人的运动技能 2. 始终保持能够增进健康水平的体适能锻炼 3. 熟练掌握不同体育运动项目的技能概念

---

① NASPE. 2008 National Initial Physical Education Teacher Education Standards ［EB/OL］. http：// www. Aahperd. org/ naspe/ standards/national Standards/PETE standards.

（续表）

一级指标	一级指标的阐释	二级指标
计划和执行能力	预备体育教师规划和实施发展性的、适当的学习经验，与地方、州和国家标准密切结合，来满足所有学生的多种不同需要	1. 制定与实施和教育目标及学生多种需要相关联的长期教学计划 2. 制定与实施和地方、州、国家标准密切结合的，合理的（如可测量、适当的发展性、基于能力的）教学目标 3. 制定与实施和课程目标密切相关的课程内容 4. 规划和管理课程资源，以提供活跃、公正、公平的学习经历 5. 根据学生的多种需要编制计划和调整教学，为特别优越的学生附加专门的调整和修正，即在教学中做到因材施教 6. 设计实施递进的、有序的、满足所有学生多种需要的教学 7. 合理运用现代科学技术以达到课时教学目标
课堂教学与管理	预备体育教师使用有效的交流沟通和教育技能与策略，来增强学生的参与和学习	1. 在多种教学方式上，显现出有效的口头和非口头交流技能 2. 实施有效的示范、讲解、教学提示和鼓励 3. 对学生学习提供及时有效的教学反馈 4. 识别出环境的变化动态，并基于学生的反应调整教学任务 5. 使用合理的教学原则、课堂常规来创设和保持一个安全有效的学习环境 6. 合理运用教学方法来帮助学生在一个富有成效的学习环境中展现负责任的个人和社会行为
学习效果的评价	预备体育教师使用评估和反思来培育学生学习并作出教学决定	1. 建立合理的评价指标对学生学习效果进行评定 2. 运用合理的评价方法对学生学习前、学习中与学习后的体育技能进行评价 3. 从不同层面对学生的学习效果进行综合评定
专业化	预备体育教师展现出成为一个有成效的专业人员所具备的基本情意	1. 展现出自己能够促进学生进行自我体育锻炼与学习的能力 2. 参与团队协作活动，促进个体成长 3. 展现与高标准的教师职业道德一致的行为 4. 言行举止是令人敬佩与尊重的

　　通过 2001 年和 2010 年实施的《初始体育教师教育标准》可以看出，美国 NPASE 规定初始体育教师应该具有以下两个方面的知识结构和能力结构：一是综合的学科知识，包括广泛深厚的文化科学知识、扎实系统的专业学科知识、全面准确的教育科学知识和心理科学知识；二是完善的能力结构，包括课程资源开发能力、教学设计能力、教学监控能力、人际交往能力、终身学习和自我发展能力。

（二）高级体育教师教育标准（Standards for Advanced Programs in Physical Education Teacher Education）

NASPE 在 2001 年颁布了高级体育教师教育标准，该标准主要用于评价具有硕士学位的体育教师（见表 6-9）。其中，标准主要包括内容知识；课程知识；公正、公平、多样性；优质的教学实践；评价；对形成积极参与身体活动的生活方式的高度期望；研究方法；合作、反省、领导才能与专业化；教学辅导等九个方面的教学标准。该标准是针对拥有体育教育专业本科学位和教师资格的体育教师而设计的。在制订标准的过程中，NAPSE 与 AAHPERD 选择与国家专业教学标准委员会所制定的身体教育标准（3—18 岁以上）（NBPTS，1999）保持紧密一致，其目的在于制定出能够增强高级预备教师（硕士生）教学表现的标准，以积极影响学生的学习。

2008 年，NASPE 对原有《高级体育教师教育标准》的部分指标进行了调整，将之前的 9 个一级指标调整为 3 个，29 个二级指标调整为 9 个（见表 6-10）。新颁布的《高级体育教师教育标准》主要集中在专业知识、专业实践、专业领导等三方面对体育教师作出了相关规定。调整修改后的标准于 2010 年正式实施。

表 6-9 美国高级体育教师教育标准（2001）①

一级指标	一级指标的阐释	二级指标
内容知识	具有一定深度和广度的身体教育的学科知识，他们应为所有学生建立并加强终身参与身体活动的习惯。同时，他们能够清楚地陈述基础性的身体教育分支学科的实质意义，并恰当地将有关概念整合到以倡导终身参与身体活动为目的的身体教育课程中	1. 对学生身体活动的表现，能够分析、诊断并给予恰当的提示，使学生练习和学习的效果达到良好 2. 在制订计划和实施教学时，应用专业学科知识（动作发展与学习、运动科学、动作的社会学和心理学、历史和哲学、教学法）的各类概念 3. 具有展示多种身体活动方式的专业能力，包括但不限于冒险活动、水类运动、健身运动、舞蹈、游戏、竞技运动、体操和武术等

---

① Standards for Advanced Programs in Physical Education Teacher Education [EB/ OL]. http://www. ncate. org/ public/ standards. Asp.

（续表）

一级指标	一级指标的阐释	二级指标
课程知识	能够始终清晰地陈述作为选择、计划、评价其课程的基础的价值体系，以满足学生需要并促进学生学习	1. 清晰地陈述一直合理的观点，并提供与 NASPE 的标准保持一致的材料，其中包括与有关机构共享的书面文件 2. 持续地运用专业评价数据和相关技术为课程修订提供信息 3. 清楚地辨析多个课程模式的优点，并选择最合适的课程模式来适应学习者的需要和情况的差异（如气候、地区、器材） 4. 在选择和安排课程内容时，能够解释并展示学科知识与教学法知识之间的联系
公正、公平、多样性	通过表现出对所有社区成员的尊重和重视，并高度期待他们的学生能够平等而有尊严地对待他人，以示范并改善多元化社会中所应有的恰当的行为表现	1. 鼓励并示范公正、公平地对待所有的学生 2. 评判并实施那些能激发学生学习和尊重个体差异与文化差异的课程，使他们感觉有责任尊重他人 3. 提高学生在校内外环境中与他人交往采取合乎伦理、道德和公平关系的责任感 4. 评价学生对于公正、公平以及多样化相关的不当语言与行为后果的了解
优质的教学实践	完全理解身体教育的基本目标。他们认真地将相关教学法原理与身体教育内容的复杂性融合在一起，这为他们的教学实践赋予了目标，并使得他们能够实施一种灵活而有效的、能应对学生的兴趣、需要以及发展水平的教学	1. 始终如一地安排所有的学生参与有意义的学习任务 2. 使用相关的方法创造一种学习环境，这种环境提升学生学习兴趣，培养参加各类身体活动的持久性（如游戏、体操、舞蹈、水类运动等），以鼓励学生在校外成为这些运动文化的合格成员 3. 创造适合不同学生学习的机会 4. 理解在家庭、同伴、群体、学校和社区之间的社会与文化关系如何影响学生在身体教育活动中的学习和参与
评价	一贯使用各种真实的评价，并与国家、州制定的标准以及州和地区制定的专业目标、学生成果目标相一致，以给学生提供反馈，报告学生的进步，调整教学，并评价课程及专业的目标	1. 定期使用真实评价，并对学习成果进行解释，为教和学提供信息 2. 使用与课程宗旨、目标、学习经验以及学生学习成果相一致的真实评价方法 3. 将评价结果有效地与相关机构进行沟通，并用评价结果指导课程的改进

（续表）

一级指标	一级指标的阐释	二级指标
对形成积极参与身体活动的生活方式的高度期望	能够保持一个有活力、有成效的学习环境，以使所有学生达到要求，并高度期望学生形成积极参加身体活动的生活方式	1. 计划并实施的课程，能够提高学生在自己以及他人学习过程中的责任心、决策能力、解决问题以及合作的能力，并鼓励学生养成积极参与身体活动的生活方式 2. 学生总是积极地、高水平地参与有意义的学习任务，学生获得基本动作能力，并在几项运动形式上达到熟练水平 3. 对学生在校外进行有规律的身体活动有较高的期望值
研究方法	能够了解、理解研究工作，能对研究工作进行解释、评判，并且能够一直应用研究来改进实践	1. 审视并应用身体教育中有关教与学的研究 2. 定期进行或辅以教师和课堂为基础的研究工作 3. 能够运用相关技术收集、分析与传播信息
合作、反省、领导才能与专业化	应是终身学习者，他们作为更大的学习共同体的成员相互合作，提高所有学校身体教育的水平，并改善自身所在领域的专业文化	1. 与学习共同体的成员合作，共同来提倡并促进与国家、州标准以及本地区课程目标相一致的、合理的教育哲学与实践 2. 对影响教学实践的学习与反省表现出始终如一的责任感 3. 为确保身体教育是所有学生在校学习的一门中心课程，表现出专业能力和领导作用 4. 了解相关的公共政策，并积极倡导直接影响身体教育课程（如国家与州的标准、当地的课程目标）的更开明的公共政策和指导方针
教学辅导	对其他教师和（或）将要成为教师的人的专业发展提供支持与帮助	为其他身体教育教师提供专业发展机会和支持，鼓励他们反省并且改善教学实践与专业发展，成为对这一职业有所贡献的成员

表 6 - 10　美国高级体育教师教育标准（2008）①

一级指标	一级指标的阐释	二级指标
专业知识	高级体育教师申请者通过了解训练内容知识，运用内容知识来进行体育教学，以体育教学方案和指导为基础形成教学模式	1. 运动和教育学内容知识 2. 具有如何用学生能理解的方式向学生传达内容知识的知识 3. 对体育学习与教学的调查有系统的、有目的的方法与流程的知识

---

① NASPE. 2008 National Advanced Physical Education Teacher Education Standards ［EB/OL］. http：// www. Aahperd. org/ naspe/ standards/national Standards/PETE standards.

（续表）

一级指标	一级指标的阐释	二级指标
专业实践	高级体育教师申请者使用内容知识和教育学的内容知识来设计和开展适当的学习经验，来促进和加强学生的成长	1. 教学反映（反思）适合学习者、学习环境以及长短期结果/目标的内容知识和教育学内容知识的理解与运用 2. 教学反应整合规划、指导和评价作为一个统一的进程来达到长短期目标 3. 基于学生个体和文化的特征，教学反思因材施教 4. 教学反思关于实践和为学生服务的系统的调查
专业领导	高级体育教师申请者是持续的、合作的学习者，增进他们的专业发展并使用他们的能力为专业作贡献	1. 进行专业知识和实践的调查并把调查结果传达给行业和团体 2. 通过对他人专业成就和学习的贡献继续个人的发展

由于《高级体育教师教育标准》用于评价具有硕士学位的体育教师，因此，其相对《初始体育教师教育标准》对体育教师需具备的各方面知识结构与能力结构的要求较高。《高级体育教师教育标准》更加侧重体育教师的应用能力和研究能力，如在"内容知识"标准中，《初始体育教师教育标准》规定"体育教师能够理解与人发展相关的身体教育的内容和学科概念"；而《高级教师专业标准则要求体育教师"具有一定深度和广度的身体教育的学科知识，他们应为所有学生建立并加强终身参与身体活动的习惯。同时，他们能够清楚地陈述基础性的身体教育分支学科的实质意义，并恰当地将有关概念整合到以倡导终身参与身体活动为目的的身体教育课程中"。又如对于教师合作能力的要求，《初始体育教师教育标准》要求体育教师"需要培养和同事、学生父母（监护人）以及社会机构的关系，以支持学生的成长和健康"；而《高级体育教师教育标准》则要求体育教师"应是终身学习者，他们作为更大的学习共同体的成员相互合作，提高所有学生学校身体教育的水平，并改善自身所在领域的专业文化"，并能"对其他教师和（或）将要成为教师的人的专业发展提供支持与帮助"。

三、美国国家体育教师专业标准的内涵与特点

（一）以人为主体的价值观

在美国 NASPE 颁布的初级和高级体育教师专业标准中，均以体育教师

为中心，提出了体育教师应该具备的专业知识、专业能力、专业品质，其最终目的是促进教师专业化发展及提高体育教学质量。整个标准均强调教师的管理要以教师为中心，充分体现了对体育教师职业的人文关照，突出了以教师为主体的价值观。

（二）注重对人的教化，促进人的全面发展

人文主义认为，从教育视角来看，人文主义注重对人的教化，力求每一个人都得到更高水平的发展或全面发展，以实现对人性的拓展。在专业知识方面，美国高阶体育教师专业标准认为，体育教师找到新的、有意义的方式去运用其现有知识是至关重要的，并且（或者）建立起与现有知识的新的桥接去了解如何在体育教学中应用这些知识。另外，体育教师必须获得与体育教学领域中运动损伤相关的知识与技巧，这些将同时协助教师学员获取、分析与集合专业知识。通过这些知识的习得，能拓展体育教师的知识面，并促进体育教师高水平的发展。在专业实践方面，高阶体育教师专业标准要求教师学员去展现其综合与应用技巧及知识的传递方式，并适当地使用与综合类似的技术与概念去强化学生的学习。在专业领导方面，美国高阶体育教师专业标准规定持续的专业学习是成为一名高阶体育教师领导者的核心要求，要求体育教师在自身的职业生涯中，不间断地学习，提高自身各方面素质，成为领导者。因此，美国体育教师专业标准中各个维度都注重对体育教师的教化，要求体育教师不断完善自己，充分体现了教师专业标准的人文关怀。

（三）注重教师的自我实现

自我实现是人的最高需要，当代教师的这种需要更加强烈。他们迫切需要不断补充知识存量，完善知识结构，扩大知识视野，以更好地发挥自身的优势，实现自我的价值。因此，持续的专业学习是教师自我实现的必要途径。在专业领导方面，高阶体育教师专业标准注重持续的专业学习对于一名体育教师成为领导者的核心作用，这符合人文主义教师教育的目标，即达成教师的自我实现，同时也反映了高阶体育教师专业标准为全体体育教师服务的立场。

第九节　日本体育教师专业标准研究

一、日本体育教师专业标准的产生背景

上世纪末，随着信息化时代的来临以及高新技术产业的发展，日本社会结构、社会关系、社会生活等方面均发生了巨大的变化。此时，生活水平不断提高，闲暇时间逐渐充足，这一变化为日本国民提高自身身体素质提供了可能。在此背景下，日本各界对身心健康的呼声越来越高，日本教育界认识到，培养高质量的体育教师是解决这一问题的重要途径之一。因此，日本政府开始研制体育教师专业标准，以期为培养高质量的体育教师服务。

二、日本体育教师专业标准的基本目标

为了培养高质量的体育教师，日本政府颁布了体育教师专业标准，其基本目标主要表现在以下几个方面：第一，鼓励教师对自己在教学中的表现有更高的期望值；第二，对体育教师未来教学的发展提供准确的预见；第三，为教师的教学水平、教师评价、教师学习等方面建立密切的联系，促进教师的专业成长；第四，保证所有有可能发生教学行为的教学情境中，都能够全方位地促进、支持、认可和奖励高质量教学的产生和发展；第五，确保体育教师的专业性，自律、高等教育、广泛的视野、不可取代、较高的威信和公共责任是界定教师职业与其他职业的根本区别。教师专业标准的构建正是体现教师特殊性的重要举措。

三、日本体育教师专业标准的文本解读

日本体育教师的资格种类分为幼儿园教育专修许可证、小学教育普通许可证、初级中学教育普通许可证、高级中学教育普通许可证四类。其中，幼儿园教师和小学教师资格不按照学科进行分类，初中和高中教师按照学科进行分类，即体育教师需按照标准要求修完相应的课程，并获得学分，方能取得体育教师许可证（见表6－11）。

表 6 – 11 取得体育教师许可证最低的必要条件

教师资格种类	教学科目	有关教学科目的课程	修得最低学分数
小学教育普通许可证（专修许可证、一类许可证）		国语（包括书写）	2 学分以上
		社会	2 学分以上
		算术	2 学分以上
		理科	2 学分以上
		生活	2 学分以上
		音乐	2 学分以上
		图画手工	2 学分以上
		家庭以及体育	2 学分以上
	注：小学教师资格不分科，但分专修许可证、一类许可证和二类许可证。以上是专修许可证与一类许可证的必修课程，二类许可证的必修课程为以上课程中的五门（包括一门以上的有关音乐、图画手工以及体育的教学科目的课程），分别修 2 学分以上。		
初级中学教育普通许可证	保健体育	体育技能	5 学分以上
		［体育原理、体育心理学、体育经营管理学］及运动学（包括运动方法学）	6 学分以上
		生理学（包括运动生理学）	2 学分以上
		卫生学及公共卫生学	2 学分以上
		学校保健（包括小儿保健、精神保健、学校安全及急救处置）	5 学分以上
	注：［］内所表示的有关教学科目的课程，其学分的修得方法，就是有关该教学科目的一个以上课程修得。		
高级中学教育普通许可证	保健体育	体育技能	5 学分以上
		［体育原理、体育心理学、体育经营管理学、体育社会学］及运动学（包括运动方法学）	6 学分以上
		生理学（包括运动生理学）	2 学分以上
		卫生学及公共卫生学	2 学分以上
		学校保健（包括小儿保健、精神保健、学校安全及急救处置）	5 学分以上
	注：［］内所表示的有关教学科目的课程，其学分的修得方法，就有关该教学科目的一个以上课程修得。		

（续表）

教师资格种类	教学科目	有关教学科目的课程	修得最低学分数
幼儿园教育专修许可证（一类许可证）		音乐	2学分以上
		图画手工	2学分以上
		体育教学科目	2学分以上
		国语	2学分以上
		算术	2学分以上
		生活教学科目	2学分以上
注：如果是二类许可证，则对音乐、图画手工以及体育教学科目分别修得2学分以上，后三者则任选一门修得2学分以上			

四、日本国家教师专业标准的特征

（一）从结构上看，教师专业标准服务于不同类型的体育教师

综观国外其他国家教师专业标准的结构，大多数国家是以教师的不同发展阶段为依据对体育教师专业标准进行分类，而日本体育教师专业标准则依据不同类型的学校对体育教师进行资格分类，分为高中、初中、小学、幼儿园四类许可证。其分类方法体现了"以生为本"的指导思想，有助于不同类型学校的体育教师结合该类学校学生的特点实施有效的体育教学。

（二）从内容上看，为体育教师的培养提供了可操作性指导

从内容上看，日本的体育教师专业标准规定了体育教师在培养期间应该完成的学科科目和教职科目，且对所有科目的学分进行了明确规定，其主要目的是追求最新的教育理念和理论研究引领实践行为的现实意义。在日本体育教师专业标准中，较为细致、合理地设定了获得教师资格需完成的科目领域和相应的学分比例，并以此作为行动指南，为体育教师的培养提供了指导，且具有较强的操作性。另外，在标准中，教职课程所占比例超过了学科课程，并大幅度增加教育实习的比重和学分，增加教职实践演习环节，凸显体育教育因素日益贴近中小学教育实践的倾向；主张接触实践、积累实践经验，使"提供基础知识"的大学培养目标向"培养实际能力"的方向转变，使理论主动转化为实践能力。

（三）从功能上看，教师专业标准以引领不同类型学校体育教师专业发展为目标①

在日本的《新时期教员养成的改善方案》中，对包括体育学科在内的所有学科的教师专业标准框架进行了规定，并以此理念制定相应的《教育职员资格法》，实行教师资格制度，规定教师资格种类和体育教师资格标准，形成教师资质要求与教师专业标准两者融合、相互挂钩的模式，提高了体育教师的社会形象和职业尊严，使其专业地位得到根本保障。日本较注重培养涵盖教师人格、知识、技能的整体性素养，从而为不同类型的学校分别制定了教师专业标准，为体育教师的认证提供了全国性基准，同时给处于不同类型学校的体育教师的专业发展提供了参考。

第十节 美日体育教师专业标准的反思

体育教师的专业培养兴起于上世纪五、六十年代的西方发达资本主义国家，是在青少年体质严重下滑、儿童肥胖现象蔓延和体育教师职业地位"边缘化"的背景下产生的。美日体育教师专业标准为培养各国高质量的体育教师起到了积极的作用，具体表现为：第一，从无标准到有标准，标准存在本身意味着专业性的提升；第二，标准是衡量事物的准则，构成评价事物的依据；第三，作为依据的标准，具有评价的功能，同时也就具有导向的功能，可以作为体育教师专业自主发展和教师培养的现实依据和参考；第四，标准体现学科的专业价值取向。但反观美日体育教师专业标准实践过程，其中也暴露了一些问题。其主要表现为以下几个方面：

一、权力技术对体育教师小我意识的侵蚀

西方教育学者普遍认为，福柯的权力技术（technologies of power）理论对教师专业培养产生了巨大的影响（Macdonald，Jane Mitchell，Diane Mayer，2006；Gore，1998，pp. 235 - 236；Webb，2004；Shildrick，1997；Wright，2000），其作用主要表现在职后教师的管理方面。权力技术兴起的背景是上世纪 90 年代教师管理中自我管理的潮退与教师专业标准管理的潮起，其理

---

① 林陶. 日本体育教师专业标准诠释 [J]，体育学刊，2009 (3)：63 –67.

论维度主要包括 7 个方面（见表 6 - 12）。

表 6 - 12 福柯"权力技术"的理论维度①

理论维度	内容描述
监督 （Surveillance）	监督包括细致观察、观看，威胁去观看或者希望被注视……监督将个人孤立，评估个人行为并使比较可以被做出（Gore，1998，pp. 235 - 236），福柯在著作《全景监狱》中曾运用监督的概念去解释了人类凝视的力量。
规范化 （Normalisation）	规范化是指通过对行为、态度或者知识的标准的参照来定义规范，使身体或者教师处于可控制的状态，抑或在他们的表现或实践中处于正确的状态。
排斥 （Exclusion）	排斥与常规化是密切联系在一起的，在某个体或某教师失败地展现规范的实践和被边缘化时出现。
分类 （Classification）	分类是建立在区分群体和个人与对立的群体和个人基础上的一种权力技术（如那些完成与没有完成职业操作要求的人之间的对立）。
个性化 （Individualisation）	个性化是指给予某个人一种个性（Gore，1998），如一名教师经常自我暗示："我是属于那一种经常获取继续专业培养机会的教师。"
整体化 （Totalisation）	整体化与个性化形成鲜明的对比，整体化表明了集体的规范或者培养集体性格（Gore，1998，pp. 235 - 236），如教师被公共语境认为是拥有长假的集体，拥有长假就成为了教师的集体性格。
评估 （Regulation）	评估是前 6 种权力技术的结果。但是，评估可能更多地是指权力的细微功能在日常事务中由规则、限制、制裁、奖赏和惩罚所造成的，由职业标准与职业期待产生的权力形式。

权力技术理论的兴起使自我评价在教师管理中日渐式微，同时，它使标准化的教师管理逐渐占据主导地位。一方面，这种趋势产生了规范教师教育、短期内提升教师素质的积极作用；另一方面，也导致了教师小我意识的快速消亡。由于体育教学的开放性、透明性和不拘束于教室教学的特点，这种教师小我意识消亡的趋势则表现得更加明显，体育教师在体育教学中的每个动作、每个姿势，甚至是每个位置都像是被机械地制定出来，为标准制定

---

① Louisa A. Webb, Doune Macdonald. Techniques of Power in Physical Education and the Underrepresentation of Women in Leadership ［J］. Journal of Teaching in Physical Education，2007，26，279 - 297.

者评价结果提供参考。此外，权力技术理论带来的体育教师管理模式的转变直接影响了初任体育教师的职业待遇、女性体育教师的职业发展轨迹和广大体育教师的专业发展道路，进一步使体育教师的小我意识湮没在标准化的大我意识之中。针对这种现实，澳大利亚昆士兰州的教师标准中把志愿性、独立性和个人选择构建在借鉴传统的教师个人化与专业化的个人自我表现上，学者 Macdonald 和 Tinning 指出，在自我语境中有经验的体育教师的个人感觉才是最好的。①

二、体育教师专业标准对体育教师培养的窄化

提高在职体育教师的质量是西方发达国家制定体育教师专业标准的初衷。标准自形成以来，虽然对体育教师的素质提升起到了一定的积极作用，但是由于标准所规定的认证资格的获得过程过于繁杂，导致了部分体育教师忙于"考证"，从而忽视了日常的教学任务，导致体育教学质量的下滑。同时，体育教师的专业标准中社会性要素的习得实际上是一个相对漫长的阶段，是每位教师多年来从事一线体育教学的经验积淀、凝练和升华的产物。例如，美国 NBPTS 体育教师标准中规定的"体育教师通过对学生的了解，可以使每个学生都能够感受到其自身在体育教学中所具有的重要性。体育教师应该能够以恰当的方式与学生交流，从而使每一个学生都能获得成功，并受益于积极、健康的体育生活方式。"② 类似的规定并非是体育教师技术、技能和知识水平的简单体现，而部分体育教师为了获得资格认证采取其他途径，部分私人机构通过向这些体育教师提供服务而获取酬劳的行为从根本上使体育教师培养的过程窄化。

三、体育教师专业标准实践中的男性主导

在体育教师专业标准的具体实践过程中，女性体育教师面临的职业挑战尤为突出，主要体现在男性在体育教育中对空间的主导性侵占、体育教育中的男性文化特质、行为与表现的不同性别期待和男性领导力的主导语境方面。福柯在界定权力的本质时曾谈到"话语即权力"。因此，他主张社会学

---

① Louisa A. Webb, Doune Macdonald. Techniques of Power in Physical Education and the Underrepresentation of Women in Leadership [J]. Journal of Teaching in Physical Education, 2007: 279 - 297.

② 尹志华，毛丽红，汪晓赞，季浏. NBPTS 体育教师专业标准研究及其启示 [J]. 北京体育大学学报，2012，35（3）：80—84.

的研究应置于特定的语境之中进行，人类的身体也同样是一种人类运行权力的重要载体，"身体被赋予了各种权力关系，权力通过身体得以运行，而非被身体占据"（福柯，1975）。体育教学中的"身体"同样是教师运行权力的主要载体，随着体育教育社会化的进程，体育教学中教师的"身体"权力运行不仅是教师为了实现教学目标的途径，也成为了评价教师专业素质的重要依据。然而，女性使用身体作为权力运行的方式所要面临的障碍显然要多于男性。

另外，体育教育的领导权中存在突出的男性主导倾向。西方的相关研究表明，当前体育教育中领导权的一个特征是男性占据领导的主导权。来自澳大利亚昆士兰州教育局的数据显示，女性出任体育学院领导的比重（13.5%~15%）明显低于其他学院（42%），这一比重仅高于自然科学（11%）。① 虽然，在以美国 NASPE 体育教师专业标准为代表的书面文件中并未找到明显的性别差异取向，但是，受到男性主导在体育教师评价中的作用，女性体育教师面临的职业发展困境正在加重，其中很重要的一个原因即是男性体育教师领导通过将体育教师专业标准作为一项硬性标准来制约女性体育教师的职业发展。众所周知，为了实现高阶体育教师专业标准的要求，参加专业研讨会和培训班几乎是不可缺少的项目，有研究表明，男性体育教师获得类似职业发展机会的概率要明显高于女性体育教师。②

四、专业标准实践加重体育教师的边缘化

体育教师职业地位的边缘化问题由来已久，制定体育教师专业标准的初衷之一就是为了缓解这一问题的加剧。然而，有学者认为，在体育教师专业标准的践行过程中，体育教师专业化的不断加深伴随着不断缩紧的专业原则使体育教师专业教育在体育教育领域内部逐渐处于边缘化地位（Macdonald，Kirk，& Braiuka，1999）。③ 体育教育和其他学科相比，学科边缘化现象依旧存在，同时，体育教师专业培养在体育教育内部的边缘化趋势也逐渐显现。

---

① Louisa A. Webb, Doune Macdonald. Techniques of Power in Physical Education and the Underrepresentation of Women in Leadership［J］. Journal of Teaching in Physical Education，2007：279-297.

② Louisa A. Webb, Doune Macdonald. Techniques of Power in physical Education and the Underrepresentation of Women in Leadership［J］. Journal of Teaching in Physical Education，2007：279-297.

③ Kirk，D. Embodying the school/schooling bodies：Physical education as disciplinary technology. In C. Symes&D. Meadmore（Eds.），The extra-ordinary school：Parergonality and Pedagogy（pp. 181-196）. New York：Peter Lang.

导致这种现象形成的原因是传统体育教师在教学中的主体地位不断被削弱，而伴随着体育教师专业标准的出现而产生的体育教师的替代品，如私人体育教育服务公司则在相当大的程度上取代了原有的体育教师角色。

体育教师是西方体育外包实践过程中受到影响较大的群体，在体育外包的进程中，体育教师专业标准最初实现教师整体素质的提升、整体职业地位的提升以及整体教师队伍标准化的提升的既定目标并未完全地在基于学校教学的语境中得以实现。相反，私人提供者的介入将专业标准在一定程度上"异化"为生产体育教育提供者的操作手册，变成了体育教育服务供应流水线上的"图纸"，将体育教师异化为体育教育提供的工具，逻辑上自然地形成了任何能够满足体育教育工具性的个人、团体都具有替代体育教师角色的胜任能力的思维取向。

人文主义思潮对于教师异化的现象持批判立场，教书匠式的"作坊"教育虽然可以实现知识的灌输，但无法实现人文素质的传承，这一点在体育教育中尤为重要，因为体育教育的本质中既有技术、技能和知识的习得，同时更为重要的是其作为文化积淀与文化传承的育人功能的存在。体育教师既是教育者，同时也是文化的传播者，在体育教师专业标准（以美国 NASPE 高阶体育教师专业标准为例）中所蕴含的人文目的，如果不能在实践中得到实现，那么标准的实际意义就会大打折扣，也就违背了标准制定之初的人文关怀。

第十一节　美日体育教师专业标准对构建我国体育教师专业标准的启示

一、构建动态发展标准，为教师的自我实现提供指导

美国在制定体育教师专业标准时，NASPE 针对体育教育专业本科毕业生和硕士毕业生分别制订了初始体育教师教育标准和高阶体育教师教育标准。高阶标准的内容在初始标准的基础上有所提升。针对我国现行的体育教师资格标准而言，对本科、硕士毕业生都采用统一标准，并无区别。对不同级别的毕业生实行统一标准，不利于体育教师的专业发展。因此，我国在制订体育教师专业标准时，应根据不同的专业发展阶段和不同的学历制订动态

的等级标准，更好地引领体育教师的专业发展，为其自我实现指引方向。

二、关注体育教师与学生的关系

人文主义主张人与人之间的平等关系。因此，教师与学生的关系就不能被定义为教育者与受教育者、领导者与被领导者的关系，而应该是一种平等的互教互学的关系。教师要把自己定位为既是教育教学的管理者，更是服务者；既是知识的传播者，又是智慧的开启者；既是引领学生健康成长的先行者，也是沟通无间的知己者。在美国体育教师专业标准中，重点关注了教师与学生的关系，认为优秀的体育教师应能够为学生从事、享受体育活动而创造一个受学生欢迎的、安全的、富有挑战性的学习环境。在这种环境中，教师能够营造一种有序的学习氛围，并对每个学生持有期望，以促进全体学生都能够学到尽可能多的体育知识与技能。在构建我国体育教师专业标准时，应遵循学生与教师之间的互相沟通与理解的学习环境，遵循平等的互教互学的关系，积极寻求促进学生体育学习的方式方法，努力提高体育教学质量。

三、关注体育教师的知识运用能力

人文主义注重对人的教化，力求使每一个人成为文明人、文化人和具有创造力的人。因此，在教学过程中，极力倡导教师开发自己的创造力，寻求适合学生学习的方式方法，从而提高教学质量。美国体育教师专业标准（高阶标准）规定体育教师在具备初级标准所要求的基本知识的基础上，应将注意力集中在桥接已有知识与实际应用之间的关系上，寻求适合学生学习的方式或方法，从而有效地提高体育课堂教学质量。因此，在构建我国体育教师专业标准时，不仅需要规定体育教师应具备的各类知识，还应将体育教师的知识运用能力作为重要指标列入其中。

四、尊重体育教师的小我意识

长期以来，体育教师的小我意识被淹没在体育教育的大我意识之中，一位体育教师如同一座冰山，大我意识是露出水面的八分之一，而小我意识则是支持着这宏伟"大我"的水下的八分之七。如同音乐、舞蹈和美术教师一样，体育教师的小我意识是其将教学升华到一种艺术水准的基础。在体育教师专业标准的制定中，应该尊重体育教师的小我意识，给予体育教师自由发展、自我实现的途径和对教学内容和计划的话语权。虽然任何标准从性质上讲都是一种"大我"语境的体现，但是践行标准的途径可以是通过"大我"之路实现"小我"，最终形成"自我"的过程。

五、保护女性体育教师的专业发展需求

由于男性体育教师在体育教育中的主导地位，女性体育教师的从众维度的心理障碍更为严重。[①] 西方的相关研究表明，在体育教师专业标准的设计、制定和颁布过程中，女性体育教师的话语权相对较少，而专业标准对女性体育教师的职业发展的影响却较大，因此，在体育教师的专业标准制定过程中，应该关注男女体育教师的平等关系，注意对女性体育教师专业发展需求的保护，从增加适应女性体育教师特长的体育技能标准、增强女性体育教师在体育教学中的空间占有和确保女性体育教师相对的话语权等方面进行规定。另外，应使标准具备能够产生增强女性体育教师专业投入和专业精神的潜能，从"内力"和"外力"两个方面确保女性体育教师的专业发展需求得到保障。

六、突出体育教师专业标准的文化功能

体育教育既是输出体育技术、技能和知识的过程，同时也是实现文化积淀和文化传承的过程。为了避免体育教师专业培养内容的窄化，缓解体育教师职业地位的边缘化，在专业标准中，文化功能的展现十分必要。体育教师不仅应该具备相应的体育技术知识，同时对于体育项目的文化根源和特征也应该具备一定的认知，反映在具体的标准制定中就是要强调体育教师文化传承者的主体身份。另外，中国传统体育中的文化基础也应该成为中国体育教师和西方体育教师相比较的一种特质，这种特质应该通过具体的标准制定加以保护。通过对比不同国家的体育教育实践可以看出，体育教师的文化功能对其职业素质的提高起到"增熵"作用。在部分非洲国家，要求体育教师能够展现民族性体育文化的诉求从一定程度上缓解了体育教师边缘化社会地位的现状。

---

① 尹志华，毛丽红，汪晓赞，季浏. 中小学体育教师在体育学习评价中的心理障碍调查分析[J]. 体育学刊，2013，20（1）：79-83.

第七章
我国中小学体育教师专业标准指标体系的初步设计

体育教师应具备什么样的专业素质，是个"仁者见仁、智者见智"的话题。本文在全面了解我国中小学体育教师专业发展现状的基础上，制订了《我国中小学体育教师必备专业素质（专家调查问卷）》，针对新手型、熟练型、专家型体育教师应具备的专业素质对我国体育学界的专家进行了问卷调查。

第一节 我国中小学体育教师专业标准指标的实证筛选

当前，我国还未形成系统的体育教师专业标准，基于此，本研究参照上述的研究结果，试图构建适于我国体育教师专业发展的标准框架。从分析国外典型案例中，可以发现，其教师专业标准框架有两种，一种是建立不同层级类别的教师专业标准，而后将之组合在一起构成教师专业标准体系，其代表性国家为美国；另一种是建立一套整合不同层级教师标准的一体化的教师专业标准，其代表性国家为英国。本研究认为，后者更能体现教师专业发展评价的一致性、连贯性、发展性，实现教师专业发展评价标准的一体化框架。因此，立足于前文所描述的内容标准和表现标准的整合统一，把几个教师阶段的专业标准合成在同一个标准框架内，以更好地说明教师专业发展的进阶性特征。

一、调查问卷的设计

本研究依据上述相关研究结果初步构建了我国中小学体育教师专业标准指标体系，并制成了专家问卷表，采用现场问卷、电子邮件、邮局邮寄等多种途径对全国学校体育领域专家（长期从事学校体育的相关研究工作）进行了调研。在调研过程中，虽然专家在判断和选择我国中小学体育教师专业标准相关指标时具有个人主观性，有专家本人知识和经验的反映，但本研究集成多位专家的意见，可以在一定程度上化主观为客观。根据专家的意见，删除一些不能较好反映我国中小学体育教师专业发展的评价指标，可以改善我国中小学体育教师专业发展评价指标的质量，增强评估指标的科学性和合理性。

（一）我国体育教师专业标准框架结构

本研究从系统和整体观点出发，把体育教师的专业发展看作一个整体的发展过程，并综合运用单元分析方法和内涵分析方法，对体育教师专业标准进行模型构建。本研究所构建的体育教师专业标准框架嵌入了教师专业发展内涵的两大维度，即教师专业发展内容维度和教师专业发展阶段维度，其中教师专业发展内容维度主要界定了教师所应该具备的三大专业发展内容：专业品质、专业知识和专业技能；而教师专业发展的阶段维度则把教师划分为新手型教师、熟练型教师和专家型教师三个阶段。

本研究的体育教师专业标准构建是从横向和纵向两个层面进行的，其横向层面主要是围绕体育教师专业发展中的专业品质、专业知识和专业技能三大范畴的各要素进行扼要分析；纵向层面主要是根据教师职业的三个阶段（即新手型教师阶段、熟练型教师阶段和专家型教师）进行扼要分析。

本研究的体育教师专业标准构建的基本思路如下：首先，根据体育教师专业发展的本质属性，把体育教师的专业品质、专业知识和专业技能三大范畴划分为若干个层次（类似维果茨基提出的单元分析法中的单元），每个层次都属于教师发展的共同和关键维度，这些维度共同组成评价的内容标准；其次，结合体育教师专业发展阶段的不同特征，在每一个内容标准下，建立特征水平描述项目。

（二）我国体育教师专业标准框架内容

根据不同发展阶段体育教师的专业发展现状及需求，结合国外体育教师专业标准的相关经验，参照国内学校体育领域专家的相关建议，本研究初步构建了我国体育教师专业理想标准的基本框架内容（表7-1）。

表 7 - 1　我国中小学体育教师专业标准指标体系

目标层	领域层	指标层
我国中小学体育教师专业标准	专业品质	职业理解与认识
		规章与职责
		与学生的关系
		交流与合作
		教学行为与态度
		个体专业发展
	专业知识	教育理论知识
		科学的和理论的专业知识
		服务教学的专业技术知识
		学科教学知识
		通识性知识
		现代化信息技术知识
	专业技能	教学设计
		教学实施
		教学评价、监控和反馈
		科研
		课余、课间活动的组织
		竞赛裁判
		运动技术的掌握
		合作、反省、领导才能

二、调查问卷的统计分析

（一）评分标准分值设定

本研究根据社会变革与基础教育改革对教师的新要求，结合我国中小学体育教师专业发展现状，参照国外体育教师专业标准的内涵与特征，并征求学校体育领域著名专家的意见，确定了专业品质、专业知识、专业技能三个一级指标，并确定了相应的 20 个具体指标。为了衡量各个指标的重要度，本研究对调查问卷中的各个指标的重要程度分别赋予了 5、4、3、2、1 的分值（见表 7 - 2）。

表7-2　指标赋值标准

分值	评分标准
5	非常重要
4	重要
3	一般
2	不重要
1	非常不重要

本研究根据指标赋值标准，得出了各类指标的分值。然后，根据指标筛选的原则对相对不重要的要素进行删减，最终得出我国中小学体育教师专业标准的指标体系。

（二）调查结果的分析

1. 一级指标的调查结果

本次调查设立的我国中小学体育教师专业标准的一级指标包括专业品质、专业知识和专业技能三个维度。从调查结果来看，调研对象对这三个维度的认可率均大于90%。这一结果充分说明这三个维度得到了专家的认可，并且能够反映教师专业发展的现状。

2. 二级指标的调查结果

本研究所列举的二级指标（指标层）是用来反映一级指标（领域层）的主体侧面的指标。本研究将分别对各领域层下的指标层的调查结果进行详细描述。

（1）专业品质维度下的指标层

本研究在专业品质维度下设置了职业理解与认识、规章与职责、与学生的关系、交流与合作、教学行为与态度、个体专业发展六个指标。通过对专家的问卷调查与访谈得出以下主要结论：专业品质维度下的系列指标的表达欠准确，容易产生误解，需进一步规范相关文字的表述，建议围绕专业品质的主要构成要素制定指标层的相关指标。建议将以上六个指标改为：专业理想、专业情操、专业性向、专业自我四个指标。

（2）专业知识维度下的指标层

本研究在专业知识维度下设置了教育理论知识、科学的和理论的专业知识、服务教学的专业技术知识、学科教学知识、通识性知识、现代化信息技术知识六个指标。通过对专家的问卷调查与访谈得出以下主要结论：专业知识维度下的系列指标的表达需进一步精炼。建议将以上的指标综合归纳到以下指标：科学文化基础知识、体育专业理论知识、相关学科知识、教育科学知识、运动技术知识。

（3）专业技能维度下的指标层

本研究在专业技能维度下设置了教学设计、教学实施、教学评价、监控和反馈、科研、课余以及课间活动的组织、竞赛裁判、运动技术的掌握、合作和反省以及领导才能 10 个指标。通过对专家的问卷调查与访谈得出以下主要结论：

第一，表述欠准确，如科研，应将其纠正为科研能力。

第二，将课余以及课间活动的组织、竞赛裁判归结到日常工作能力。

第三，教学能力包括了教学准备与计划、教学实施、教学评价等过程，但标准体系设计的教学设计不能全面反映教学准备与计划，因此，将该指标改为教学准备与计划。

第四，指标体系中设计的专业发展能力在专业品质中的专业自我已有体现，避免重复，建议删除。

综上所述，本研究筛选出一个由 15 个具体指标构成的我国中小学体育教师专业标准指标体系（见表 7-3）。

表 7-3　我国中小学体育教师专业标准指标体系调查结果

一级指标	二级指标
专业品质	专业理想
	专业情操
	专业性向
	专业自我
专业知识	科学文化基础知识
	体育专业理论知识
	相关学科知识
	教育科学知识
	运动技术知识
专业技能	教学能力 1——计划与准备
	教学能力 2——方法与策略
	教学能力 3——评估与评价
	教学管理能力
	科研能力
	日常工作能力

第二节　我国中小学体育教师专业标准各指标内涵

在教师专业化发展的国际背景下，教师的专业发展已经成为大众的焦点。如果要真正实现体育教师专业发展，就必须要以体育教师专业标准作为基本保障。上世纪80年代以来，美、英、日等教育发达国家开始研制教师专业标准，经过不断修订、完善，已形成包括职前培养标准、入职培训标准和在职标准在内的一体化的教师专业标准体系。

综合各国（体育）教师专业标准的构成要素，主要包括专业品质、专业知识、专业能力三个方面，教师专业标准的构成要素，既相互联系，又各有内涵的对立，只有达到辩证统一，方能实现体育教师专业的协调发展。本研究结合我国中小学体育教师专业发展的需求，根据国外体育教师专业标准的相关启示，初步构建了我国体育教师专业标准的各级指标。

一、体育教师专业知识标准

知识经济时代，体育教师需具备不断学习的习惯和能力，要具备良好的文化素养和业务素质，从而不断完善自己的智能结构，提高自身的创新意识，把前沿的知识展现在学生面前。因此，在专业知识方面，体育教师应该具备广博的科学文化基础知识、精深的体育专业理论知识、广博的相关学科知识、坚实的教育科学知识、能为体育教学服务的专业技术知识。

（一）科学文化基础知识

教师是知识的传播者，教师必须达到对知识的融会贯通，才能更好地传递。不仅要知其然，还要知其所以然。教师只有具备广博的科学文化基础知识，才能向积极渴求知识的学生传播真、善、美，陶冶学生的人文精神与人文素质。横观各国教师教育实践，各国都在关注拓宽教师的知识面，使其具备广博的科学文化知识。因此，体育教师应该具备的科学文化基础知识主要包括以下几个方面：（1）掌握基本的人文类知识，如哲学、社会学、人类学、经济学、政治学、伦理学、历史和地理等方面的知识；（2）掌握相关科技类知识，如一般自然科学常识、关于文理学科交叉知识；（3）掌握工具类知识，如外语、数学、计算机、写作等方面的知识；（4）掌握艺术类知识，如美术、音乐、文学欣赏等方面的知识；（5）掌握基本的劳技类知识，如一般的劳动生产知识与现代工农业生产的基本原理等知识。①

（二）体育专业理论知识

体育教师精通本专业的基本知识和基本技能是提高教学质量的前提条件。体育教师的专业理论知识水平应该表现为"实、深、活、新"四个方面。"实"是指体育教师应该全面系统地钻研本专业知识，对中小学《体育与健康》课程及《体育与健康课程标准》全面掌握。"深"是指体育教师对专业知识不仅要广泛涉及，而且还应深入研究，不仅知其然，而且还要知其所以然。体育教师要能熟练描述和运用与运动技能、身体活动和体适能有关的生理学和生物力学概念、动作技能学习和心理或行为理论、动作技能发展理论和原则，能够通过历史学、哲学和社会学的视角，鉴识与体育有关的法律法规，以及分析和纠正运动技能和体能概念的核心要素。②"活"则要求体育教师真正理解体育专业理论知识，包括运动解剖、运动生理、运动生化、运动生物力学、体育保健等相关专业知识，能把这些知识灵活运用到课堂或课余训练中，为教学或训练服务。"新"要求体育教师要不断更新自身知识内容，了解、跟踪本专业在国内外的最新发展，力求把最新的知识渗透到教学中，使教学内容富有新意，激发学生的运动兴趣和求知欲。

（三）相关学科知识

长期以来，我国中小学体育教师仅仅了解体育专业的知识，体育教师的知识面过于狭窄和闭塞，造成了与其他学科之间知识的割裂。新时期，教师除了"一专"，还需要"多能"，仅仅了解和掌握本专业的知识是不够的。体育教师具有广博的科学文化素养是进行体育教育教学的客观需要，也是时代发展及教师自身发展的需要。杜威认为，一个人要成为合格教师，"他应有超量的、丰富的知识。他的知识必须比教科书上的原理或任何固定的教学计划更为广博。"传统的体育课程强调"学科本位"，竞技运动项目几乎是体育课程唯一的教学内容。评价教师的专业知识水平，基本上是按教师掌握运动知识和技能的多少来确定。《体育与健康》课程抛弃了"学科中心主义"，倡导以学生为中心，以促进学生的健康发展为目标。原有的知识结构需要丰富和发展，应更广泛地吸收体育学、教育学、心理学、美学、社会学、方法论、信息学等相关学科知识，不要局限于关注学生运动知识和技能

---

① 刘捷. 专业化：挑战 21 世纪的教师［M］，北京：教育科学出版社，2002：227 - 229.

② Standards for Initial Programs in Physical Education Teacher Education ［EB/ OL］. http：//www. ncate. org/ public/ standards. Asp.

的掌握情况，更应充分关注学生的成长和发展。

（四）教育科学知识

作为一名体育教师，仅知道自己教什么是不够的，更重要的是懂得怎么教。科南特认为："所有进入教育界的人必须都受过专业教育教学训练，这种训练是教育专业不同于任何其他专业的标志，因为不是任何人都有资格从事公共教育事业的。"因此，体育教师必须掌握教育学的相关知识，包括教育基本理论、心理学基本理论、教学论、教育心理学、教育管理学、现代教育技术知识及教育科学研究等。教师只有全面系统地掌握一般教育学的专业知识，才能确立先进的教育思想，正确选择教学内容与方法，把自己掌握的知识和技能科学地传授给学生，促进学生的全面发展。另外，体育教师应该熟练掌握体育学科教育学知识。舒尔曼认为，学科教育学知识就是把内容和教学糅合在一起，变成一种理解，使其具有可教性；知道在某种特定主题、问题或议题上，如何针对学生不同的兴趣和能力，把教师自己的学科知识予以组织、表达和调整，并且进行教学。

（五）运动技术知识

运动技能的学习历来是学校体育教学过程中的重要内容，也是现代教育教学内容中不可分割的重要部分。在我国现行的《体育与健康》课程中，学生通过运动技能的学习、执行和掌握过程，达到增强体质、愉悦身心的目的，进而使其参与体育运动成为终身教育和高品质生活的重要组成部分，也是认真贯彻中央 7 号文件的具体措施。那么，为了让学生更加直观了解和学习相关的运动技能，体育教师必须在具备自己较强的专项水平基础上，积极发展自己的弱项，达到一专多能或多专多能，这不仅是构成体育教师知识结构的核心内容，也是体育教师从事体育教学所必备的知识元素。因为扎实的专业知识可以熟练地把握体育技术的发展规律和教学特点，并能够迅速获取与体育教学有关的各种信息，掌握现代体育教学的发展趋势和方向，为不断更新教学理论和方法提供保障。

二、体育教师专业能力标准

知识和能力不是孤立存在，而是相辅相成，相互促进的。能力的发展是以知识的积累为前提，知识越丰富，越能促进能力的发展。能力是一个人运用知识的本领，它是建立在智力基础上完成某种活动的实践表现。人的知识和智力这一内在因素只有通过外在表现，并付诸实践，才能被社会所承认。

能力作为知识和智力向外传输的中介及表现，对人适应社会、改造社会的作用显得格外重要。

近年来，随着人们对教师素质研究的不断深入，教师专业能力已成为学者研究的重要课题之一。但初任体育教师到底应该具备什么样的能力，理想的教师专业能力结构标准是怎样的，始终是一个"仁者见仁、智者见智"的问题。通过对大量国内外文献资料的总结归纳，理想的初任体育教师专业技能主要包括教学能力、科研能力、组织管理能力等，其中教学能力为核心能力。

（一）教学能力

教师的教学能力是教师进行高效教学的核心能力。本文主要从计划与准备、教学方法与策略、评估与评价三个方面对体育教师应具备的教学能力进行了详细阐述。

1. 计划与准备方面

成功的教学离不开精心的计划和准备。称职的体育教师，在上课之前，都要对教学过程、教学策略和教学活动进行设计和修改。体育教师需要通过分析学习者和教学环境的信息，选择或调整教学方法和教学内容。在引导学习活动或传授教学内容之前，体育教师必须做好相应的准备，包括自身的准备，也包括对学习者、教学材料和教学设备的准备。

（1）设计教学方法和教学内容

体育教师往往主要负责实施体育课程内容，而这些内容是由专业人员设计开发的。在这种情况下，体育教师只是根据与课程配套的教材实施教学。在教学过程中，体育教师也可根据学习者的现有知识、技能水平修改某些教学活动。称职的体育教师可能需要根据学生的兴趣、特征、现有的场地、器材等设计教学方法、准备教学材料并实施教学。在这种情况下，体育教师就需要承担教学设计者的角色，需要对学习者的学习进行分析，明确教学目标，开发教学资源，开展教学评估。

（2）教学准备

体育教师应该在实施体育教学之前做好充分的准备。教学内容、教学活动、教学材料、教学设备和学习者等相关因素都需要进行精心准备。

第一，对课标的把握能力。随着国家制定的《体育与健康课程标准》颁布实施，新一轮的体育教学改革已在全国范围内全面展开。作为一名合格的体育教育工作者，准确理解和把握新课程标准是关键，是重要而又紧迫的任务。《体育与健康课程标准》对体育与健康课程的课程性质、基本理念、课程设计思路、课程目标、课程内容等方面作出了详细描述，对体育教师的课堂教学具有较为积极的指导意义。作为新课程标准的实施者，如果不能准确理解和把握新课标的精神、内涵，不能准确理解和把握新课程标准中的新理念和新要求，我们的素质教育就不可能得到真正的实施，民族的素质就得不到整体的提高。因此，初任体育教师必须熟练掌握《体育与健康课程标准》的精神和内涵，结合新课程标准中的新理念和新要求进行体育课堂教学。

第二，研读教材的能力。叶圣陶曾经说过："教材只能作为教课的依据，要教得好，使学生受益，还要老师善于运用。"研读教材是教师融合体育教学基本思路并创造性地使用教材的先决条件。研读教材就要针对学生的情况和教学内容，对教材中的显性和隐性因素进行详细的重组和处理，创造性地使用教材，将教材中所要传达的信息以问题情境的形式出现，以使自己设计的教学情境能够使学生对知识本身产生兴趣，激发学生学习的动力。

第三，了解学生的能力。学生个体都是在自己已有基础上实现发展的，不同学生个体的生活经历和社会文化背景各不相同。因此，即使是对于同样的知识，有着不同生活经历和文化背景的学生个体也会有不同的理解。学生个体所处环境的独特性，课堂教学活动的复杂性，影响学生个体发展因素的多样性以及各因素相互之间关系的丰富性，均要求教师对学生个体在其所处环境、生活经历中所获得的知识和经验、态度和情感等方面进行深入的研究，把学生置于与社会时代、文化背景、生活环境以及他人之间丰富、复杂和具体的关系之中来考察，在头脑中形成具体学生的形象。①

另外，现代科学技术的发展，以及传媒和网络的无处不在，学生获取知识和信息的渠道不仅广泛，而且便捷，学生的视野和生活阅历不仅逐渐丰富且有不断被拓展的趋势。因此，在进行教学设计时，教师要充分地了解学生的已有经验，才有可能在教学中把学生的个体经验作为基础性资源加以有效地利用。教师不仅要对自己班级学生学习的潜在状态十分清晰，而且对学生的个体差异也要了如指掌。唯有这样对学生状态进行解读和分析，教师才有可能在教学设计中根据不同学生已有的基础提出不同的目标要求，才有可能在教学实施过程中关注和解读不同学生的各种状态，才有可能把由学生个体

---

① 叶澜等著. 教师角色与教师发展新探 [M]. 北京：教育科学出版社，2001：91-92.

差异所形成的不同作为丰富的教学资源，才有可能捕捉、判断和利用不同学生生成的基础性资源，并把这些资源作为互动性的资源以形成生生和师生之间的有效互动。教师要根据学生的现实状态，分析其发展可能，通过教学创设条件使学生在走出课堂后的终结状态和进入课堂前的起始状态之间发生变化。教师不仅要相信学生有可以开发的潜能存在，还要将学生的多种潜在可能视为教学的资源和财富加以开发和利用。通过不断培育和扶植他们身上的"生长点"，把他们身上存在着的多种潜在的可能变成现实的发展。

因此，体育教师需要尽可能多地调查了解所教学生的起点状态与实际需要，更客观、更冷静地分析学生的实际反应和教学效果，使教学更能针对学生在学习中的困难与问题，以达到促进学生实现真实发展的教学目的。[1]

2. 教学方法与策略

体育教学的主要目标是为了提高青少年儿童的身体素质。称职的体育教师应该采用各种方法和策略以实现这一目标。

（1）激发并维持学习者的学习动机和学习投入

激发并维持学习者的学习动机是体育教师的重要职责。动机是提高学生学习绩效的前提[2][3]（Gagne，1985；Gagne & Medsker，1996）。动机影响着学生的选择，影响着学习的投入程度（Keller，1983）。尽管学习者带着不同的学习需求及动机参加到学习环境中来，但是对于大多数学习者来说，他们都希望能通过学习体验成功、获得参与体验、得到认可[4]（Knowles，Holton & Swanson，1998）。因此，称职的体育教师会采用各种策略去激发和维持学习者的动机。

（2）有效的教学语言表达技巧

教学语言是教学信息的载体，是教师完成教学任务的重要工具，也是对教师最基本的要求。在体育课堂中，教学语言包括口头语言、形体语言、手势语言、目光语言、表情语言等。除此之外，教师的教学表达也能通过视频、音频、文本或图像等媒介实现，这些均需要体育教师具有有效的表达技

---

① 吴亚萍，王芳. 备课的变革［M］. 北京：教育科学出版社，2007：87－94.

② Gagne，R. M. （1985）. The Conditions of Learning（4th ed.）. New York：Holt，Rinehart，and Winston.

③ Gagne，R. M. & Medsker，K. L. The Conditions of learning：Training Applications. FL：Harcourt Brace.

④ Knowles，M. S.，Holton，E. F. & Swanson，R. A. （1998）. The Adult Learner：The Definitive Classic in Ddult Education and Human Resource Development，Houston，TX：Gulf.

能。在素质教育及体育课程改革的背景下，体育教师的教学语言主要用于组织、指导、提示、激发学生学习，对学生在学习过程中产生的疑难问题给予点拨，对学生成绩的进步给予激励，等等。

无论在什么教学环境下，有效的表达方式，能够以多种方式突出课程的核心，以引导学生关注学习的重点和各项技术动作的关键。在有效的表达中，可以采用动画、图示、模型、声音或实物等方式。在面对面的教学过程中，初任体育教师往往会关注学生在此过程中的反应，通过眼神、声音、停顿、手势、走动、肢体语言以及有效的辅助工具盒和适当的空间距离与学生保持交流。有效地交流沟通是每个教师都应具备的基本技能。

（3）运用现代教育技术教学

现代教育技术的发展不断冲击着传统的课堂教学模式，各种现代化的教学设备（投影仪、录像、电脑等现代媒体）为现今的课堂教学增添了活力，也为体育课堂的教学提供了一些便利。现代化的教学媒体以图文兼顾、视听兼备、动作的整合与分解、动作的慢放等对教学活动起到了很大的促进作用。因此，体育教师必须掌握现代教育技术的运用原理及操作方式，并能结合课程内容、学生的特点选择最为合适的教学手段辅助教学。

（4）有效的促学技巧

有效的促学意味着在介绍和解释体育教学活动的过程中，体育教师能够帮助学习者明确学习活动的方向；能够保证学习活动朝正确的方向发展；能够保证学习活动的顺利完成。有效的促学者能通过参与、观察、倾听和提问的技巧，来监控、评价、适应体育教学情景的动态变化。通过参与，明确学习者的学习需要；通过观察，了解学习者参与学习活动的情况，以决定是继续活动还是修改活动；通过倾听，获取学习者的信息和反馈，了解学习者的兴趣、问题和评论，从而表现对学习者的关注；通过提问，吸引学习者的学习参与，并检查学习者的学习理解情况。

（5）有效的提问技能

有效的问题为学生积极参与教与学的过程创造了机会。有效的问题应该清晰、相关、简短、具有挑战性[1]（Eitington，1996）。各种类型和层次的问题能够用来促进学习。有能力的教师能够以直接或间接的问题来支持与促进学习。这些问题能引导并提高学习者的学习参与。问题的难度、数量、复杂

---

[1] Eitington, J. E. （1996）. The Winning trainer: Winning Ways to Involve People in Learning (3rd ed.）. Houston, TX: Gulf.

程度应与学习者的理解水平相适应，并且应该提供足够的时间让学习者探究
问题。

（6）提供阐释和反馈

为学习者提供阐释和反馈有助于促进学习者的学习并改进其学习绩效。
清晰的阐释能降低问题难度、减少混淆、消除误解。教师为学生提供的反
馈，包括提供指导、指明正确的方向，以更正错误；或者提供鼓励，以强化
正确行为。阐释和反馈能够提高学生的学习兴趣与信心，促进学生投入更多
努力。称职的体育教师能敏感地认识到学习者何时需要阐释。有些学习者乐
意向教师请教问题，而有些则不乐意让人知道自己还不理解。因此，教师必
须有意识地去发现那些表面学习者需要学习阐释的迹象。这样的迹象包括缺
乏投入、注意力不集中、理解有困难或不迅速，这些现象均表明了学生需要
学习帮助。在体育课堂教学过程中，体育教师能够利用一些可视化的暗示，
如点头或眼神交流，去确定那些需要得到阐释的学生。

将各种阐释策略整合到教学中，有助于提高体育教学和学习的效果。阐
释的策略包括：解释、类比、用新的案例或应用去拓展。因此，合格的教师
应该及时对学生的学习提供阐释和反馈。反馈应该是清晰、及时、中肯和精
确的；反馈也应是有针对性的，是针对特定学习者和特定任务进行了加工处
理，从而与任务和学习者高度相关的。此外，教师还应为学习者提供机会请
求获取反馈及阐释。当学习者请求教师进一步作出更明确的阐释时，他们会
意识到自己在朝着目标不断进步，这一进步促进了他们的反思性实践
（Schon，1987）。在这样的学习过程中，学习者的动机也从外部转化成了内
部。

（7）促进知识和技能的巩固

学生学到的知识和技能应该加以巩固，这样才能有效地应用于将来的工
作和生活。体育教师可以通过一系列有效的策略促进知识和技能的巩固，包
括将新学内容与原有知识相联系，要求学生细化所学概念，为学习者提供机
会实践所学技能（Gagne，1985）。学生学习开始之前，让学生预先思考自
己已学会哪些知识和技能，什么样的学习策略对自己最为有效，所有这些活
动都能帮助学生将新学的知识和技能与原有的知识、技能联系起来。

（8）促进知识和技能的迁移

除了促进知识的巩固外，有效的教师还会为学习者提供机会将新的知识
迁移到工作或生活中去。促进知识迁移的策略包括在进行知识或技能应用展

示的时候，选用现实生活中的案例或问题。称职的体育教师除了向学生示范技能，还应向学生展示相关知识和技能是如何应用的，并为学生提供机会在现实情境中实践，如在武术课堂的教学过程中，体育教师除了向学生传授相关的套路和动作外，还可以向学生展示相关动作在生活中的应用，进而增加学生的学习兴趣。此外，教师还应给学习者提供机会作出应用知识和技能的计划。如果体育教师能为知识和技能的应用预先做好设计和规划，那么学习者将新的技能应用于实践的可能性也会得到提高，有助于学习者终身体育意识的形成。称职的体育教师除了考虑知识的迁移外，还要为学习者提供学习的机会。

3. 评估与评价方面

评估可以帮助学习者和教师了解学习的进展情况，评估也可以帮助教师了解在某一具体的学习任务中，哪些学习者还需要单独或额外辅导，才能进一步开展后续的学习。另外，对教学方法、教学策略、教学材料以及教学人员的评价以及能够获得教学相关信息，以改进教与学的过程。

（1）评估学习和绩效

合格的体育教师在布置学习任务时，就会向学习者提供评估学习的标准。建立评估标准的方式之一，就是提供等级量规，量规是一种结构清晰的标准表达方式，特别适用于有一定难度的任务。在体育课堂教学过程中，体育教师应该建立评价标准，与学生交流沟通这些评价标准，监测学生的学习进展，评价学习成果。

（2）评价教学效果

教学效果受以下四个关键因素的影响：①教学材料；②教学方法和学习活动；③教师教学能力；④教学环境、设备和设施。这四个因素形成了一个系统，彼此之间相互影响，其中任何一个因素都会影响整体的教学效果。因此，有经验的教师在教学过程中以及在教学活动结束后，都会对这些要素的效果进行评价。过程评价可以帮助教师对教学效果进行调整，而终结性评价则能对教学提供改进措施。

对教学材料的评价应该考虑其准确性、相关性、受众适合性、交流的能力、媒体适合性等。教学方法和学习活动也应纳入评价的范围之内，要考虑方法和活动是否与教学目标一致，是否能引发学习动机、促进学习和提高效果。此外，教学环境和设备也是影响教学效果不可忽视的因素。对环境和设备的评价，应该从信息的可获取性和适应性等方面考虑。

（二）教学管理能力

一般而言，管理涵盖了一系列的管理活动和决策活动，促使项目按照所期望方向发展并达到所期望的效果。在存在安全隐患的体育教学过程中，教师应该是教学管理的关键角色并且应该负责管理学习者的活动。相关研究表明，教师的管理活动和职责对教学成果来说也是非常关键的因素。美国《威斯康星州教师专业标准》中，明确规定教师应"具有管理课堂能力，理解个人和群体动机及行为，以便创造一个鼓励积极的社会交往、主动参与学习与自我激励的学习环境"。

一般而言，体育教师的工作繁多，从教学的设计、准备，到教学传递，以及教学评价，还要考虑学习资源和学习活动，考虑学习过程中的互动，考虑学习者的个体差异和不同学习进度，考虑学习过程中可能的突发事件。为了使各项任务顺利完成，合格的体育教师必须采用事件管理原则和策略，对整个体育教学过程以及可能的事件进行通盘管理。

（三）科研能力

当前，重视和加强教育科学研究已经成为世界各国教育改革的一个共同特点。[①] 科研兴校、科研兴教也已成为我国教育改革的一个热点问题。新时期，在诸多新的教育问题面前，完全依靠传统、靠经验、靠拼时间和体力已无法解决根本问题。教师理应把自己工作中遇到的各种问题上升到教育科学的高度，认真加以研究，不断探求解决问题的新路子、新方法。因此，结合教育实践开展教育科研应成为教师积极探索教育规律的重要途径，成为教师提高自身素质、提高教育质量的内在要求。教师应从一切凭经验办事的老路子走出来，学会用科学的眼光去看待一切教育问题。因此，教育科研能力应成为中小学教师必备的和着力加强的能力。

另外，作为一名合格体育教师，只有具备了科研能力，才能去研发更多的课程资源，采用多样的教学手段与方法，创造出最佳的体育教学效果，才能适应教育改革和发展的需要。进行教育科学研究也是体育教师更新知识的最佳途径和方法，学会教育科学研究有助于促进体育教师的专业发展和教育

①　李喜平．树立"科研兴教"意识，加强教育科研工作［C］．中国教育报，1996 - 05 - 30.

教学能力的提高。当教师掌握了科研的武器以后，不但会在教育教学实践中自觉地学习教书育人的理论知识，而且会自觉地以研究者的眼光去观察、思考和解决教育教学活动中遇到的各种问题，同时还会主动地反思和改进自己的教育教学工作。新时代的教育是创新教育，要培养具有创新能力的人才，要求教师必须具有创造才能，而教师的创新精神和创造才能离不开科学研究，只有在教育实践中不断探索、研究的教师，才能真正具备创新精神和创造才能。

（四）自我专业发展能力

体育教师素质的高低，直接关系着青少年和儿童的健康成长，关系着祖国的前途和命运。体育教师的工作性质和肩负的重要任务要求体育教师应该成为终身学习的先行者，要率先建立体育教师全员学习、终身学习型的组织。体育教师应不断地努力去更新和提高自己的专业知识和技能，称职的体育教师往往会及时地掌握最新的学习与教学原理。此外，技术在不断发展，传播交流媒体在不断推陈出新，称职的体育教师也需要不断更新知识和技能，以及应用技术开展有效体育教学的知识与能力。体育教师应积极参加专业发展活动，如参加政府部门组织的各类培训班、参加各种专业会议、阅读专业文献等。除了拓展自身的知识和技能，体育教师还应该建立个人工作档案袋，作为后期努力的依据，档案袋中记录的内容，可以是教师围绕某一特定教学活动的教学反思，或是自我提高的过程记录。这些举措均会促进体育教师的专业发展。

（五）日常工作能力

体育教育不仅仅是在课堂上进行，课堂更多的只是进行知识和技能传授的地方，体育更多的空间是在课外，因此，体育的内涵和意义也无限扩大了。这就需要体育教师不断地扩展视野，将时间和精力投入更有意义的体育事业中，以适应时代对体育的特殊要求。

第一，课间操的组织能力。课间操作为我国学校体育工作的法定内容之一，是学生每天必须参加的一项体育活动，是中小学生参与集体活动、培养集体观念的重要手段，也是缓解学生学习压力的重要途径。因此，做好课间操的组织和管理工作是每一位中小学体育工作者义不容辞的责任。体育教师应该积极开发大课间体育活动内容，提高活动效果。除了国家规定的广播操外，还可开发素质操、韵律操、器械操、游戏、武术、集体舞蹈等内容，不但可以提高学生参与的积极性，也可有效地提高其时效性。此外，体育教师还应做好充足的后勤保障工作，确保活动顺利开展，其中包括人员的分工及安排、学生安全的预案及措施、活动场地的安排，等等。

第二，班级体育活动的组织能力。以自然班为单位的小集体体育活动是学生进行集体身体锻炼的最常见形式。在体育活动中，学生不仅能够增进彼此友谊，提高集体凝聚力，还能提高他们参与体育活动的积极性和主动性。体育教师在其中的作用也不容忽视。首先，体育教师应该是活动的组织者，为学生提供参与班级体育活动的方式、方法，向学生解释活动的形式、规则；其次，体育教师应该是活动的协调者，充分发挥学生参与活动的主体性，充分了解学生的体育能力，激发他们参与体育活动的意愿，为学生参与活动提供指导；第三，体育教师应该是活动的指导员，为学生解决其能力无法解决的问题，并充当教练员的职责；最后，体育教师应该是活动的评价者，肯定成绩，找出差距，进一步提高活动质量，提高学生的体育素养。

第三，竞赛组织能力。学校体育竞赛既是学生在学习生活之余从事体育锻炼、放松身心、相互协作与交流的聚会，也是检验学生体育能力、学校体育教学水平及学校体育工作的标尺。作为学校体育竞赛的组织者，体育教师应该具备较强的组织能力，其中包括：第一，学校体育竞赛的设计，如竞赛内容的合理性、竞赛规则的灵活性、参与人员的明确分工、竞赛时间的严谨性；第二，竞赛场地的合理布局；第三，营造良好的竞赛环境和氛围；第四，学生参与的安全性。

第四，课余运动训练的指导能力。学校业余运动训练是体育教学的延续，是我国培养优秀运动员的"金字塔"基础，也是体育教师实现在学校工作的自我价值，值得社会、学校的支持和重视。教练员水平的高低决定着运动员潜能的挖掘。因此，担任业余训练队教练员的体育教师应该具备教练员特有的素质和能力，才会使训练工作沿着明确快捷的道路顺利进行，其中包括科学的选材、训练、比赛、评价、恢复等。

三、体育教师专业品质标准

专业品质是判断某一职业成为"专业"的标准之一，是其从业人员所必须具备的专业素养。因此，体育教师的专业发展也就必须涉及其专业品质的培养。教师专业品质就是指教师对教师专业行为所持有的一种认知、情感与行为倾向。教师专业品质、专业知识、专业技能构成了教师专业素养的主要组成部分，这三方面的发展水平决定了教师专业发展水平的高低。如果专业知识和专业技能是教师专业素养构成中的"硬件"，那么专业态度就是构成教师专业素养的"软件"，是一种内隐的发展。教师专业品质、专业知识、专业技能三者是互相影响，不可分割的。专业品质所强调的是真正把教师自我价值的实现、生命意义的追求融入其专业的发展中去，是教师专业知识和专业技能成长的内部驱动力，是促进教师专业成长实现可持续发展的动力源。长久以来，人们对教师职业的认识过于强调其社会功能，而忽略了教师作为一个独立个体的主观能动性和自主发展需要，致使在教师的培养中过于强调外部的改造，而忽略了内部的修炼。

（一）专业理想

任何一种专业的从业人员，要想干好本职工作，都必须确立自己的专业理想。崇高的专业理想对于专业工作者来说，是其做好本职工作和提高专业素养的精神支柱和力量源泉。专业理想是教师基于对其职业的社会价值、职业的社会地位、职业职责、职业角色及其专业发展的了解后，对自己所从事的教育事业和自身专业发展所进行的想象、期待和价值取向，具体表现为教师的事业心、工作积极性和敬业、乐业精神。它决定了教师对自身职业的态度和工作的投入程度，也就决定了教育教学工作的质量。因此，体育教师需树立其崇高的专业理想。

（二）专业情操

理智的情操强调的是个体从教师职业中获得的自我满足，而道德的情操强调的则是教师职业所要承担的责任和义务，但两者并不矛盾。无论是理智的情操还是道德的情操，都是在对教师职业的深刻理解基础上把对教师职业的认同感内化为个体的自豪感和责任感，从而积极主动地投身教育工作，获得自我实现的过程。而且在教师的职业生涯发展中，理智的情操和道德的情操也应是相伴而生的。教师的专业情操对教师自身、对学生、对教师职业都具有非常重要的意义。对教师本人来说，高尚的专业情操具有乐于主动创造的功能，从而使其在愉悦中感受职业生命，在主动中促进专业发展，在创造中完善教师生存的情感之维；对学生来说，在师生的交往过程中，教师高尚的专业情操能够陶冶学生的性情，塑造学生的人格，激励学生对人生真善美的追求；对教师职业来说，它是教师职业美好形象的展现，通过教师在职业活动中体现出的专业意识和职业尊严提高教师职业的社会地位，从而促进教师职业向专门职业转化。因此，体育教师应该养成高尚的专业情操。

（三）专业性向

性向，即指个体身上表现出来的个性心理特征和个体对客观事物的个体倾向，包括兴趣、气质、能力与性格。其中兴趣是其动力系统，能调动人们从事某种活动的积极性；气质则使每个人都呈现出独特的一面；性格则直接影响着人际关系、活动效果；而能力则直接影响活动效率。

教师的专业性向是教师素质结构中一个重要的组成部分，是指"教师成功从事教学工作应具有的人格特征，或适合于教学工作的个性倾向，包括教师对待教育工作的兴趣、气质、性格、能力、情绪与品格等"。[①] 教师个性特征将会影响一个人能不能成为一个优秀教师。根据霍兰德的性格—工作搭配理论，教师职业的特点要求教师具备以下个性特征：具有合作精神、乐于助人、有责任心、善交际、有耐心、善解人意、热情慷慨等。如果不具备这些个性特征，就很难胜任教师工作，至少不能成为一名优秀的教师。

教师专业性向的差异使其呈现出不同的教学风格，教师的个人品质则是优质教学的重要因素。没有专业性向的教师个人往往需要付出巨大的努力才能较好地完成教学任务，却很难进行创造性的工作。优秀教师的人格魅力往往比他所掌握的专业知识、专业技能更能激发学生的学习热情和学习兴趣。因此，体育教师应该具备完善的教师专业性向。

（四）专业自我

教师的专业自我是教师个体对自我从事教学工作的感受、接纳和肯定的心理倾向。根据人本主义心理学代表人物马斯洛的需求层次理论，教师作为一个独立人格的人，也自然有自我发展的需要，渴望获得自我的实现。一名优秀的教师首先应该是一个存在着独立人格的人，能够正确地认识自己、评价自己，能够准确地评估现实环境，能够对自己有深切的认同感、自我满足

---

① 教育部师范教育司. 教师专业化的理论与实践［M］. 北京：人民教育出版社，2006：65.

感、自我信赖感和自我价值感。会把专业的发展看成是自己生命的追求，不断追求人生价值的实现。也只有教师的自我完善和发展，才能提高教育的质量，才能促进其专业成长。因此，初任体育教师应该不断提升专业自我。

总体来讲，专业理想、专业情操、专业性向和专业自我四者相互影响、相互联系，整合成教师的专业品质，其中理想是动力，情操是保障，性向是基础，自我是灵魂。只有四者交互作用，才能真正发挥教师专业品质对教师专业发展的促进作用。一个人要想成为一名优秀的体育教师，首先，要具备适合体育教学工作的个性倾向；其次，要有从事教师职业的愿望和需求，也就是专业理想的树立，进而因为喜欢而去深入了解，再经过理智思考而产生认同感，最后，要全身心地、幸福地投入教育事业。

第八章
研究结论与展望

一、研究结论

构建体育教师专业标准对促进体育教师专业化发展，稳固提升体育教学质量，提高学生体质健康水平具有重要的现实意义。本研究以教师专业发展论、全面质量管理理论和教师素能理论为指导，立足于新课程改革对体育教师的新要求，采用文献资料分析法、问卷调查法、专家访谈法、数理统计法等研究方法开展我国中小学体育教师专业标准的理论构建与实证筛选研究。本研究在以下几方面取得了一些初步的研究成果。

第一，本研究系统梳理了体育教师专业标准的相关研究，发现已有研究主要局限于体育教师一般专业能力的分析，对国外体育教师专业标准的推介，多止于对我国体育教师要实现专业化发展方面的启示与借鉴，鲜有对我国体育教师专业标准的研究尝试。将职前与职后教育一体化的研究以及将体育教师专业的历史发展与现实改革及未来发展走向统一起来的系统研究，尚相对鲜见。而有关体育教师专业化发展的国际比较研究，由于对所比较国家体育专业设置及其变革的动因、背景了解不够，导致对研究的可比性把握不准，其研究结果的借鉴价值也十分有限。从教师未来发展来讲，这些研究也缺乏对体育教师未来专业化发展所需素质的前瞻。

第二，本研究初步确立了构建我国体育教师专业标准的价值取向、主要依据、指导思想、基本原则和基本策略。本研究认为，构建我国体育教师专业标准的价值取向主要在于引领体育教师的专业发展，规范体育教师行为，指导体育教师教育教学，提升体育教师专业地位，为体育教师培养机构和培训组织提供参考。构建我国体育教师专业标准时，应以我国颁布的有关教师的法律法规为政策依据，以教师专业发展论、全面质量管理理论和教师素能理论等相关理论为理论依据，以我国基础教育阶段体育教师的发展现状为现实依据。构建我国体育教师专业标准的指导思想表现以生为本，反映时代发展需求，满足不同阶段体育教师的发展需求，注重标准内容的可操作性等。构建我国体育教师专业标准时，应遵循规准性、效用性、合法合理性、精确性等原则。

第三，在基础教育课程改革的背景下，体育教师需不断转变教师的教育观念、转变教师的角色、转变教师的教学行为，方能适应教育改革对体育教师提出的新要求。本研究基于基础教育课程改革的现实背景，对体育教师未来专业化发展所需的素质进行了深入分析。本研究认为，在体育教师的教育观念方面，体育教师在新的教学观念下，要树立面向所有授课学生和促进所有学生全面发展的教学观；在课程设置上，应根据学生的特点，注重所有学生的全面发展，选择能够满足学生发展需要，并能促进学生终身体育思想的学习内容；在教学过程中，充分发挥学生的潜力，并积极培养学生的个性与特长，尊重学生的个体差异，为学生的全面发展服务；在教学评价中，诊断性评价、形成性评价和总结性评价相互补充，在评价中兼顾过程和结果。在体育教师的角色方面，要做好以下几个方面的转变：由知识的传授者转变为学生学习与发展的促进者和引导者；由课程的执行者转变为课程的建设者、开发者；由教书匠转变为教育教学研究者；由专业型、学校型体育教师拓展到社区型体育教师。在体育教师的教学行为以及师生关系上，应强调民主、平等、尊重、赞赏；在教与学的关系上，强调帮助、引导；在工作方式上，强调互助、合作；在自我专业发展上，强调理性反思。总之，该部分内容为构建特定时代背景下的体育教师专业标准提供了参考。

第四，本研究运用编制的体育教师专业发展现状量表对全国范围内的体育教师展开调查，真实反映出了我国中小学体育教师专业发展现状的全貌，为构建我国体育教师专业标准奠定了现实依据。该部分内容主要从教师的专业理想、专业知识、专业技能、教学科研、专业发展影响因素及教师的自我评价等方面对我国中小学体育教师的专业现状进行了调研，并以此为依据总结了当前我国不同职称体育教师的专业发展特征，为制定不同发展阶段体育教师专业标准提供了现实依据。同时，该部分内容也剖析了我国基础教育阶段体育教师专业发展中存在的问题，如教师专业发展意识淡薄，自主性不强；部分体育教师专业理想缺失；新教师知识结构不合理，理论与实践相脱离；教学研究意识淡薄；体育教师专业发展缺乏保障机制；专业地位不高影响体育教师专业发展等。最后，提出了我国基础教育阶段体育教师专业发展的路径，以终身学习为教师专业发展的前提条件；以行动研究为教师专业发展的实践平台；以教学反思为教师专业发展的重要途径；以同事互助为教师专业发展的有效方法；以专业引领为教师专业发展的重要保障。

第五，本研究系统分析了国外（美国、英国、日本、澳大利亚、新西兰）体育教师专业标准的特征，并根据我国体育教师专业发展的实际情况，对构建我国体育教师专业标准提出相应启示。本研究认为，制定全国性的体育教师专业标准已势在必行，在制定全国性体育教师专业标准时，应突出专业标准的完整性、层次性，应注重不同级别体育教师专业标准的侧重点，应体现以生为本的宗旨，应以专业品质、专业知识、专业技能为主要内容。

第六，本研究所构建的体育教师专业标准框架嵌入了教师专业发展内涵的两大维度，即教师专业发展内容维度和教师专业发展阶段维度，其中教师专业发展内容维度主要界定了教师所应该具备的三大专业发展内容，即专业品质、专业知识和专业技能；而根据教师专业发展的阶段维度则把教师划分为新手型教师、熟练型教师和专家型教师三个阶段。通过专家问卷及专家访谈的途径，确立了15个指标层的指标。在此基础上，本研究根据新手型教师、熟练型教师和专家型教师的特征分别对15个指标层进行了阐释，最终形成了我国体育教师专业标准的基本框架。

二、本研究的创新之处

（一）选题创新

在2011年底，我国颁布了《中学、小学、幼儿教师专业标准（试行）》，至今还未形成正式的教师专业标准，有关教师专业标准的研究已日益丰富，但体育教师专业标准的系统研究还处于起步阶段，因此，本研究的选题可谓具有一定的创新性。

（二）方法创新

较之以往，本研究采取比较、规范与实证相结合、定量与定性相结合及历史与逻辑相统一等方法和范式，并借鉴教育学、社会学和管理学等学科关于教师教育、职业胜任特征、职业发展与管理等研究成果，将有利于提升课题的研究质量。

（三）内容创新

基于系统国际比较分析，试图消除国内对国外体育教师教育专业标准的误读，廓清认识，归纳其类型，提纯其真实特征与实际启示；以历史与逻辑相统一的方法，系统梳理我国体育教师专业发展脉络，提炼其历史经验。这将是对以往零散译介和研究的弥补或丰富。

（四）结果创新

基于多元文化的语境中探讨体育教师的专业性问题，探索性地提出我国体育教师专业标准框架体系。这将及时引发对体育教师专业标准及其各专业发展阶段有关教育问题的进一步探讨。

三、对本研究的展望

一个完善的体育教师专业标准需要理论构建与实证检测。本研究虽然通过综述研究、理论分析及实证调研等途径较为完整地提出了我国体育教师专业标准的框架体系，但由于文献资料有限及实证检验的困难，在指标体系的构建和分析过程中尚有局限，指标体系也尚需通过实证检验与修正。因此，为使本研究研发的体育教师专业标准框架更趋完善，未来将需要继续以下方面的研究：

（一）系统比较中美体育教师专业标准

美国是体育教师专业标准发展较为成熟的国家之一，系统研究并借鉴其有效经验能为构建我国体育教师专业标准提供参考。在后期的研究中，将根据我国已有的体育教师专业标准（如职称评定标准、专业能力评价标准等），与美国体育教师专业标准进行系统的比较分析。研究可以围绕以下几个方面进行：一是中美体育教师评价发展历史的比较研究；二是中美体育教师评价基本要素的比较研究；三是中美体育教师评价基本理论的比较研究；四是中美体育教师专业能力标准的比较研究；五是中美初任体育教师专业标准的比较研究；六是中美优秀体育教师专业标准的比较研究。

（二）系统分析国外体育教师评价标准

在查阅相关资料时发现，当前，仅有美国、日本等国家颁布了体育教师专业标准，其他国家尚未针对体育学科制定专门的标准。但是，对体育教师评价的相关研究较为丰富。因此，在后期的研究中，可根据相关学者对各国体育教师应具备的专业素质、体育教师专业化的发展途径等相关研究来完善国外体育教师评价标准，进而可获得更为完善和丰富的域外经验。

（三）将初步构建的体育教师专业标准纳入试点，并将研究结果应用到决策领域

本研究仅从理论上建构了我国体育教师专业标准，能否真正运用于实践尚值得检验。因此，在后期的研究中，可选择部分地区的中小学体育教师为对象，进行实验研究，以检验本研究所构建的体育教师专业标准的有效性，并通过实验及框架修正，不断地完善我国体育教师专业标准体系，以便为决策部门提供参考。

附录 1
我国体育教师专业标准构建指标构成问卷

尊敬的专家：

您好！非常感谢您对本次调查工作的支持。本问卷调查的目的是对问卷中初步筛选出来的我国体育教师专业标准的内容进行筛选和完善。恳请您结合自己的知识及经验对各项指标的合理性、重要性及表述是否恰当给予评价，并对问卷中没有包含的，但您认为对我国体育教师专业标准的构建来说是非常重要的内容进行补充。此问卷不记姓名，选项没有对错之分。希望您根据自己的实际情况如实地回答问卷中所设的问题，因为您的回答对我们的研究具有重要意义。

衷心感谢您的支持与合作！

课题组
2012 年 9 月

基本信息

在填写问卷之前，请您填写以下信息：

性　　别：□男　□女

年　　龄：□30 岁及以下　□31~40 岁　□41~50 岁　□50 岁以上

职　　称：□教授　□副教授　□讲师

　　　　　□中学特级　□中学高级　□中学一级　□中学二级

　　　　　□小学特级　□小学高级　□小学一级　□小学二级

职　　务：＿＿＿＿＿＿＿＿

第一部分 体育教师专业标准一级指标

体育教师专业标准一级指标	新手型教师专业标准							熟练型教师专业标准							专家型教师专业标准							表述存在的问题
	合理性		重要性					合理性		重要性					合理性		重要性					
	删	留	5	4	3	2	1	删	留	5	4	3	2	1	删	留	5	4	3	2	1	
专业品质																						
专业知识																						
专业技能																						

补充说明：＿＿＿＿＿＿＿＿＿＿＿＿＿＿＿＿＿＿＿＿＿＿＿＿

第二部分 体育教师专业标准二级指标

领域层	指标层	新手型教师专业标准							熟练型教师专业标准							专家型教师专业标准							表述存在的问题
		合理性		重要性					合理性		重要性					合理性		重要性					
		删	留	5	4	3	2	1	删	留	5	4	3	2	1	删	留	5	4	3	2	1	
专业品质	职业理解与认识																						
	规章与职责																						
	与学生的关系																						
	交流与合作																						
	教学行为与态度																						
	个体专业发展																						
专业知识	教育理论知识																						
	科学的和理论的专业知识																						
	服务教学的专业技术知识																						
	学科教学知识																						
	通识性知识																						
	现代化信息技术知识																						
专业技能	教学设计																						
	教学实施																						
	教学评价、监控和反馈																						
	科研																						
	课余、课间活动的组织																						
	竞赛裁判																						
	运动技术的掌握																						
	合作、反省、领导才能																						

补充说明：＿＿＿＿＿＿＿＿＿＿＿＿＿＿＿＿＿＿＿＿＿＿＿＿

附录 2
我国体育教师专业标准构建研究访谈提纲

一、课题概况
二、访谈目的
本次访谈的目的：针对我国体育教师专业标准构建的相关问题进行访谈，通过此次访谈得到的资料，为完成我国体育教师专业标准构建研究的调查问卷做铺垫，为完成本项目的研究提供支撑材料。

三、采访要求
在采访过程中，尽量达到以下要求：
1. 言简意赅。
2. 气氛活跃。
3. 紧密围绕主题，严格控制时间。
4. 与被访者形成互动。

四、问题设计
1. 您认为构建我国体育教师专业标准是否有必要？
2. 您认为构建我国体育教师专业标准的意义主要体现在哪些方面？
3. 您认为我国体育教师资格制度目前存在的主要问题表现在哪些方面？
4. 您认为将我国体育教师专业标准划分为初任、熟练、专家三个等级是否合理？
5. 您认为体育（初任、熟练、专家）教师应该具备哪些专业品质？
6. 您认为体育（初任、熟练、专家）教师应该具备哪些知识？
7. 您认为体育（初任、熟练、专家）教师应该具备哪些能力？
8. 请您对本研究其他方面提出宝贵的意见。

附录3
我国体育教师专业发展现状调查问卷（教师卷）

尊敬的老师：

　　您好！非常感谢您对本次调查工作的支持。本问卷调查的目的是对教师专业发展情况进行研究，以期真实地反映广大一线教师的需求。此问卷不记姓名，您的回答无对错之分，无优劣之别，所得资料我们将严格保密。特别希望得到您的真实回答，它是我们研究分析的重要依据，将作为重要资料保存。

　　衷心感谢您的支持与合作！

课题组

2013 年 6 月

基本信息

在填写问卷之前，请您填写以下信息：

性　　别：□男　□女

年　　龄：□25 岁以下　□25 ~ 35 岁　□36 ~ 45 岁
　　　　　□45 ~ 55 岁　□55 岁以上

学　　历：□大专　□本科　□硕士研究生　□博士研究生

职　　称：□中学特级　□中学高级　□中学一级　□中学二级
　　　　　□小学高级　□小学一级　□小学二级

教　　龄：_____年

职　　务：_____

您所在的地区：_____　您所在的学校：_____

1. 您选择体育教师这一职业的主要原因是：

☐热爱教育　　　　　　　　☐社会地位较高

☐教师待遇福利好　　　　　☐从小的理想

☐就读师范专业，迫于无奈　☐热爱体育运动

☐其他

2. 您对体育教师职业的满意程度为：

☐很满意　　☐基本满意　　☐一般　　　　☐不太满意

☐很不满意

3. 如果让您重新选择职业，您还会选择体育教师这一职业吗？

☐是　　　　　☐否　　　　　☐说不定

4. 您是否已经取得了教师资格证书：

☐是　　　　　☐否

5. 从教以来，您最满意的是（可多选）＿＿＿＿＿＿；最不满意的是（可多选）（填序号）＿＿＿＿＿＿。

①教师收入　　　　　　　②教师社会地位和声望

③自身业务能力　　　　　④学校氛围及人际关系

⑤教师假期　　　　　　　⑥其他

6. 您习惯根据什么来设计教学（可多选）？

☐教学经验　　　　　　　☐与同事的交流

☐教科书/教参　　　　　　☐专业书刊

☐与学生的交流　　　　　☐新课程标准

☐其他

7. 您认为，下列知识在多大程度上增进了您的专业水平（5～1 依次减弱）？

知识类型	5	4	3	2	1
体育学科理论知识					
运动技术水平					
一般科学文化知识					
教育学及心理学知识					
教学方法和技术知识					
课程开发及设计知识					
教师个人实践经验					

其他方面：＿＿＿＿＿＿＿＿＿＿＿＿＿＿＿＿＿＿＿＿＿＿＿＿

8. 您认为，下列能力在多大程度上提高了您的教学水平（5～1 依次减弱）？

能力类型	5	4	3	2	1
课堂组织和管理能力					
教学表达及师生交往能力					
教学研究能力					
现代教育技术能力					
自学能力					

其他方面：_____

9. 您认为，下列方式在多大程度上提高您的专业水平（5～1 依次减弱）？

方式	5	4	3	2	1
教学经验的积累					
教学反思与教学科研					
参加各级各类教学交流活动					
学校组织的培训					
学历进修					
专门的新课程改革培训					
阅读专业书刊					
听专家讲座					
与同事（或学生）交流、合作					

其他方面：_____

10. 您认为以下因素对于教师专业发展的影响程度是（5～1 依次减弱）：

	5	4	3	2	1
校长					
同事					
教研组					
学校管理及学校氛围					
教育部门					
教师自身的评价					

其他方面：_____

11. 体育教学中您常会感到自身的不足吗？

□经常会　　　　　□有时会　　　　　□很少

12. 您认为，目前体育教师发展所面临的最大困难是：

☐行政部门无相关政策支持　　☐自身基础薄弱

☐学校氛围不好　　☐工作任务繁重，压力大

13. 您认为现在的工作压力：

☐很大　　　　☐较大　　　　☐一般　　　　☐较小

☐完全没有

14. 您认为贵校的校长在促进体育教师专业发展上的态度是：

☐大力支持，提供机会和资金　　☐基本支持，但不太重视

☐完全不支持

15. 您所在的学校是否有遴选和评价体育教师的标准？

☐有　　　　　　　　　☐没有

16. 您所在的地区、学校是否有评价优质体育课的标准？

☐有　　　　　　　　　☐没有

17. 您怎样理解体育教师的教学研究？

☐是一种经验的总结　　☐教学反思的结果

☐教师提升自身水平的手段　　☐没有太多的意义

18. 您在教学之余从事过体育教学研究吗？

☐经常做　　　　☐偶尔做　　　　☐从没做过

19. 您认为教学研究对体育教学的促进作用是否明显？

☐很明显　　　　　　☐比较明显

☐一般　　　　　　　☐不太明显

☐完全不明显

20. 当您在体育教学中碰到问题时，您一般会：

☐自己钻研　　　　☐请教其他老师

☐请教相关专家　　☐校外交流

☐其他

21. 您认为，教师进行教学与搞研究两者之间的关系是：

☐无法统一　　　　☐不好统一，可能有矛盾

☐好统一，不过偶尔有矛盾　　☐完全能统一，没有矛盾

22. 您在搞研究时，碰到的主要困难有（可多选）：

☐教学任务重　　　　☐缺乏科研素质和能力

☐缺乏资金和可供参考的资料　　☐教学科研意义不大

□缺乏理论指导　　　　　　　　□学校不够重视

□其他

23. 您有观察记录自身教学行为的习惯吗？

□是　　　　　　　　　　　　□否

24. 您有写教学日记的习惯吗？

□从不　　　　　□偶尔　　　　　□经常　　　　　□一直这么做

25. 您认为一名合格教师的素质应突出表现在什么方面（请按重要程度排序）？

①教学水平和能力　　　　　　　②职业道德和敬业精神

③科研能力　　　　　　　　　　④班主任工作

⑤理论知识的掌握

26. 您认为您目前的课堂教学的情况是：

□很受学生欢迎　　　　　　　　□受学生欢迎

□一般　　　　　　　　　　　　□学生评价不高

□不受学生欢迎

27. 您希望通过培训对职业生涯有何影响或意义（可多选）？

□个人素质的全面提升　　　　　□及时解决教育教学中的实际问题

□有新的充电机会　　　　　　　□调入更好的学校

□晋升职称　　　　　　　　　　□建立更多的人脉关系

□缓解工作压力

28. 您认为您目前欠缺的专业素养主要有（5 ~ 1 依次减弱）：

	5	4	3	2	1
体育学科理论知识					
运动技术水平					
一般科学文化知识					
教育学及心理学知识					
教学方法和技术知识					
课程开发及设计知识					
教师个人实践经验					
课堂组织和管理能力					
教学表达及师生交往能力					
教学研究能力					
现代教育技术能力					
自学能力					

其他方面：＿＿＿＿＿＿＿＿＿＿＿＿＿＿＿＿＿＿＿＿＿＿

29. 您认为您的哪些专业素养在您的课堂中发挥了较大的作用（5～1依次减弱）？

	5	4	3	2	1
体育学科理论知识					
运动技术水平					
一般科学文化知识					
教育学及心理学知识					
教学方法和技术知识					
课程开发及设计知识					
教师个人实践经验					
课堂组织和管理能力					
教学表达及师生交往能力					
教学研究能力					
现代教育技术能力					
自学能力					

其他方面：＿＿＿＿＿＿＿＿＿＿＿＿＿＿＿＿＿＿＿＿＿＿

附录 4
美国体育教师专业标准（英文版）

National Standards for Initial Physical Education Teacher Education (2008)

National Association for Sport and Physical Education (NASPE)

Standard 1: Scientific and Theoretical Knowledge

Physical education teacher candidates know and apply discipline-specific scientific and theoretical concepts critical to the development of physically educated individuals.

Elements. Teacher candidates will:

1.1　Describe and apply physiological and biomechanical concepts related to skillful movement, physical activity and fitness.

1.2　Describe and apply motor learning and psychological/behavioral theory related to skillful movement, physical activity and fitness.

1.3　Describe and apply motor development theory and principles related to skillful movement, physical activity and fitness.

1.4　Identify historical, philosophical and social perspectives of physical education issues and legislation.

1.5　Analyze and correct critical elements of motor skills and performance concepts.

Standard 2: Skill-Based and Fitness-Based Competence

Physical education teacher candidates are physically educated individuals with the knowledge and skills necessary to demonstrate competent movement performance and health-enhancing fitness as delineated in the NASPE K-12 Standards.

Elements. Teacher candidates will:

2. 1 Demonstrate personal competence in motor skill performance for a variety of physical activities and movement patterns.

2. 2 Achieve and maintain a health-enhancing level of fitness throughout the program.

2. 3 Demonstrate performance concepts related to skillful movement in a variety of physical activities.

* Without discrimination against those with disabilities, physical education teacher candidates with special needs are allowed and encouraged to use a variety of accommodations and/or modifications to demonstrate competent movement and performance concepts (modified/adapted equipment, augmented communication devices, multi-media devices, etc.) and fitness (weight training programs, exercise logs, etc.).

Standard 3: Planning and Implementation

Physical education teacher candidates plan and implement developmentally appropriate learning experiences aligned with local, state and national standards to address the diverse needs of all students.

Elements. Teacher candidates will:

3. 1 Design and implement short—and long-term plans that are linked to program and instructional goals, as well as a variety of student needs.

3. 2 Develop and implement appropriate (e. g. , measurable, developmentally appropriate, performance-based) goals and objectives aligned with local, state and /or national standards.

3. 3 Design and implement content that is aligned with lesson objectives.

3. 4 Plan for and manage resources to provide active, fair and equitable learning experiences.

3. 5 Plan and adapt instruction for diverse student needs, adding specific accommodations and/or modifications for student exceptionalities.

3. 6 Plan and implement progressive and sequential instruction that addresses the diverse needs of all students.

3. 7 Demonstrate knowledge of current technology by planning and implementing learning experiences that require students to appropriately use technology to meet lesson objectives.

Standard 4: Instructional Delivery and Management

Physical education teacher candidates use effective communication and pedagogical skills and strategies to enhance student engagement and learning.

Elements. Teacher candidates will:

4. 1 Demonstrate effective verbal and non-verbal communication skills across a variety of instructional formats.

4. 2 Implement effective demonstrations, explanations and instructional cues and prompts to link physical activity concepts to appropriate learning experiences.

4. 3 Provide effective instructional feedback for skill acquisition, student learning and motivation.

4. 4 Recognize the changing dynamics of the environment and adjust instructional tasks based on student responses.

4. 5 Use managerial rules, routines and transitions to create and maintain a safe and effective learning environment.

4. 6 Implement strategies to help students demonstrate responsible personal and social behaviors in a productive learning environment.

Standard 5: Impact on Student Learning

Physical education teacher candidates use assessments and reflection to foster student learning and inform decisions about instruction.

Elements. Teacher candidates will:

5. 1 Select or create appropriate assessments that will measure student achievement of goals and objectives.

5. 2 Use appropriate assessments to evaluate student learning before, during and after instruction.

5. 3 Utilize the reflective cycle to implement change in teacher performance, student learning and instructional goals and decisions.

Standard 6: Professionalism

Physical education teacher candidates demonstrate dispositions essential to becoming effective professionals.

Elements. Teacher candidates will:

6. 1   Demonstrate behaviors that are consistent with the belief that all students can become physically educated individuals.

6. 2   Participate in activities that enhance collaboration and lead to professional growth and development.

6. 3   Demonstrate behaviors that are consistent with the professional ethics of highly qualified teachers.

6. 4   Communicate in ways that convey respect and sensitivity

Note: Throughout the standards and elements and rubrics, which follow, the term teacher candidate refers to pre-service teachers in an initial preparation program. In the rubrics, the term teacher candidate is abbreviated to TC.

参考文献

[1] NASPE. National Standards for Beginning Physical Education Teachers [C]. Reston, VA: NASPE. 1995.

[2] NASPE. National Standards for Beginning Physical Education Teachers (2nd Ed.) [C]. Reston, VA: NASPE. 2003.

[3] NASPE. Moving Into the Future: National Standards for Physical Education (2nd Ed.) [C]. Reston, VA: NASPE. 2004.

[4] NASPE. National Standards and Guidelines for Physical Education Teacher Education (3rd Ed.) [C]. Reston, VA: NASPE. 2009.

[5] Bracey G. What You Should Know About the War Against America's Public Schools [M]. Boston: Allyn & Bacon, 2003.

[6] Kretschmann, R. What Do Physical Education Teachers Think About Integrating Technology in Physical Education? [J]. European Journal of Social Sciences, 2012, 27 (3): 444 – 448.

[7] Mary O'sullivan. Professional Lives of Irish Physical Education Teachers: Stories of Resilience, Respect and Resignation [J]. Physical Education & Sport Pedagogy, Volume 11, Issue 3 November 2006, pages 265 – 284.

[8] Darling-Hammond, L. Teacher Education and the American Future [J]. Journal of Teacher Education, 2010, 61 (1 – 2): 35 – 47.

[9] Ayers, S. F. & Housner, L. D. A Descriptive Analysis of Undergraduate PETE Programs [J]. Journal of Teaching in Physical Education, 2008, 27: 51 – 67.

[10] Connor, B. What Is a Physical Educator? [J]. Journal of Physical Education, Recreation & Dance, 2009, 80 (2): 6 – 7.

[11] Burden, J. W., Hodge, S. R., O'Bryant, C. P., & Harrison, L. From Colorblindness to Intercultural Sensitivity: Infusing Diversity Training in PETE Pro-

grams [J]. Quest, 2004, 56: 173 – 189.

[12] Chen, W. Evaluation of Pre-service Teacher Preparation for Achieving the National Standards for Beginning Physical Education Teachers [J]. Journal of Personnel Evaluation in Education, 2003, 17: 331 – 347.

[13] Doune Macdonald, Jane Mitchell and Diane Mayer. Professional Standards for Physical Education Teachers' Professional Development: Technologies for Performance? [J]. Physical Education and Sport Pedagogy. Vol. 11, No. 3, November 2006, pp. 231 – 246.

[14] Chen, W. Teachers' Knowledge about and Eiews of the National Standards for Physical Education [J]. Journal of Teaching in Physical Education, 2006, 25: 120 – 142.

[15] Choi, W., & Chepyator-Thomson, R. Multiculturalism in Teaching Physical Education: A Review of U. S. Based Literature [J]. Journal of Research, 2011, 6 (2): 14 – 20.

[16] Ingvarson, L. Professional Certification: do We Need it? [J]. Unicorn, 1999, 25 (2): 5 – 12.

[17] Judyth Sachs. Teacher Professional Standards: Controlling or Developing Teaching? Teachers and Teaching: Theory and Practice, Vol. 9, No. 2, May 2003, 175 – 186.

[18] Collier, D., & Hebert, F. Undergraduate Physical Education Teacher Preparation: What Practitioners Tell us [J]. Physical Educator, 2004, 61 (2): 102 – 113.

[19] Marci Kanstoroom. Boosting Teacher Quality: A Common Sense Proposal, Testimony Prepared for Delivery to the Subcommittee on Postsecondary Education of the Committee on Education and the Workforce, U. S. House of Representatives [EB/OL]. http: //www. eric. ed. gov/, 1999 – 05 – 13.

[20] Cochran-Smith, M. Studying Teacher Education: What we Know and Need to Know [J]. Journal of Teacher Education, 2005, 56 (4): 301 – 306.

[21] Curtner-Smith, M. D. The Impact of a Critically Oriented Physical Education Teacher Education Course on Pre-service Classroom Teachers [J]. Journal of Teaching in Physical Education, 2007, 26 (1): 35 – 56.

[22] Fiona Dowling. Physical Education Teacher Educators'Professional Identities, Continuing Professional Development and the Issue of Gender Qquality [J].

Physical Education and Sport Pedagogy, 2006, 11: 247 – 263.

[23] Block, M. , Klavina, A. , & Flint, W. Including Students with Severe, Multiple Disabilities in General Education: With Careful Planning and Support, you can Successfully Include Students with Severe, Multiple Disabilities in General Physical Education (Solutions for Including Individuals with Disabilities) [J]. The Journal of Physical Education, Recreation & Dance, 2007, 78 (3): 29 – 32.

[24] Block, M. E. , & Obrusnikova, I. Inclusion in Physical Education: A Review of the Literature from 1995—2005 [J]. Adapted Physical Activity Quarterly, 2007, 24: 103 – 104 – 124.

[25] Eleonora Villegas-Reimers. Teacher Professionals Development: an International Review of the Literature [M]. International Institute for Educational Planning, 2003.

[26] Duchane, K. A. , Leung, R. W. , & Coulter-Kern, R. Preservice Physical Educator Attitude Toward Teaching Students with Disabilities. Clinical Kinesiology: Journal of the American Kinesiotherapy Association, 2008, 62 (3): 16.

[27] Education Queensland Professional Standards for Teachers Evaluation of the 2002 Pilot [EB/OL]. http: //education. qld. gov. au/staff/development/standards/pilot. html, 2003 – 09 – 16/2006 – 10 – 28.

[28] You, J. A. , & McCullick, B. Rethinking and Reconstructing of Early Field Experiences in Physical Education Teacher Education [J]. International Journal of Physical Education, 2001, 38 (1): 24 – 33.

[29] Woodworth, B. L. An assessment of the United States Military Academy's Physical Education Program by Program Graduates [D]. Unpublished Doctoral Dissertation, Teachers College, Columbia University, 2000.

[30] Woods, M. L. , Goc Karp, G. , Hui, M. , & Perlman, D. Physical Educators' Technology Competencies and Usage [J]. Physical Educator, 2008, 65 (2): 82 – 89.

[31] Thomas, A. , & Stratton, G. What are we Really doing with ICT in Physical Education: a National Audit of Equipment, use, Teacher Attitudes, support, and training [J]. British Journal of Educational Technology, 2006, 37 (4): 617 – 632.

[32] Staffo, D. F. , & Stier, W. F. , Jr. The use of Fitness Tests in PETE programs

[J]. Journal of Physical Education, Recreation, and Dance, 2000, 71 (5): 48 – 52.

[33] Siedentop, D. Content Knowledge for Physical Education [J]. Journal of Teaching in Physical Education, 2002, 21 (4): 368 – 377.

[34] Rink, J. What Knowledge is of most Worth? Perspectives on Iinesiology from Pedagogy [J]. Quest, 2007, 59: 100 – 110.

[35] Rikli, R. Kinesiology—A Homeless Field: Addressing Organization and Leadership Needs [J]. Quest, 2006, 58: 288 – 309.

[36] Mohr, D. J. , & Townsend, J. S. In the Beginning: New Physical Education Teachers'Quest for Success [J]. Teaching Elementary Physical Education, 2001, 12: 9 – 13.

[37] Mohr, D. J. A Qualitative Analysis of the Socialization Factors Experienced by Induction Phase Physical Education Teachers from one University [D]. Unpublished Doctoral Dissertation, West Virginia University, Morgantown, WV, 2000.

[38] Mohnsen, B. Addressing Technology Standards: What is the Role of the Physical Educator? [J]. Journal of Physical Education, Recreation, and Dance, 2005, 76 (7): 48 – 50.

[39] Metzler, M. W. The Great Debate over Teacher Education Reform Escalates: More Rhetoric or a new Reality? [J]. Journal of Teaching in Physical Education, 2009, 28: 293 – 309.

[40] McKnight, D. An Inquiry of NCATE's Move into Virtue Ethics by way of Disposition (Is this what Aristotle Meant?) [J]. Educational Studies Journal of the American Educational Studies Association, 2004, 35(3): 212 – 230.

[41] McGaha, P. , & Lynn, S. Providing Leadership and Support to the Beginning Teacher [J]. Journal of Physical Education, Recreation, and Dance, 2000, 71 (1): 41 – 43.

[42] McCullick, B. A. Assessing a PETE Program Through the Eyes of Cooperating Teachers [J]. Journal of Teaching in Physical Education, 2000, 19 (4): 508 – 521.

[43] Kim, D. A Study on the Curriculum Development of Secondary Physical Education Teacher Education [J]. Jrean Journal of Sport Pedagogy, 2008, 15: 21 – 37.

［44］ Castelli, D. , & Williams, L. Health-related Fitness and Physical Education Teachers' Content Knowledge ［J］. Journal of Teaching in Physical Education, 2007, 26: 3 – 19.

［45］ National Association for Sport and Physical Education. PE Metricse: Assessing National Standards 1 – 6 in Elementary School ［C］. Reston, VA: AAH-PERD, 2010.

［46］ National Association for Sport and Physical Education. PE Metricse: Assessing National Standards 1 – 6 in Secondary School ［C］. Reston, VA: AAHPERD, 2011.

［47］ National Council on Teacher Quality. CTQ State Teacher Policy Yearbook Brief Area 3: Identifying Effective Teachers. ［EB/OL］. http: //www. nctq. org/ reports, 2011.

［48］ Rink, J. Teaching Physical Education for Learning (7th ed.) ［C］. New York, NY: McGraw-Hill, 2013.

［49］ New Zealand Ministry of Education. Professional Standards: Criteria for Quality Teaching Secondary School Teachers and Unit Holders ［S］. Ministry of Education, 1999.

［50］ Standards for Advanced Programs in Physical Education Teacher Education ［EB/ OL］. http: //www. ncate. org/ public/ standards. Asp.

［51］ Standards for Initial Programs in Physical Education Teacher Education ［EB/ OL］. http: //www. ncate. org/ public/ standards. Asp.

［52］ TDA. Professional Standards for Teacher ［R/OL］. http: //www. tda. gov. uk/upload/resources/pdf/s/standards_ a4. pdf, 2007 – 09 – 12.

［53］ Ministerial Council on Education, Employment, Training and Youth Affairs (MCEETYA) . Teacher Quality and Educational Leadership Taskforce: A National Framework for Processional Standards for Teaching ［S］. Canberra: MCEETYA, 2003: 1.

［54］ 浅井和行等. 教師の力量形成のための試み. ［J］京都教育大学教育実践研究紀要. 2007, 第7号, 134.

［55］ Martin Thrupp. Professional Standards for Teachers and Teacher Education: Awiding the Pitfalls ［J］, New Zealand Teachers Council. 2006: 17 – 18.

［56］ National Board for Professional Teaching Standards ［EB/OL］ . http: // www. nbpts. org/.

［57］ National Council for the Accreditation of Teacher Education ［EB/OL］. http：//www. ncate. org/.

［58］ Interstate New Teacher Assessment and Support Consortium，Model Standards for Beginning Teacher Licensing，Assessment and Development：A Resource for State Dialogue，Developed by Interstate New Teacher Assessment and Support Consortium，1992：14 – 34.

［59］ 陈雁飞. 新中国体育教师队伍建设与发展之路 ［M］. 北京：北京体育大学出版社，2009.

［60］ 辞海编辑委员会. 辞海第六版缩印本 ［M］. 上海：上海辞书出版社，2010.

［61］ 陈永明. 国际师范教育改革比较研究 ［M］. 北京：人民教育出版社，1999.

［62］ 蔡宝忠，康长青. 体育教师研究 ［M］. 辽宁：辽宁少年儿童出版社，1993.

［63］ 邓志革. 职业素质研究 ［M］. 长沙：中南大学出版社，2006.

［64］ 风笑天. 社会学研究方法 ［M］. 北京：中国人民大学出版社，2001.

［65］ 耿培新，梁国立. 美国学校体育国家标准研究 ［M］. 北京：人民教育出版社，2007.

［66］ 顾明远主编. 教育大辞典简编本 ［M］. 上海：上海教育出版社，1999.

［67］ 国家职业分类大典和职业资格工作委员会编. 中华人民共和国职业分类大典 ［M］. 北京：中国劳动出版社，1999.

［68］ 龚飞，梁柱平. 中国体育史简编 ［M］. 成都：西南交通大学出版社，2010.

［69］ 郝勤. 体育史 ［M］. 北京：人民体育出版社，2008.

［70］ 黄汉升，季克异，林顺英. 中国体育教师教育改革的理论与实践 ［M］. 北京：高等教育出版社，2004.

［71］ 黄爱峰. 体育教师教育的专业化研究 ［M］. 武汉：华中师范大学出版社，2007.

［72］ 黄爱峰. 体育教师专业的发展与改革 ［M］. 武汉：华中师范大学出版社，2008.

［73］ 教育部师范教育司. 教师专业化的理论与实践 ［M］. 北京：人民教育出版社，2003.

［74］ 劳凯声. 中国教育改革 30 年政策与法律卷 ［M］. 北京：北京师范大学出

版社，2009.

[75] 刘清黎. 体育教育学 ［M］. 北京：高等教育出版社，1994.

[76] 刘兴富，刘芳. 教师专业化发展的理论与实践 ［M］. 北京：光明日报出版社，2010.

[77] 刘捷. 专业化：挑战 21 世纪的教师 ［M］. 北京：教育科学出版社，2007.

[78] 刘湘溶，刘雪丰. 体育伦理：理论视域与价值范导 ［M］. 长沙：湖南师范大学出版社，2008.

[79] 李进. 教师教育概论 ［M］. 北京：北京大学出版社，2009.

[80] 李琼. 教师专业发展的知识基础——教学专长研究 ［M］. 北京：北京师范大学出版社，2009.

[81] 李祥. 学校体育学 ［M］. 北京：高等教育出版社，2002.

[82] 罗映清，曲宗湖，刘绍曾等. 学校体育学 ［M］. 北京：北京体育学院出版社，1990.

[83] 毛振明，赖天德. 解读中国体育课程与教学改革著名专家、学者各抒己见 ［M］. 北京：北京体育大学出版社，2006.

[84] ［美］伊冯娜·金茨勒（Yvonne Gentzler）. 新教师最佳实践指南（A New Teacher's Guide to Best Practices）［M］. 贺红，译. 上海：华东师范大学出版社，2009.

[85] 倪会忠，王正伦等. 体育行业职业资格证书制度之研究 ［M］. 北京：北京体育大学出版社，2008.

[86] 曲宗湖. 体育教师的素质与基本功 ［M］. 北京：人民体育出版社，2002.

[87] 唐炎，宋会君. 体育教师教育论 ［M］. 重庆：西南师范大学出版社，2006.

[88] 王健. 体育专业课程的发展及改革 ［M］. 武汉：华中师范大学出版社，2003.

[89] 王健，黄爱峰，吴旭东. 体育教师教育课程改革 ［M］. 北京：人民体育出版社，2005.

[90] 王家宏等. 21 世纪体育教育人才培养的研究 ［M］. 北京：北京体育大学出版社，2007.

[91] 王升主编. 现代教学论 ［M］. 石家庄：河北人民出版社，2004.

[92] 王思震. 教师论 ［M］. 南京：江苏教育出版社，2002.

[93] 叶澜等. 教师角色与教师发展新探 ［M］. 北京：教育科学出版社，2001.

［94］［英］雷·笛科勒（Les Tickle）．未来之路——新教师入职教育（Teacher Induction：The Way Ahead）［M］．朱晓燕，译．北京：北京师范大学出版社，2009.

［95］［英］哈塞尔·海格（Hazel Hagger）．向经验教师学习指南（Teaching from Teachers：Realizing the Potential of School-Based Teacher Education）［M］．马晓梅，张昔阳，译．上海：华东师范大学出版社，2009.

［96］杨文轩，杨霆．体育概论［M］．北京：高等教育出版社，2005.

［97］周登嵩．学校体育学［M］．北京：人民体育出版社，2004.

［98］赵明仁．教学反思与教师专业发展——新课程改革中的案例研究［M］．北京：北京师范大学出版社，2009.

［99］赵中建主译．全球教育发展的历史轨迹——国际教育大会60年建议书1934—1996［M］．北京：教育科学出版社，1999.

［100］周钧．美国教师教育认可标准的变革与发展——全美教师教育认可委员会案例研究［M］．北京：北京师范大学出版社，2009.

［101］中国劳动社会保障出版社编．中华人民共和国职业分类大典（2007增补本）［M］．北京：中国劳动社会保障出版社，2008.

［102］谷世权．中国体育史［M］．北京：北京体育大学出版社，1997.

［103］张世响．现代日本学校体育教育的变迁（1945—2008）［M］．北京：北京体育大学出版社，2009.

［104］教育部教师工作司．教师工作系列丛书：幼儿园教师专业标准（试行）解读［M］．北京：北京师范大学出版社，2013.

［105］教育部教师工作司．教师工作系列丛书：小学教师专业标准（试行）解读［M］．北京：北京师范大学出版社，2013

［106］教育部教师工作司．教师工作系列丛书：中学教师专业标准（试行）解读［M］．北京：北京师范大学出版社，2013.

［107］朱旭东．教师专业发展理论研究［M］．北京：北京师范大学出版社，2011.

［108］张万祥，万玮．教师专业成长的途径：30位优秀教师的案例［M］．上海：华东师范大学出版社，2005.

［109］赵明仁．教学反思与教师专业发展［M］．北京：北京师范大学出版社，2009.

［110］余文森，连榕．教师专业发展［M］．福州：福建教育出版社，2007.

［111］丁钢．中国中小学教师专业发展状况调查与政策分析报告［M］．上海：

华东师范大学出版社，2010.

[112] 毛振明．小学体育教师专业能力必修［M］．重庆：西南师范大学出版社，2012.

[113] 代蕊华．教师专业发展与校本培训［M］．北京：教育科学出版社，2011.

[114] 徐斌艳．教师专业发展的多元途径［M］．上海：上海教育出版社，2008.

[115] 陈雁飞．中小学体育教师专业引领与提升［M］．北京：高等教育出版社，2011.

[116] 中小学教师专业发展标准及指导课题组．中小学教师专业发展标准及指导（试行）：体育与健康［M］．北京：北京师范大学出版社，2012.

[117] 周静，周宇．教师专业技能——走向专家型教师之路［M］．北京：高等教育出版社，2010.

[118] 唐玉光．教师专业发展与教师教育［M］．合肥：安徽教育出版社，2008.

[119] 徐斌艳．数学教师专业标准的国际比较［M］．上海：华东师范大学出版社，2012.

[120] 经柏龙．教师专业素质：形成与发展［M］．北京：中国社会科学出版社，2012.

[121] 穆肃．中小学教师终身学习能力提升的方法与实践［M］．广州：暨南大学出版社，2011.

[122] 申继亮．新世纪教师角色重塑——教师发展之本［M］．北京：北京师范大学出版社，2006.

[123] 江芳，杜启明．小学教师专业标准知与行［M］．合肥：安徽师范大学出版社，2013.

[124] 董静．课程变革视阈下的教师专业发展［M］．北京：中央编译出版社，2013.

[125] 赵丽，李妍．中外教师专业发展研究：热点、问题与对策13.

[126] 王建磐．教师教育改革与教师专业发展：国际视野与本人实践［M］．上海：华东师范大学出版社，2007.

[127] 赵国忠．优秀教师最重要的标准［M］．南京：南京大学出版社．

[128] 周珂．中学体育教师职业认同研究［D］．河南大学，2010.

[129] 曾庆涛．我国体育教师评价体系研究［D］．河南大学，2011.

［130］曾广林. 中学体育教师专业道德及其建设研究 ［D］. 福建师范大学，2009.

［131］黄爱峰. 体育教师教育专业化研究 ［D］. 南京师范大学，2005.

［132］宋会君. 体育教师专业化之研究 ［D］. 北京体育大学，2005.

［133］郭敏. 基于教师专业发展视域的高校体育教师职后教育研究 ［D］. 华中师范大学，2012.

［134］李逸群. 普通高校体育教师专业素质构成分析研究 ［D］. 河北师范大学，2008.

［135］谷凤美. 北京市特殊教育学校体育教师的现状调查研究 ［D］. 首都体育学院，2008.

［136］陈宏. 体育教师专业发展与校本研究 ［D］. 苏州大学，2008.

［137］张军. 江苏省常熟地区中学体育教师评价的调查研究 ［D］. 华东师范大学，2008.

［138］李超. 北京普通高校体育教师专业发展的现状分析研究 ［D］. 首都体育学院，2009.

［139］姜兵. 烟台市芝罘区初中体育教师适应新课标状况的调查分析 ［D］. 辽宁师范大学，2008.

［140］沈秀琼. 北京市中小学体育教师专业化现状及对策研究 ［D］. 首都体育学院，2009.

［141］江丽萍. 黑龙江省农村初中学校体育校本课程开发的研究 ［D］. 辽宁师范大学，2008.

［142］韩连花. 北京普通高校体育教师专业发展体系的理论构建 ［D］. 首都体育学院，2009.

［143］张荣华. 影响普通高校体育教学质量的教师素质因素分析及对策研究 ［D］. 北京体育大学，2007.

［144］吴友华. 湖南省中学体育教师专业素质合格标准研究 ［D］. 湖南师范大学，2009.

［145］史文清. 鞍山地区中小学体育教师专业发展现状与对策研究 ［D］. 东北师范大学，2009.

［146］冯明丽. 湖南省普通高校体育教师专业化发展研究 ［D］. 武汉体育学院，2009.

［147］何阳. 高校体育课程改革促进教师成长的研究 ［D］. 华东师范大学，2009.

[148] 吴仁杰. 常州市高中体育与健康课程校本化实践的调查与研究 [D]. 扬州大学, 2009.

[149] 陈梅. 安徽省高职院校体育教师专业化发展现状调查研究 [D]. 华东师范大学, 2009.

[150] 张文. 山东省中学体育教师继续教育的现状及发展对策研究 [D]. 曲阜师范大学, 2010.

[151] 张雅俊. 新课程下北京市小学体育教师专业素质（自评）现状的调查 [D]. 北京体育大学, 2010.

[152] 马丽华. 中小学体育教师专业发展评价的实证研究 [D]. 山西师范大学, 2009.

[153] 崔孟华. 四川省高校职前体育教师专业化评价体系的构建研究 [D]. 四川师范大学, 2010.

[154] 田来. 新课改背景下中小学体育教师专业发展的案例研究 [D]. 华东师范大学, 2011.

[155] 宋雪琳. 国外体育教师专业标准研究 [D]. 华中师范大学, 2011.

[156] 余静. 中学体育教师专业发展途径研究 [D]. 华中师范大学, 2011.

[157] 刘锋. 国外教师专业标准及其对制订我国体育教师专业标准的启示 [D]. 湖南师范大学, 2011.

[158] 王世生. 我国中小学体育教师素质职前培养问题研究 [D]. 华东师范大学, 2006.

[159] 韩梅. 反思性学习对中学体育教师专业成长作用的研究 [D]. 西北师范大学, 2005.

[160] 吕斌. 中学体育教师专业素质结构研究 [D]. 西北师范大学, 2005.

[161] 张晓铁. 中学体育教师职前与职后教育一体化研究 [D]. 广西师范大学, 2006.

[162] 卓存杭. 福建农村中学体育教师专业发展现状调查与研究 [D]. 福建师范大学, 2006.

[163] 朱慧芳. 上海市普通高校中青年体育教师专业发展的现状及其策略研究 [D]. 上海交通大学, 2007.

[164] 张惠珍. 我国中小学体育教师专业化发展研究 [D]. 西北师范大学, 2006.

[165] 陈志丹. 体育教师专业发展的实然分析与应然研究 [D]. 江西师范大学, 2004.

［166］朱伟强．体育教学设计理论体系的构建［D］．华东师范大学，2004．

［167］叶冬晓．北京市城区中学体育教师专业发展的现状调查与研究［D］．北京体育大学，2005．

［168］张磊．基于"自主"的高中体育教师专业发展研究［D］．浙江师范大学，2007．

［169］吴雪芹．南京市体育教师专业成长机制研究［D］．南京师范大学，2008．

［170］魏晓晓．基于终身学习理念对体育教师专业发展的研究［D］．东北师范大学，2013．

［171］秦雷宝．上海小学体育教师专业发展的现状与对策研究［D］．上海师范大学，2012．

［172］王利君．大同市城区中学体育教师专业发展问题研究［D］．四川师范大学，2012．

［173］杨万林．河北省本科层次体育教师职前教育的现状、问题与对策研究［D］．河北师范大学，2012．

［174］刘晶晶．2001版和2008版美国国家初级体育教师教育标准的比较研究［D］．扬州大学，2011．

［175］陆阳．体育教师专业知识状况及体育教师教育改革对策研究［D］．东北师范大学，2012．

［176］杜鹏．新课程标准下济南市小学体育教师专业素质现状研究［D］．山东师范大学，2013．

［177］刘亮华．农村中学体育教师专业成长研究［D］．湖南师范大学，2010．

［178］周爱凤．抚州市市区中学体育教师专业化现状调查与分析［D］．江西师范大学，2010．

［179］郭希．新课改背景下江西省城区中学体育教师专业化的研究［D］．北京体育大学，2008．

［180］赵晓军．新课程改革背景下郑州市中学体育教师专业素质现状的调查研究［D］．郑州大学，2008．

［181］于华．苏北地区普通高校体育教师专业发展现状及其适应力的研究［D］．苏州大学，2011．

［182］李林鹏．长春市高校体育教育专业学生专业知识的调查研究［D］．东北师范大学，2011．

［183］王波．长春市普通高校体育教师素质现状及对策研究［D］．东北师范大

学，2011.

[184] 王学通. 河北省高中新课改下体育教师专业素质现状及培养策略研究 [D]. 河北师范大学，2011.

[185] 雷霆. 体育教师专业素养构成及培养策略研究 [D]. 长春师范学院，2012.

[186] 张虹. 新疆生产建设兵团高中体育教师专业素质现状与对策研究 [D]. 华中师范大学，2012.

[187] 刘星. 武汉地区高校（公共）体育教师专业发展现状研究 [D]. 华中师范大学，2012.

[188] 蔡传明. 我国中学骨干体育教师的时代特征与成才因素分析 [D]. 福州，福建师范大学，2002.

[189] 唐刚，彭英. 四川省民族地区小学体育教师现状调查 [J]. 成都体育学院学报，2009（1）：85 – 88.

[190] 樊莲香，潘凌云，杨小永. 体育教师教学理性的缺失及其回归 [J]. 武汉体育学院学报，2009（2）：86 – 88.

[191] 叶显芳. 体育教师类型研究 [J]. 教育理论与实践，2009（9）：45 – 47.

[192] 林陶. 日本体育教师专业标准诠释 [J]. 体育学刊，2009（3）：63 – 67.

[193] 冯瑞. 我国农村中小学体育教师"走教"效果的比较研究 [J]. 山东体育学院学报，2009（3）：84 – 86.

[194] 周小敏. 普通高校体育教师胜任特征及指标评价研究 [J]. 山东体育学院学报，2009（3）：94 – 96.

[195] 王文丽，魏素芬，贾小萱，张春武. 普通高校体育教师发展性评价体系的构建 [J]. 中国成人教育，2009（5）：71 – 72.

[196] 游江波，李骏. 天津市高校体育教师职业倦怠现状及影响因素研究 [J]. 山东体育学院学报，2009（4）：94 – 96.

[197] 刘震宇. 对河北六所高校体育教师健康状况的调查研究 [J]. 成人教育，2009（4）：71 – 72.

[198] 潘凌云，王健. 构建教师专业共同体促进体育教师专业发展 [J]. 武汉体育学院学报，2009（5）：91 – 95.

[199] 周坤，张敏，董满秀. 论研究性学习方式下体育教师教学策略 [J]. 成都体育学院学报，2009（5）：91 – 94.

[200] 秦义. 我国高校体育教师继续教育机制建设研究 [J]. 西安体育学院学报，2009（3）：369 – 372.

[201] 洪晖. 对高校体育教师绩效考核的思考 [J]. 广州体育学院学报, 2009 (3): 104-106.

[202] 杨健科, 赵冠明, 陈昆云. 体育教师实践性知识的特征、建构与传承 [J]. 体育学刊, 2009 (6): 60-63.

[203] 严珍. 体育课程理念演变及对体育教师教学改革的挑战 [J]. 山东体育学院学报, 2009 (6): 94-96.

[204] 陈斌, 李国泰. 重庆市中小学体育教师继续教育现状调查与分析 [J]. 西南师范大学学报 (自然科学版), 2009 (3): 222-226.

[205] 苏贵斌. 心理契约与体育教师工作满意度 [J]. 黑龙江高教研究, 2009 (6): 107-109.

[206] 金玉华, 刘国军. 美国中小学体育教师应用合作学习的教学策略 [J]. 外国中小学教育, 2009 (8): 61-63.

[207] 郑旗, 孙静静. 中小学体育教师自我职业生涯管理的结构与特点 [J]. 体育学刊, 2009 (8): 63-66.

[208] 刘传勤, 李朝福, 杨东明. "阳光体育运动" 与创新型高校体育教师的培养 [J]. 成人教育, 2009 (8): 65-66.

[209] 田菁, 闫芬, 刘春燕. 体育教师是课程内容资源开发的关键 [J]. 北京体育大学学报, 2009 (7): 85-87.

[210] 王鑫. 西安市中学体育教师发展性评价指标体系研究 [J]. 西安体育学院学报, 2009 (5): 626-629.

[211] 汤娜, 刘志杰. 河北高校体育教师科研现状调查 [J]. 体育文化导刊, 2009 (8): 108-111.

[212] 杨烨, 张晓玲. 我国中小学体育教师专业能力标准的制定 [J]. 上海体育学院学报, 2009 (5): 87-90.

[213] 李金龙, 刘英辉. 我国高校体育教师职业化问题的思考 [J]. 上海体育学院学报, 2009 (3): 68-71.

[214] 熊亚红, 李小兰. 高校体育教师自我效能感、教学效能感与学生体育成绩的关系研究——以西北工业大学 18 名篮球教师为例 [J]. 北京体育大学学报, 2009 (8): 85-86.

[215] 李朝福, 罗培秀. 体育教师的信息素养的培养 [J]. 中国成人教育, 2009 (20): 76-77.

[216] 曲涛. 新农村建设中贫困地区体育教师工作现状分析 [J]. 安徽农业科学, 2009 (30): 15026-15027.

[217] 吕海龙，周特跃，欧佩．专家——新手型体育教师教学效能感及其课堂教学行为的探讨［J］．首都体育学院学报，2009（6）：752 – 755.

[218] 于素梅，石雷．体育教师教育教学能力阶段性结构体系建构［J］．南京体育学院学报（社会科学版），2009（5）：9 – 12.

[219] 陈晓梅．贵州省高等院校体育教师激励机制的研究［J］．中国成人教育，2009（22）：103 – 105.

[220] 朱杰，程晖，王晓霞．体育教师专业化发展策略研究——以西北地区为例［J］．广州体育学院学报，2009（6）：111 – 114.

[221] 袁丽．高校体育教师职后教育的实然性研究［J］．中国成人教育，2010（6）：87 – 88.

[222] 汤利军，季浏．英美日体育教师继续教育比较研究［J］．体育文化导刊，2010（5）：117 – 120.

[223] 邢金明，杨薇，张树山．影响高校体育教师教学思想主观判定的因素分析［J］．体育学刊，2010（4）：77 – 80.

[224] 苏庆永，王红梅，史文清．关于高校体育教师隐性知识共享之研究——大学教师隐性知识共享意愿、主要影响因素及共享途径调查分析［J］．南京体育学院学报（社会科学版），2010（2）：101 – 104.

[225] 王卫荣．安徽民办中小学体育教师继续教育现状研究［J］．安徽师范大学学报（自然科学版），2010（2）：197 – 200.

[226] 陈秀云，周新业．全国普通高校体育教师评价体系研究［J］．广州体育学院学报，2010（3）：96 – 100.

[227] 于芳，曲宗湖，付奕，张辉．高校体育教师职业高原现象相关特征的实证研究［J］．北京体育大学学报，2010（5）：76 – 79.

[228] 黄小波．提升普通高校体育教师综合素质的研究［J］．教育与职业，2010（3）：56 – 57.

[229] 张龙，全浙平，刘振国．新课标背景下中小学体育教师业务素质的调查研究［J］．教育理论与实践，2010（21）：51 – 53.

[230] 尹志华，邓三英，汪晓赞，季浏．美国 NCATE 不同级别新体育教师专业标准的比较研究［J］．北京体育大学学报，2010（7）：95 – 98.

[231] 肖紫来．中小学青年体育教师专业成长的几点建议［J］．现代教育科学，2010（6）：59 – 61.

[232] 付奕，于芳，李纲．论高校体育教师职业高原特征及策略［J］．首都体育学院学报，2010（4）：40 – 44.

[233] 吴友华，熊林江．美英体育教师专业标准及我国相关标准的构建［J］.

科技创新导报, 2010 (21): 158 – 159.

[234] 杨玲. 专业化进程中体育教师文化素养的修炼 [J]. 体育学刊, 2010 (8): 72 – 75.

[235] 张志伟, 姚春清, 宫宇宁. 中小学体育教师评价中存在的主要问题及应对策略 [J]. 西安体育学院学报, 2010 (4): 501 – 502.

[236] 段子才, 黄汉升. 美国初始体育教师教育标准述评 [J]. 北京体育大学学报, 2010 (8): 91 – 94.

[237] 李凌姝, 季浏, 汪晓赞. 新课程改革下中学体育教师能力的培养 [J]. 南京体育学院学报 (社会科学版), 2010 (5): 108 – 110.

[238] 苏明理, 徐波锋, 仲宇. 论中小学体育教师基本技术技能标准的内涵及构建意义 [J]. 体育学刊, 2010 (10): 75 – 77.

[239] 谢辉. 课程改革视野下高校体育教师教学能力发展研究 [J]. 体育与科学, 2010 (5): 97 – 99.

[240] 汤利军, 张建滨, 季浏. 学校体育现代化与体育教师素质分析 [J]. 体育文化导刊, 2010 (6): 81 – 82.

[241] 梁建平, 龙家勇, 常金栋, 曾理, 梁潇. 我国中、小学体育教师职业人格结构研究 [J]. 体育科学, 2010 (12): 55 – 63.

[242] 陈东, 章柳云, 郝秀艳. 高等学校体育教师专业发展的现状分析——以北京市教育部 15 所直属高校为例 [J]. 北京体育大学学报, 2010 (11): 94 – 97.

[243] 翟寅飞, 郭敏刚. 体育教学中体育教师专注力缺失及其规避对策 [J]. 沈阳体育学院学报, 2010 (5): 91 – 94.

[244] 向家俊. 体育教师职业素养生成条件及发展困境分析 [J]. 黑龙江高教研究, 2010 (12): 115 – 117.

[245] 蒋菠, 易连云, 赵婉如. 重庆市高校体育教师职业素养现状分析 [J]. 西南师范大学学报 (自然科学版), 2010 (6): 253 – 256.

[246] 杨军, 闫建华, 王会勤. 中学体育教师业务能力评价体系建构——质性评价与量化评价的有效结合 [J]. 首都体育学院学报, 2011 (1): 49 – 55.

[247] 刘汉生. 高校体育教师个人知识管理评估方法初探 [J]. 体育与科学, 2011 (2): 107 – 112.

[248] 施兴成. 新课程理念下高职院校体育教师的角色转换及其策略探析 [J]. 南京体育学院学报 (社会科学版), 2011 (2): 100 – 102.

[249] 雷慧, 熊茂湘. 体育教师课堂教学非言语交际行为评价体系 [J]. 武汉

体育学院学报，2011（4）：91－96.

[250] 范运祥，吴鹏，马卫平．对体育教师课堂语言暴力现象的探讨［J］．沈阳体育学院学报，2011（1）：82－86.

[251] 顾民．基础教育中的体育教师培训现状分析——以浙江省为例［J］．北京体育大学学报，2011（4）：101－103.

[252] 张春武，范汝清，王文丽．发展性评价促进体育教师专业发展的实践研究［J］．教育与职业，2011（17）：69－70.

[253] 李立新，李亚龙，张梦娣．特殊教育学校体育教师的配备及工作状况［J］．成人教育，2011（6）：105－106.

[254] 潘凌云，王健．主体性视阈下体育教师专业发展的真实意蕴［J］．武汉体育学院学报，2011（6）：96－100.

[255] 柴娇，郑风家，李林鹏，陆阳．学科教学知识对培养体育教师专业化途径的研究［J］．西安体育学院学报，2011（3）：363－366.

[256] 丁辉．体育教师亲和力探究［J］．体育文化导刊，2011（6）：103－105.

[257] 李鸿双，班玉生．体育教师文化论［J］．体育文化导刊，2011（4）：101－103.

[258] 都晓娟．我国体育教师职业能力的管理——从教师资格制度局限性的视角［J］．北京体育大学学报，2011（6）：95－99.

[259] 周珂，周艳丽，王崇喜．中学体育教师职业认同意蕴探寻——基于四位教师的叙事研究［J］．中国教育学刊，2011（8）：81－83.

[260] 李春晖．普通高校体育教师专业发展的"高原现象"及对策研究［J］．成都体育学院学报，2011（7）：91－94.

[261] 孔祥．教师专业学习共同体：体育教师成长的有效途径［J］．中国成人教育，2011（18）：114－115.

[262] 尹志华，汪晓赞，季浏．对中、小学体育教师专业标准制订基本问题认识的实证研究［J］．中国体育科技，2011（6）：121－126.

[263] 虞力宏，汤国杰，高可清．高校体育教师职业认同与工作投入的关系研究［J］．中国体育科技，2011（6）：136－141.

[264] 刘兴，马小华．体育教师"注意义务"研究［J］．山东体育学院学报，2011（11）：29－33.

[265] 秦曼，司虎克．高校体育教师知识转移动力及其利用研究［J］．上海体育学院学报，2011（6）：80－83.

[266] 谢谦梅，顾韶雄．自我的迷失与重建：论体育教师职业认同的唤起

［J］. 南京体育学院学报（社会科学版），2011（4）：102－105.

［267］艾东明. 新课标视角下农村中小学体育教师继续教育的研究［J］. 中国成人教育，2011（23）：115－116.

［268］吕青，朱红兵. 高校体育教师培训指标体系的构建研究［J］. 北京体育大学学报，2011（12）：79－82.

［269］刘英. 体育教师情感教学研究［J］. 上海海洋大学学报，2012（1）：156－160.

［270］龚坚，刘勇. 中小学体育教师职业境况结构研究与分析——以重庆市为例［J］. 西南师范大学学报（自然科学版），2012（2）：161－167.

［271］卢三妹，朱石燕. 体育教师胜任力模型建构研究［J］. 体育学刊，2012（2）：83－88.

［272］潘凌云，王健. 从客体性、主体性到主体间性——当代体育教师专业发展的范式更迭与融合［J］. 西安体育学院学报，2012（2）：129－133.

［273］周珂，王崇喜，周艳丽. 体育教师职业认同的结构与量表编制研究——以中学体育教师为例［J］. 北京体育大学学报，2012（3）：93－98.

［274］尹志华，毛丽红，汪晓赞，季浏. NBPTS 体育教师专业标准研究及其启示［J］. 北京体育大学学报，2012（3）：80－84.

［275］石岩，卢松波. 体育教师教学活动风险认知的质性研究及测量方法［J］. 天津体育学院学报，2012（3）：121－125.

［276］范运祥，吴鹏，马卫平. 体育教师语罚行为探析［J］. 北京体育大学学报，2012（4）：93－98.

［277］王崇喜，周珂，周艳丽. 新中国体育教师教育的演进与未来走向［J］. 体育学刊，2012（4）：60－65.

［278］马海涛. 体育教师基本技术技能标准指标体系构建研究［J］. 西安体育学院学报，2012（5）：631－636.

［279］盛燕茶，杨新. 农村中学体育教师职业倦怠的成因分析——以江苏省苏北地区为例［J］. 学术探索，2012（10）：140－142.

［280］尹志华，毛丽红，汪晓赞，孔琳，杨燕国，季浏. 对制订新体育教师专业标准的调查与分析［J］. 上海体育学院学报，2012（5）：86－90.

［281］崔艳艳，刘志红，王淑英. 新课程改革背景下教师赋权增能与体育教师角色转变研究［J］. 山东体育学院学报，2012（5）：115－118.

［282］许建生. 体育教师素质研究［J］. 体育文化导刊，2012（10）：101－104.

［283］张少伟. 为何而教：体育教师专业道德建设的基础［J］. 北京体育大学学报，2012（10）：100－104.

[284] 周珂，周艳丽，王崇喜．中学体育教师职业认同特点的实证与分析 [J]．南京体育学院学报（社会科学版），2012（5）：72 – 78．

[285] 孙正，王建．安徽省高校体育教师实行"教学型"高级职称的改革探索 [J]．南京体育学院学报（社会科学版），2012（5）：90 – 93 + 125．

[286] 赵丹，宋萑．安徽省中学体育教师课程改革认同感现状调查 [J]．课程·教材·教法，2011（6）：92 – 95．

[287] 汪晓琳，胡俊胜，胡安义．发达国家体育教师专业标准对我国的启示 [J]．湖北师范学院学报（自然科学版），2012（4）：15 – 18 + 23．

[288] 尹志华，毛丽红，汪晓赞，季浏．中小学体育教师在体育学习评价中的心理障碍调查分析 [J]．体育学刊，2013（4）：79 – 83．

[289] 吴恒晔．体育教师专业发展现状及对策研究——以浙南地区农村小学为例 [J]．黑龙江高教研究，2013（2）：95 – 98．

[290] 袁广锋．4项个人心理因素对中学体育教师教学知识的影响 [J]．西安体育学院学报，2013（2）：251 – 256．

[291] 赵进，王健，周兵．基于教师专业标准的体育教师专业标准构建研究 [J]．山东体育学院学报，2013（2）：100 – 104．

[292] 王健，董国永，王涛，鲁长芬．人文主义视野中的美国体育教师专业标准研究 [J]．北京体育大学学报，2013（7）：93 – 98．

[293] 欧小锋．日本体育教师资格制度研究 [J]．体育文化导刊，2013（8）：101 – 104．

[294] 李丽．中日美等国中小学体育教师培养模式比较研究 [J]．武汉体育学院学报，2006（1）：77 – 80．

[295] 林琳．认知的自我指导技术对高校体育教师教学监控能力的影响 [J]．山东师范大学学报（人文社会科学版），2006（1）：74 – 77．

[296] 吴昊．走向贯通：新世纪体育教师教育的发展观 [J]．体育文化导刊，2006（2）：63 – 65．

[297] 程毅．论体育课程改革与体育教师观念变革 [J]．体育与科学，2006（1）：95 – 96．

[298] 唐宏贵，黄靖，周细琴，王晓敏．中小学体育教师人文素质结构与社会评价研究 [J]．武汉体育学院学报，2006（2）：16 – 19．

[299] 谢界和．体育教师继续教育的现状与对策 [J]．中国成人教育，2006（2）：84 – 85．

[300] 陶干臣，龙晓东，陈元平．普通高校体育教师继续教育研究 [J]．山东体育学院学报，2006（1）：111 – 114．

[301] 张亚平, 程晖. 《体育与健康》课程标准实施中体育教师专业化成长的内涵特点 [J]. 山东体育学院学报, 2006 (2): 122 – 124.

[302] 郝海涛, 汪素霞. 大学生心理压力与体育教师领导行为关系研究 [J]. 武汉体育学院学报, 2006 (5): 57 – 59.

[303] 汪素霞. 高校体育教师主导行为对普通大学生心理适应性的影响 [J]. 北京体育大学学报, 2006 (6): 775 – 776.

[304] 胡飞燕. 新课程标准下体育教师角色的转化 [J]. 上海体育学院学报, 2006 (4): 80 – 82.

[305] 杨剑, 陈开梅. 江苏省中小学体育教师职业压力源研究与分析 [J]. 山东体育学院学报, 2006 (3): 56 – 60.

[306] 熊亚红, 王家彬, 虞荣安, 赵静, 鱼芳青. 普通高校体育教师教学效能感特点之探析 [J]. 山东体育学院学报, 2006 (3): 61 – 63.

[307] 程毅. 体育教师反思性教学探讨 [J]. 体育学刊, 2006 (3): 84 – 86.

[308] 李会增, 张旭尧, 王向东, 王玉扩, 赵立强. 高校体育教师能力资源标准的初步研究 [J]. 体育学刊, 2006 (3): 87 – 90.

[309] 汪俊祺, 柯谷鑫. 影响体育教师自主创新意识的经学思维 [J]. 体育学刊, 2006 (3): 103 – 105.

[310] 韩春利. 当前我国体育教师招聘现状及发展对策研究 [J]. 北京体育大学学报, 2006 (8): 1096 – 1098.

[311] 王建民, 谢芳, 张永贵, 盛建国, 丁斌, 唐广旭. 甘肃省中小学青年体育教师综合素质的调查研究 [J]. 北京体育大学学报, 2006 (8): 1105 – 1107.

[312] 程毅, 李圣旺. 体育教师自身发展与反思教学关系的探讨 [J]. 广州体育学院学报, 2006 (4): 122 – 125.

[313] 黄忠兴. 浙江省高校体育教师工作压力、心理健康及其关系研究 [J]. 武汉体育学院学报, 2006 (8): 60 – 63.

[314] 朱琳. 论保障体育教师合法权益——《体育法》第二十一条的补充和细化问题 [J]. 西南民族大学学报 (人文社科版), 2006 (10): 163 – 166.

[315] 高守清. 体育教师教学效能感的认知与培养 [J]. 中国成人教育, 2006 (10): 77 – 78.

[316] 张红玉. 试论对创新型体育教师的培养 [J]. 体育文化导刊, 2006 (11): 64 – 66.

[317] 潘凌云. 向反思型体育教师转变的背景与策略 [J]. 体育学刊, 2006

（6）：78 – 81.

[318] 张细谦．从课程实施看体育教师的继续教育［J］．广州体育学院学报，2006（6）：118 – 121.

[319] 张银满．对指导学校运动队训练的体育教师工作压力现况的调查研究［J］．武汉体育学院学报，2006（11）：96 – 98.

[320] 奚凤兰．农村中小学体育教师的继续教育［J］．中国成人教育，2006（11）：99 – 100.

[321] 祖晶，邹飞，季浏．中小学体育教师课程意识现状调查及对策研究［J］．山东体育学院学报，2007（1）：100 – 103.

[322] 张妙玲．美国基础教育体育教师资格认证标准及其启示［J］．体育学刊，2007（1）：105 – 107.

[323] 王振涛，单清华，刘新刚，刘伟．论新课程标准下体育教师角色的嬗变［J］．体育与科学，2007（1）：92 – 94.

[324] 张妙玲．美国基础教育体育教师资格认证标准及其启示［J］．武汉体育学院学报，2007（3）：56 – 58.

[325] 白真，王晓春，王悦．辽宁省城市初中体育教师科学研究认识的现状调查与分析［J］．北京体育大学学报，2007（1）：93 – 95.

[326] 张杰．河南省普通高校体育教师职业倦怠调查［J］．体育学刊，2007（2）：83 – 85.

[327] 杨天潮．大学生心理压力和心理适应与体育教师领导行为的关系［J］．山东体育学院学报，2007（2）：83 – 85.

[328] 黄爱峰，王明献．专业化：新世纪体育教师教育发展的生命力［J］．山东体育学院学报，2007（2）：108 – 111.

[329] 韩春利．小康社会建设中的体育教师流动与保留机制研究［J］．西安体育学院学报，2007（3）：116 – 119.

[330] 方程，李玲．应对体育课程改革拓展高校体育教师专业素质的研究［J］．西安体育学院学报，2007（3）：120 – 123.

[331] 秦荣廷，皮锋．高校体育教师心理压力与心理调适［J］．中国成人教育，2007（7）：99 – 100.

[332] 易锋，陈康．高校体育教师成长阶段特征与影响因素及对策［J］．体育文化导刊，2007（7）：67 – 68.

[333] 廖玫．广东省普通高校体育教师科研影响因素的调查分析［J］．体育学刊，2007（4）：80 – 83.

[334] 李兴林．普通高校体育教师信息保障机制的构建［J］．上海体育学院学

报，2007（3）：91 – 94.

[335] 曹爱春，杨晓艇，郑遨鹏．高校体育教师素质调查研究 ［J］．中国成人教育，2007（16）：110 – 111.

[336] 张广林，刘莉，邓云玲．新课程与甘肃省中小学体育教师专业发展研究 ［J］．中国成人教育，2007（20）：107 – 108.

[337] 张玉生，张璐．论高校体育教师继续教育及发展策略 ［J］．中国成人教育，2007（20）：95 – 96.

[338] 王健，黄爱峰，季浏．实用性与唯理性：体育教师教育实践观辨析 ［J］．武汉体育学院学报，2007（11）：61 – 64.

[339] 于鹏飞．胶东地区高校体育教师健康状况调查研究 ［J］．山东体育学院学报，2007（6）：140 – 141.

[340] 姜全传．论体育教师的继续教育 ［J］．武汉体育学院学报，2007（12）：86 – 88.

[341] 王健，胡庆山．体育教师参与体育课程实施的影响因素及对策 ［J］．上海体育学院学报，2007（6）：68 – 74.

[342] 朱浩，贺峰，胡艺，殷国良，何爱红．高校体育教师考核现状及对策 ［J］．首都体育学院学报，2008（6）：92 – 94.

[343] 王飞加．高校课程改革视野下的体育教师继续教育 ［J］．中国成人教育，2008（24）：96 – 97.

[344] 金林群．试论体育教师吸引力 ［J］．体育文化导刊，2008（12）：87 – 89.

[345] 李洪波．大学体育教师教学效能感影响因素研究 ［J］．山东体育学院学报，2008（12）：92 – 94.

[346] 卓建南，尹少丰．普通高校体育教师教学能力量化评价研究 ［J］．安徽师范大学学报（自然科学版），2008（6）：609 – 612.

[347] 夏端阳．湖北高校体育教师职业道德失范及其改善对策 ［J］．武汉体育学院学报，2008（1）：86 – 89.

[348] 宋光春．体育教师教育信仰略论 ［J］．体育文化导刊，2008（1）：92 – 95.

[349] 任勇，刘正国．体育教师职业倦怠现象的解析及策略 ［J］．山东体育学院学报，2008（1）：94 – 96.

[350] 冯秀华，梁占锁．农村体育教师职业倦怠问题探究 ［J］．中国成人教育，2008（1）：87 – 88.

[351] 贺华，李彦鹏．体育教师综合素质动态量化评估模型的构建与应用

[J]．武汉体育学院学报，2008（3）：86－89.

[352] 马红地，邓永明．中小学体育教师继续教育应注重教学能力的培养 [J]．继续教育研究，2008（5）：9－11.

[353] 王德慧，孙桥．"泰勒模式"下的教师定位——体育新课程标准下的体育教师 [J]．南京体育学院学报（社会科学版），2008（1）：98－101.

[354] 张红坚．普通高校体育教师"专业增权"与新课程角色的实现 [J]．成都体育学院学报，2008（4）：80－82.

[355] 黄爱峰，方曙光．体育教师继续教育的有效性认识 [J]．西安体育学院学报，2008（2）：101－105.

[356] 潘凌云．从自在自发到自由自觉——体育教师专业发展的突破与超越 [J]．武汉体育学院学报，2008（6）：93－96.

[357] 王强．影响河北省高校体育教师科研发展的因素分析 [J]．中国成人教育，2008（8）：108－109.

[358] 徐金尧，沈晓强，薛林峰．体育教师评价指标体系的构建与评价自动化系统设计 [J]．北京体育大学学报，2008（7）：960－963.

[359] 乔泽波．普通高校体育教师评聘制度存在的问题及解决建议 [J]．体育学刊，2008（7）：42－45.

[360] 郝明．河南省高校体育教师职业倦怠状况及其与职业自我概念的关系 [J]．体育学刊，2008（7）：63－66.

[361] 燕成．湖南省中小学体育教师对心理健康教育认知与评价的调查分析 [J]．体育学刊，2008（7）：67－70.

[362] 邵锡山，刘瑶．高校体育教师教学生涯周期中的职业倦怠 [J]．体育学刊，2008（8）：57－60.

[363] 肖宁．高校体育教师知识结构、能力水平与综合素质的培养 [J]．武汉体育学院学报，2008（8）：97－100.

[364] 陈雁飞．从培训透视北京市中小学体育教师的专业化发展 [J]．首都体育学院学报，2008（5）：82－85.

[365] 刘传进．中小学体育教师继续教育低效的原因及对策研究 [J]．继续教育研究，2008（10）：13－15.

[366] 唐炎，刘昕，周登嵩．言语行为与角色呈现——对36名体育教师的实证分析 [J]．北京体育大学学报，2008（11）：1537－1540.

[367] 杜俊娟．对体育教师在职培训的理论思考与研究 [J]．北京体育大学学报，2003（1）：87－88.

[368] 赵一平．淮北市九年义务教育学校体育教师的现状调查与分析 [J]．北

京体育大学学报, 2003 (2): 230 – 232.

[369] 宋光春, 高立群, 杨俊峰. 影响体育教师参与体育教育改革三要素的分析研究 [J]. 北京体育大学学报, 2003 (4): 494 – 496.

[370] 黄文仁, 扬子良. 论批判性反思在体育教师专业化发展中的作用 [J]. 北京体育大学学报, 2003 (6): 795 – 797.

[371] 黄彦军, 徐凤琴. 公平差别阈理论与体育教师积极性 [J]. 广州体育学院学报, 2003 (3): 97 – 100.

[372] 王文初, 刘锋, 吴步阳. 常德市中小学体育教师队伍的现状与建设 [J]. 体育学刊, 2003 (5): 104 – 106.

[373] 郑旗. 山西省中、小学体育教师继续教育现状调查 [J]. 中国体育科技, 2003 (9): 43 – 45.

[374] 唐黎明. 试论高校体育教育价值与体育教师定位 [J]. 成都体育学院学报, 2005 (3): 113 – 115.

[375] 李健, 谭刚, 王荣民, 宋艳, 董玉强, 唐玉荣, 闫桂花, 陈艳. 中学体育教师课堂教学行为的理论构建 [J]. 北京体育大学学报, 2005 (7): 962 – 964.

[376] 刘四. 河南省城市中学体育教师生存环境调查报告 [J]. 武汉体育学院学报, 2005 (6): 20 – 22.

[377] 奚凤兰, 王洪妮, 解毅飞. 山东省农村中小学体育教师对实施体育新课标认识的现状调查 [J]. 山东体育学院学报, 2005 (3): 118 – 120.

[378] 严德智, 陈青, 古雅芬. 高校体育教师的校本化管理 [J]. 体育学刊, 2005 (4): 77 – 79.

[379] 黄帝全, 梁峰. 高校体育教师与其他教师学历、专业技术职务结构比较 [J]. 体育学刊, 2005 (4): 80 – 82.

[380] 胡晓飞, 练碧贞, 陈新, 张剑. 对北京市五所高校体育教师健康状况和生活方式的调查研究 [J]. 北京体育大学学报, 2005 (9): 1264 – 1266.

[381] 甄志平, 张瑛秋, 邢文华. 教育变革中中学体育教师体育与健康 KAP 的结构特征 [J]. 体育学刊, 2005 (5): 92 – 94.

[382] 陈雁飞, 林小群, 殷恒婵. 中小学体育教师职业压力及压力源的调查研究 [J]. 西安体育学院学报, 2005 (4): 107 – 111.

[383] 许月云, 林芹芳. 新时期大学生对体育教师的角色期望 [J]. 北京体育大学学报, 2005 (11): 106 – 108.

[384] 韩春利. 体育教师入职教育的现状与模式研究 [J]. 北京体育大学学

报，2005（12）：1669 – 1671.

[385] 翟德萍，邱春，杨永明.新课程标准下的体育教师角色转变与教师教育［J］.北京体育大学学报，2005（12）：1679 – 1680.

[386] 李新.新课程体制下小学体育教师的角色定位［J］.山东体育学院学报，2005（5）：123 – 125.

[387] 徐东锋，叶佳春，钟迅辉.农村学校体育教师培养探讨［J］.广州体育学院学报，2003（6）：121 – 123.

[388] 范运祥，龚正伟，荆光辉，周波.体育教师信息能力的构成及培养途径［J］.上海体育学院学报，2004（1）：79 – 81.

[389] 陈作松，季浏.新体育课程的实施对体育教师提出的新要求［J］.北京体育大学学报，2004（3）：370 – 371.

[390] 陈红.体育教师的性别和教学内容对儿童性别角色发展的影响［J］.体育学刊，2004（1）：102 – 104.

[391] 方爱莲.体育教师体态语言艺术研究问题初探［J］.体育文化导刊，2004（6）：53 – 54.

[392] 王孟林，马逸奎.体育教师情绪对教学影响的研究［J］.黑龙江高教研究，2004（7）：102 – 103.

[393] 杨芳.学校体育的历史发展与体育教师的角色演变［J］.体育学刊，2004（5）：89 – 92.

[394] 郭太玮，潘绍伟.新课程标准实施与体育教师角色的重新定位［J］.体育学刊，2004（5）：96 – 98.

[395] 朱元利.体育教师专业化发展与体育教育专业课程改革的思考［J］.西安体育学院学报，2004（5）：88 – 90.

[396] 胡红.体育教师需要与激励的现状及相关研究［J］.北京体育大学学报，2004（11）：1487 – 1489.

[397] 阎智力，商伟.体育教师专业发展与校本课程开发［J］.教育科学，2004（5）：54 – 57.

[398] 毛立力.体育课程改革中体育教师的角色定位［J］.体育文化导刊，2004（9）：56 – 57.

[399] 周威.我国高校体育教师教育技术培训的探讨［J］.西安体育学院学报，2004（4）：90 – 92.

[400] 张春武，石方.体育教师专业化发展的思考［J］.西安体育学院学报，2004（S1）：152 – 153.

[401] 毕红星.试论体育教师个体主观教学观念的转变［J］.北京体育大学学

报，2005（1）：94 – 96.

[402] 王锐，王宗平．南京理工大学实施体育教师岗位聘任制管理模式的实践研究 [J]．山东体育学院学报，2005（1）：81 – 83.

[403] 石振国．"体育社会化"形势下高师体育教师培养模式及对策研究 [J]．山东体育学院学报，2005（1）：84 – 85.

[404] 朱菊芳．体育教师创新能力培养 [J]．体育与科学，2005（1）：74 – 75.

[217] 董翠香，胡学明，霍军．新课程理念下体育教师角色转变的探讨 [J]．西安体育学院学报，2005（1）：125 – 126.

[405] 曾小玲．论体育教师的教育理论素养 [J]．北京体育大学学报，2005（4）：543 – 544.

[406] 章莺，金一平，赵迪芳．体育教师综合能力的量化评价 [J]．体育学刊，2002（1）：58 – 60.

[407] 张建新．普通高校体育教师的危机和出路 [J]．体育与科学，2002（4）：67 – 68.

[408] 蔡德坤．体育课程改革期待新型体育教师 [J]．体育与科学，2002（4）：79 – 80.

[409] 黄竹杭，郭炳颜，高凤楼．体育教师教学风格构成因素的研究 [J]．西安体育学院学报，2002（3）：87 – 89.

[410] 郝传萍．我国 17 个省（市、区）培智学校体育教师现状调查研究 [J]．中国特殊教育，2002（1）：51 – 54.

[411] 丁璐．新疆农村维吾尔族学校体育教师队伍现状研究 [J]．北京体育大学学报，2000（3）：373 – 374.

[412] 左新荣，黄文仁．体育教师角色期望与角色融合研究 [J]．成都体育学院学报，2000（1）：45 – 48.

[413] 程季清．21 世纪体育教师能力之我见 [J]．成都体育学院学报，2000（4）：43 – 45.

[414] 金加升．对体育教师继续教育形式与学分管理的探讨 [J]．体育学刊，2000（3）：94 – 95.

[415] 郭龙．体育教师的威信效应与大学生体育意识的培养 [J]．体育学刊，2000（5）：84 – 85.

[416] 樊临虎．21 世纪体育教师基本素质构成要素的研究 [J]．体育学刊，2000（6）：98 – 101.

[417] 诸葛伟民．浙江、上海、江苏高校体育教师工作满意感现状的调查分析 [J]．北京体育大学学报，2001（1）：81 – 83.

[418] 王港，吴铁桥，潘建林．体育教师教学风格的形成与发展 [J]．上海体育学院学报，2001（2）：92－94．

[419] 顾渊彦，何元春．体育教师与社区体育建设 [J]．体育学刊，2001（2）：29－31．

[420] 黄爱锋．从模仿到依附：中国体育教师培养课程改革反思 [J]．西安体育学院学报，2001（1）：86－89．

[421] 马勇占，马申，李敬辉，谷长江．体育教师教学效能感的理论与研究现状 [J]．西安体育学院学报，2001（2）：84－86．

[422] 陈佩辉．论体育教师产生教学心理偏差的原因及解决策略 [J]．北京体育大学学报，2002（2）：186－188．

[423] 臧连明，蔡德坤．可持续发展与体育教师的继续教育 [J]．广州体育学院学报，2002（4）：109－111．

[424] 邓雪，苏毅．浅议高校体育教师的素质结构 [J]．教育与职业，2008（3）：141－142．

[425] 傅建霞．新课程背景下体育教师的教学技能研究 [J]．教育与职业，2006（36）：61－62．

[426] 马海燕．探析普通高校体育教师人文素质的现状及改进措施 [J]．教育与职业，2006（24）：57－59．

[427] 杨万林，王利明，杨万森．论体育教育专业的培养目标、课程设置与体育教师教育专业化 [J]．教育与职业，2007（27）：63－64．

[428] 郭建荣，刘美杰．民办高校体育教师参与社会体育活动的调查 [J]．教育与职业，2005（12）：41－42．

[429] 熊曼丽，饶平．体育教师劳动价值试探 [J]．体育科学，1998（2）：23－24．

[430] 成守允．析体育教师体态语言的影响力 [J]．上海体育学院学报，1995（4）：64－68．

[431] 万丽华．浅谈体育教师的教学能力结构因素 [J]．辽宁师范大学学报，1995（6）：32－33．

[432] 邵惠德．体育教师非权力性影响力探析 [J]．北京体育大学学报，1997（1）：6－10．

[433] 王清玉．试论体育教师的能力结构 [J]．体育学刊，1997（4）：57－59．

[434] 周涛．关于未来普通高校体育教师一专多能的理论思考 [J]．体育学刊，1998（1）：100－102．

[435] 杨光荣，李培文．试论21世纪中国高校合格体育教师的基本能力要求与

培养 [J]. 体育学刊, 1998 (3): 72 - 73.

[436] 董翠香. 高师体育教育专业体育教师培养模式初探 [J]. 中国体育科技, 1998 (10): 52 - 54.

[437] 董翠香. 新中国体育教师在职培训50年回顾与展望 [J]. 中国体育科技, 1998 (12): 80 - 82.

[438] 顾明远. 教师教育改革的10点建议 [J]. 中国高等教育, 2004 (9): 22 - 23.

[439] 顾明远. 必须使教师职业具有不可替代性 [J]. 瞭望, 1989 (Z2): 9.

[440] 顾明远. 我国教师教育改革的反思 [J]. 教师教育研究, 2006, 18 (6): 3 - 6.

[441] 顾明远. 教师的职业特点与教师专业化 [J]. 教师教育研究, 2004, 16 (6): 3 - 6.

[442] 郭会桥, 龚伟. 教师职业吸引力大, 武汉每年万人报考教师证 [EB/OL]. http://hubei. eol. cn/hubeinews _ 5089/20100413/t20100413 _ 464959. shtml 2010 - 04 - 13.

[443] 徐京跃, 吴晶. 全国教育工作会举行, 胡锦涛、温家宝发表重要讲话 [EB/OL]. http://www. gov. cn/ldhd/2010 - 07/14/content_ 1654494. htm.

[444] 杨亮庆, 李伟峰. 教育部原副部长吴启迪: 光骂教育解决不了问题 [EB/OL]. http://www. chinanews. com. cn/edu/news/2009/12 - 21/2028109. shtml.

[445] 中国教育信息网. 华中科大教授邓晓芒谈当今中国教育的病根 [EB/OL]. http://news. e21. cn/html/2010/rwzf/143/20100327104116 _ 12696 57676907537597. htm.

[446] 中华人民共和国人力资源和社会保障部. 职业资格证书制度基本概念 [EB/OL]. http://w1. mohrss. gov. cn/gb/ywzn/zypx. htm.

[447] 国家中长期教育改革和发展规划纲要 (2010 - 2020 年) [EB/OL]. http://www. moe. edu. cn/publicfiles/business/htmlfiles/moe/moe _ 177/201008/93785. html.

[448] 国务院关于当前发展学前教育的若干意见 [EB/OL]. http://www. gov. cn/zwgk/2010 - 11/24/content_ 1752377. htm.

[449] 小学教师专业标准 (试行) [EB/OL]. http://www. moe. gov. cn/publicfiles/business/htmlfiles/moe/s6127/201112/127836. html.

[450] 中学教师专业标准 (试行) [EB/OL]. http://www. moe. edu. cn/publicfiles/business/htmlfiles/moe/s6127/201112/127830. html.